◎赵炎/著

# 就在历史拐弯儿处

中国华侨出版社

图书在版编目（CIP）数据

就在历史拐弯儿处/赵炎著.—北京：中国华侨出版社，2012.4
ISBN 978-7-5113-1783-4

Ⅰ.①就… Ⅱ.①赵… Ⅲ.①世界史—通俗读物
Ⅳ.①K109

中国版本图书馆 CIP 数据核字（2012）第 042867 号

● 就在历史拐弯儿处

| 著　　者 | /赵　炎 |
| --- | --- |
| 责任编辑 | /文　筝 |
| 封面设计 | /智杰轩 |
| 经　　销 | /新华书店 |
| 开　　本 | /710×1000 毫米　1/16　印张 16　字数 240 千字 |
| 印　　刷 | /北京一鑫印务有限责任公司 |
| 版　　次 | /2012 年 4 月第 1 版　2019 年 8 月第 2 次印刷 |
| 书　　号 | /ISBN 978-7-5113-1783-4 |
| 定　　价 | /35.00 元 |

中国华侨出版社　北京朝阳区静安里 26 号通成达大厦 3 层　邮编 100028
法律顾问：陈鹰律师事务所
编辑部：（010）64443056　64443979
发行部：（010）64443051　传真：64439708
网　　址：www.oveaschin.com
e-mail：oveaschin@sina.com

# 序言：从历史中走出来并怀疑它

　　一些文史研究者一谈到中国历史文化就尽说好听的，而且说得那么美，反之，则把世界说得那么差劲，好像中国不在这个世界之列似的。这不符合历史事实。其实，中国历史文化是一个复杂的系统，一味地歌功颂德显然是不全面的，否则阿Q精神、酱缸精神等又应该归属到哪儿去呢？

　　历史都是在矛盾中展开的，有美的一面，也就有不美的一面。二者发生碰撞，便不知不觉地拐了弯儿，期间不得不好好谈一谈那些改变预期轨迹的拐点。所谓拐点，最初不过是数学中的名词，之所以将它用于历史走向的剖析，意在遵循一定轨迹和曲线的基础上，完成历史发展、朝代更替、时移势易等诸多方面的简略勾画。这是拙著的大体脉络，每一个拐点都是一次机会，在种种冲撞的矛盾中，我们更容易透彻地陈述、分析历史。认清整个进程中的每一个拐弯儿处，是历史辩证法所推崇的精华。

　　其实，历史文化本没有"优劣"之分，但我认为，从比较的角度来看，历史总有着自己的"先后"次序，而这次序早已成为了无可争议的事实。纵观大局，"先后"首先是历史阶段问题，但这不代表着

历史没有任何规律可循。如果说经济是基础，那么文化就是上层建筑，经济发展的程度往往是与当时文化的发展程度息息相关的。我们悄悄绕到这个潜藏的"规律"背后，就会发现一只无形的手在潜移默化地发挥着作用，这就是所谓的历史拐点。

拐点是一个无法回避的历史问题，超越或者跳过它，都是行不通的。但作为后人，我们却可以走出来再回头去将其好好地审视一番。这样做的目的，就是要发现那些远去故事中被人忽略的矛盾冲突，以及那些形色各异的人物在面对这些矛盾冲突的时候做出了怎样的选择，从而在一刹那影响了整个历史发展的进程。本应直线前行的历史车轮，就这样在他们不经意的冲突和抉择影响下拐了弯儿，向着另一个方向渐行渐远。

就本人个人而言，我比较喜欢万历皇帝这个人，拙著中有一个章节几乎都在说他。作为明代历史盛衰分水岭式的人物，他无论是规划人生，还是规划政局，其实都有意无意地规划了历史。他的一句话、一个决策、一个失误，随随便便地就让历史的走向拐了好几道弯儿，整个国家的前进方向就这样让他来来回回地擘画了无数个拐点。

唐朝的李世民是我钦敬的一代伟人，但他之所以能够成为伟人，在于他制造了一个很重要的历史拐点，这就是尽人皆知的"玄武门之变"。但谁料到他晚年信奉炼丹术，最终中毒身亡，留给儿子李治一个难以规整的烂摊子，直接或间接地导致了武周的形成，对历史的走向来说，恐怕也是一个不小的拐点。

在拙著中，我为读者们逐一分析了200多个类似的拐点，意在为大家开辟一个全新的历史审阅视角。也许以这种方式来解读中国历史，会让我们更加贴近历史真相，每一个人物、每一个事件也更容易走近我们的心里，映入我们的眼帘。我们没有必要为了看清些东西妄图把历史抽空，因为抽空历史并不是一个历史爱好者应该干的事情；我们也没有必要把古今之事混为一谈，因为我们根本没有用当代人们的精神去改铸古人的思想的资本。这种行为对古人而言也许是无所谓的，可对于现今问题的探讨和认识却影响巨大。与其在今夕中顿足，不如坦然走出历史，带着怀疑的目光去审视历史中的点点滴滴，或许是一个不错的选择。

理论这个东西，作者姑妄写之，而阅读的人差不多也是姑妄信之。它就好比今天众人关注的炒股一般，若是书架上的各种宝典、窍门管用，那些作者干吗还要辛苦地写书？我就曾在自己的文字中对其深感质疑，到今天我依然觉得这句话本身没什么错误，因为它符合"二分法"的原理——积极面与消极面并存。如同"只缘身在此山中"一样，如果局部的观感是积极的，那么整体上看必然会备感消极；倘若你能够跳出此山看此山，局部就成为消极的模糊，而整体却变身为积极的恢弘。理解了这层意思，再去看每一个历史拐弯儿处产生的影响，就会更觉形象生动了。

另外，由于中国古人的思维比较讲究整体性，是一种集合性思维，这种思维方式记录的历史，应该是一种组合结构，我把它称之为"阴阳组合结构"。所谓阴阳，就是有两个命题同时互相对应或者对立。这也是历史拐点之形成原因。研究历史的人，一般都有这样的发现，我们很难用一个拐点来诠释一段历史，只要揪出一个必然还要引出更多的焦点和转折点。只要说到三国，就不能不说汉末后党、宦官与皇帝的三方权力斗争，更不能不提及司马氏缔造的三国归晋大结局，这是一个典型的历史组合结构。倘若你认为只要抓住其中的一点就可以把握整个历史进程脉络，那绝对是一种空洞无为的妄想。想要真正地看清历史规律、走势，以及期间事件、人物所起到的重要作用，就绝对不能放过任何一个历史进程中的拐点。只有这样，才能最终达到跳出历史回看历史的目的。

就我有限的知识和对历史文化的短暂研究而言，真的还不敢自吹是一个勇于跳出历史、敢于质疑历史的人，我只能说会一直朝着这个方向去努力。但值得庆幸的是，我已意识到从历史中走出来而不是拘泥于白话历史对于一个历史爱好者来说是多么的重要，这始终是我备感骄傲的地方。

# 目录 Contents

## 第一章 久远记忆

人的一生总会有很多关键时刻，它们就好比生命进程中的一个点，总是在不经意的瞬间改变我们的命运。而在历史长河中，也同样存在着各种各样的拐点，这些拐点在历史进程中犹如一颗颗闪着独特光芒的恒星，在时空流转间化作永久的记忆，即便跨越千年也必将给人以启迪，因为它们曾经发生过。那些人、那些事，即便已成过去，但却改写了整个历史。不管是对是错，那些拐弯儿处始终充满着神奇的力量，照耀着古人的形象，引导着今人的前程。

美酒醉死了商纣王／2

孔门弟子的另类／3

秦始皇为寡妇立贞节牌坊／7

孟姜女哭倒的不是长城是始皇／9

## 第二章　辉煌背后

龙凤金冠，黄袍加身，挥袖之间江山尽在己手，普天之下莫敢不从。这样的情景估计很多人连做梦都不敢做，可见得到这一切是多么的不易。站在历史的拐点，有多少人为了这个梦命归黄泉，而真正梦想成真的人也是终日难以安眠。不论男女，不论君臣，辉煌背后必然有着自己的淡淡苦涩和哀愁，有些无法倾吐，有些无人愿听，而那满腔的牢骚和渴望理解的心也随着一抔黄沙悄然地掩埋，唯有那一页页史料，在默默地诉说着当年王朝风口浪尖之人的悲欢离合，引起后人几番议论和猜测。

第一大款的内心痛苦 / 14

弱女谱写西汉盛世传奇 / 17

西汉上访女的偶然成功 / 23

史上第一所文艺学院诞生的背景 / 26

## 第三章　所谓英雄

正所谓乱世出英雄，纵观大局，不畏强兵，是他们智勇双全成就大事的非凡特质。他们左右了自己的时代，使得整个历史进程因为他们的存在而拐了弯儿。尽管成败对错而今已成历史，昔日英雄早已不知身在何处，可他们的高大形象至今受众人崇拜仰慕，他们的韬略胆识如今依旧值得今人借鉴参考。也许历史就是这样富有祭奠意义，尽管那些人那些事早已时隔千年，可当我们捧起那一卷卷发黄的字迹，却仍然充满着激情和感动，人的一生难得波澜壮阔，戎马精神，重回历史的拐点，与英雄相逢，笔触之下可否进一步贴近他们的内心世界？

曹操迈向成功的关键十步 / 30

给诸葛亮一个正确的历史定位 / 38

刘备面对"用工荒"一点也不慌 / 40

# 第四章 有些不羁

自古以来总有那么一些人不满世间俗世之风，行为狂癫，令人费解。君王也好，隐士也罢，内心未必是空虚寂寞，相反很有可能是极端的丰富，乃至丰富得让他们接近于痛苦、痴狂。历史的拐点上，总是有那么几个放浪不羁的角色，左右了整个历史进程的走向。有些成为后人取乐的标杆，有些却成了中华傲骨的典范。尽管手捧古籍的我们只不过是随便翻阅玩味一番，而他们却在自己的时代造就了无数让人费解的奇观。他们是异类，是非主流，是别人眼中难以相处的另类，可谁又能说这不是一个别具一格的史家小曲呢？这一曲曲另类音色历千年依旧经久不衰，想必也有它存于世间的道理吧……

魏晋名士或曾瞧不起司马相如 / 46

陶渊明在春节前辞官有三悬疑 / 49

皇帝谋反：荒唐人说的荒唐话 / 53

被信仰所害的梁武帝萧衍 / 57

## 第五章　斗士之痒

人们都说婚姻有七年之痒，而作为一个成就霸业的帝王也未必没有自己难以启齿的斗士之痒。在政坛上他们雄才大略，而对于自己的人生却存留着诸多困惑和欲望，而这一点小小的欲望和困惑，一旦被奸人利用便有丧命之险，若是无法自我节制，便是整个江山的沦陷。历史的拐弯儿处就站着这么几位别样的帝王斗士，都分别因为自己的癖好和纠结身受不同程度的重创。细细想来，帝王也是凡人，怎能没有自己的七情六欲？可不管是谁一旦将自己置身于欲望深潭必将是不能自拔的。当欲望战胜了理智，虚伪战胜了责任，即便是再有能力的人也不得不在那些虚妄的痒痛面前马失前蹄。

被"补药"毒死的李世民／62

唐玄宗或是武则天内定接班人／65

唐玄宗杨玉环夫妇也穿情侣装／72

唐代宗李豫曾是唐代的"陈世美"／74

唐僖宗的荒唐娱乐／77

## 第六章　盛衰浅谈

王朝更替在中国历史中早已不足为奇，而在这盛衰之间的历史进程里，伴随着的是一个人命运的大起大落。宫廷争斗如此，民间世俗也是如此，人世间每天都在上演着诸多的悲欢离合。纵览历史，回顾其间一个又一个具有时代特色的拐点，我们不禁惊异地发现，原来古人竟然也会有那么多奇思妙想，文人墨客也曾经有着自己不为人知的窘境和癖好，假如我们将其看成是一件压在箱子底下的意外收获，那么当我们重新把这些陈年往事抖落梳理开来，又会有怎样一番不同的感受呢？

  唐代人为求子大搞"科学生育" / 84
  温庭筠因风流曾三次被群殴 / 87
  唐末"妇联"女人社 / 89
  爱民如子的白居易为何爱官亦如子 / 91

# 第七章　毁誉参半

历朝历代只要当皇帝的脑筋不对路，整个江山都跟着倒霉，天下也必然是生灵涂炭。皇帝虽然是个俗人，但毕竟不是普通人。而下面的文武百官也必然不是等闲之辈。历史的舞台是博大的，可站在上面当主角的唱曲调拐了弯儿，那整个历史的进程必然也会跟着不知道拐到哪儿去了。是的，历代帝王将相都有自己的思想，在他们心里必然是觉得自己这样做是对的。然而有句俗话说得好："当事者迷，旁观者清。"即便是帝王将相也时常是毁誉参半，而作为我们这些活在当下的旁观者，想必内心所受的启迪也是各有不同的。

  为玉帝殉道的南汉后主迷信至死 / 96
  宋太祖瞧不起"万人迷"关羽 / 99
  糖衣炮弹摧毁了一个王朝 / 101
  "荒唐皇帝"宋真宗的荒唐政绩 / 104

实践出真知的政坛巨星王安石 / 109

繁荣的宋朝信用评级应为几个 A / 114

宋朝"存其教"且不用死刑 / 117

## 第八章　醺然末代

别以为古人比现代人高明到哪儿去，即便是到了一人之下万人之上的高位，英明了大半辈子也难免会因为看走了眼，造就出一失足成千古恨的历史拐点。王朝的败落也不是都毁在白痴手里的，那个年代的能人真的也不在少数。不管是皇帝也好，还是臣子也罢，会舞文弄墨、提笔挥毫的有，有勇有谋、脑袋绝对够用的也有，可就是这么一批人却堂而皇之地将整个时代推向了败落的消极深巷。有的是无心之举，有的是有意为之，不管怎样，这一切的一切都已过去，只是时不时地留给我们这些后人一番惊讶与悲愤。站在历史的拐点，当年之人之事不过是过眼烟云，而在那一个个末代中，又有多少莫名的冤屈与哀叹呢？

因"花酒"沉醉的苏州沧浪亭 / 122

滕子京是个"三公"消费狂 / 124

砸缸英雄司马光的三雅和三俗 / 127

宋朝家教告诫官家子弟的四条箴言 / 130

权奸蔡京发迹的四个著名推手 / 133

中秋节宋朝皇帝爱拿臣子开涮 / 136

宋朝人缘何不吃炒菜和生猛海鲜 / 139

有异性没人性的史上第一文艺男 / 141

# 第九章　半壁沉浮

　　王朝历史总有着那么多令人惊讶不已的奇观，而这一个个令人费解的历史事件却告诉了我们一个极为残酷的真理。在这个世界上并不是能人都有用武之地，也并不是好人都必然得到好报。帝王之家也有着大势已去、后悔晚矣的伤感，有着想去做又不能去做的心痛。历史的拐弯儿之处，那一世江山，半壁沉浮，有多少兴衰起落，悲欢离合，又有多少人物轮转，恐怕只能由我们这些今人在不断阅读旁观中体会和玩味了。

　　一代废后两度垂帘挽救宋室江山／146
　　赵明诚为何抛下李清照自己逃跑／150
　　岳飞的千古奇冤之背后真相／153
　　南宋北伐的主要反对声音来自民间／156
　　最让宋孝宗后悔的几件事／158

# 第十章　朱家往事

　　明朝是一个奇特的王朝，话说朱家世代还真的出了几个相当了得的皇帝，从先祖朱元璋开始，到末世的朱由检收尾，可谓是一幅有悲有喜、有愤有恨的历史画卷。一代王朝几番轮回，从朝野上下，到民间奇事铸造了那个时代无数的历史拐点。从一个人的命运，再到一群人的命运，历史为我们展现了一个充满情感纠葛、甜蜜苦涩的生命历程。朱家往事，一朝沉浮，难免让我们心中也跟着起落不定，浮想联翩，而当年的那些人、那些

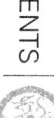

事，又是离我们如此地亲近又是如此地遥远。总而言之，还是那句话：历史记录的是风情，而今人品味的是那些许的沉重与感叹……

朱元璋妙联拉郎配有哪些醉翁之意 / 162

明朝哪些皇帝爱娶朝鲜美女 / 165

明初有趣的民生怪象 / 167

上班前拥抱妻儿的习俗源自何处 / 170

明宪宗与野蛮女友的惊世未了情 / 172

让唐伯虎倒血霉的四个男人 / 175

# 第十一章 分水之岭

每一个朝代，不论是开国元勋还是末代子孙都有着自己可以炫耀或辩解的余地，我们总是习惯性地去关注一件事情的开头和结尾，却忘记了中间转折分水岭的重要作用。当历史的进程走到了拐弯儿的拐点，那个站在分水岭上的人又是谁呢？盛与衰他站在中间，成与败他游走其中，想必他未能料到后世对他的争议，也难以深知自己必将成为左右历史兴衰的分界线。然而命运就是不偏不倚地将这个决定性的位置落在了他的头上，使他的人生充满了各种各样的揣测和争议。当一个人从此过上了这般众目睽睽无法安生的日子，他的内心又会有多少无奈与苦笑呢？

万历是史上最可爱的皇帝 / 180

史上罕见的一次三权分立政体 / 183

万历皇帝颇有战略家风采 / 185

在梦境里垮塌的大明制陆权 / 187

看明代官员退休后都干些啥 / 190

两个黄色陷阱改变大明朝历史走向 / 193

# 第十二章　更替原因

　　王朝几番更替，有人说是气数已尽，有人说是能人无力回天，但是追述原因终归还是在于几个关键人物的决策力。其间不乏刚烈巾帼之风的女子，也有为情舍义的枭雄，当然也有着那么几个为非作歹、偷鸡不成蚀把米的东西。但就是他们构成了历史拐弯儿的必然趋势。王朝更替轮回的原因必然是多元化的，每个人的心中都有着自己的侧重点，儿女情长也好，气壮山河也罢，历史为我们展现了一个别样的恢弘画面，以至活在当下的我们终于可以站在一个中立的角度探寻古人的过失与英明，从而以史为鉴，更加从容地把握自己的人生和未来。

敢与魏忠贤单挑的明末小牛女 / 198

陈圆圆对历史进程的影响 / 200

再说崇祯与陈圆圆之间的好恶 / 202

满人学三国：反间计使得呱呱叫 / 205

道光帝圆梦的三个偶然 / 209

# 第十三章　闲扯杂说

历史不是老古板，他也有自己幽默时尚的一面。翻阅古籍，你就会发现很多古人的思想是相当超前的，而他们对于社会各阶层的管理制度，以及为官任职的层级分类也是相当的奇特。你会发现恐怖袭击历来有之，你会发现包办婚姻与加强王权统治、天下太平都有着千丝万缕的关联。有些我们会一笑了之，有些我们却看得目瞪口呆，这就是历史拐点的妙用，它让我们看清了那些改变历史时代的关键问题，也让我们对当今的生活反复思考。也许这一切史料只不过是浩瀚天空中几个零散的繁星，可就是从这些貌似闲扯杂说的言辞中我们却经常能够发现当今时代的影子，以及对于古人对于未来的遐想和感悟。

西夏200年为何无独立史书 / 212

史上哪十位皇帝坚持了一夫一妻制 / 215

古代地方官如何救济乞讨儿童 / 218

古代干部食堂趣闻多 / 222

古代公务员为何不怕皇帝怕上司 / 226

包办买卖婚姻源于古代社会病 / 230

死于暗杀的古代帝王们 / 233

**后记：岔路与根的五个断想** ················· 237

# 第一章 久远记忆

　　人的一生总会有很多关键时刻，它们就好比生命进程中的一个点，总是在不经意的瞬间改变我们的命运。而在历史长河中，也同样存在着各种各样的拐点，这些拐点在历史进程中犹如一颗颗闪着独特光芒的恒星，在时空流转间化作永久的记忆，即便跨越千年也必将给人以启迪，因为它们曾经发生过。那些人、那些事，即便已成过去，但却改写了整个历史。不管是对是错，那些拐弯儿处始终充满着神奇的力量，照耀着古人的形象，引导着今人的前程。

# 美酒醉死了商纣王

看此文标题,你可能会以为我在危言耸听,莫非酒精比飞机大炮还厉害?你还别不信,历史明摆在那儿。想当年,英国人将大量鸦片输入中国,短短数年间,就对我们整个民族造成了巨大的破坏力,相信没有人会忘记吧。酒精和鸦片一样,可以让一个国家、一个民族完全沉醉,并丧失进取的意志。中国古代殷商王朝的灭亡和美洲印第安民族的衰弱,都与酒精有着相当的关联。

先说说印第安人,这个民族是拉丁美洲最早的居民,他们曾有四万多年的文化,产生了许多不同的民族和语言,在历史上建立过四个帝国。哥伦布等探险者发现美洲大陆的时候,还以为是印度次大陆,就称他们为印第安人(印度一词的英文发音)。如今,印第安人的辉煌早已化作历史的尘埃,全球只剩下大约3000万后裔,残存的古文明也少得可怜。

一般观点认为,印第安民族的衰落,主要是因为英、美及欧洲殖民者(西班牙人)夺走了他们的家园,肆意毁灭印第安文化、武力绞杀、沉重的劳役折磨、不堪忍受的贡税负担、合法或者非法地占有他们的妻女,以及他们自身不易抵御的疾病和瘟疫等。但是,我却觉得,酒精也在其中扮演了极其重要的催化角色。

在欧洲白种人进入工业革命时代时,印第安人还处于刚刚从蒙昧走向文明的阶段,整个民族狂热地迷信。他们的天文、数学、文字、文艺等文明成果,几乎都是为其狂热的迷信而服务,直接导致了他们的生产力极端低下。印第安人非常喜欢喝酒,频繁的宗教活动使他们沉迷于酒精的幻觉之中。这一切使得他们的文化、经济甚至政治、军事都得不到发展,身体状况也非常糟糕,从而最终被外来的欧洲白种人征服和奴役。

与印第安人相比,我们这个民族就要幸运得多,只是出现了朝代更迭,民族却越来越强盛。

中国殷商时代的文化和印第安文化非常接近,也很迷信,而且好喝酒。

据史料记载,商朝人的宗教活动一直是整个社会生活的中心,殷商晚期的帝王和贵族都热衷酗酒。由于当时的盛酒器具多为含锡的青铜器,因此商朝人饮用了含有锡的酒,中毒的不在少数,身体健康受到了极大的损害,限制了整个国家政治、经济、文化的发展。

**拐点一**:那位发明"酒池肉林"的商纣王,只注重生活的享乐,却忘记了自己应干的那些正经事儿,最终导致了自己庞大帝国的覆灭。

**拐点二**:相反,周朝的兴起,正是接受了殷商亡国的教训,不断发布严厉的禁酒命令,渐渐使我们的民族摆脱了酒精和迷信的控制,重新扶正了历史原有的轨迹,最终使自己的国家走上了更加文明的道路。

写这篇文章,并非是我反对喝酒或者酒文化的存在,而是我对于历史的一种思考:同样是具有悠久文化传统的两个民族,为什么印第安走向了衰落,而我们中华民族却得以长期地发展存续,生生不息,并且越来越强大?在历史和现实的经验教训里,我们真的还有很多探寻的余地,而这两者间的鲜明对比,也真的给了我们不少的思考空间。

## 孔门弟子的另类

子贡原名端木赐,春秋时期鲁国人,在孔子的七十二贤徒中,他的学习成绩不算最好,但是口才却是出类拔萃的,伶牙俐齿,善于雄辩，所以，孔子也很喜欢他，在论文答辩时，特设"言语科"还给了个优秀的评价。那么，一向贤明的孔子为什么会给子贡开"绿灯"呢？除了欣赏他的口才之外，还有一个很关键的原因，那就是子贡太能赚钱了。据史书记载，学生时代的子贡就富得流油，经常周济自己的老师与同学。

人家的生意经不是老师教的，完全是自学成才，无师自通。子贡赚到钱，连编撰《史记》的司马迁都跟着高兴，在《史记·仲尼弟子列传》和《史记·货殖列传》中都不惜将这位史无前例、富可敌国的赚钱高手浓墨重彩一番。

细细想来，做好另类也不是件容易的事情，不光要会赚钱，还要有精干的办事能力，否则怎能把手下的那些"小弟"管得服服帖帖。对于子贡的办事能力，他的老师孔子是非常认可的。有一次，孔子带着弟子出去游历，路经陈、蔡的时候，钱花完了，饭也吃不上，弟子们一个个大眼瞪小眼，垂头丧气，毫无办法。这时候，孔子想到了子贡，他太了解这个另类弟子了，什么困难也难不倒他，天底下就没有子贡办不成的事。于是，他让子贡就近去楚国想办法。

**拐点一：** 本是已经落魄到无米下锅的一群人，因为有了子贡这个脑力够用的另类，却在历史上留下了璀璨夺目的一笔。他不负老师所托，凭借自己的三寸不烂之舌，说服楚昭王亲自带着仪仗队来迎接自己的老师，不光解决了"肚皮"问题，还大大提升了孔子在楚国的影响力。此后儒家也经常对这一历史上的传奇故事给出相当高的评价，把此事看成是他渐次露出头角的一个关键性转折。

从历史角度看，作为老师的孔子，也许心中时常会有些隐隐的遗憾。为什么呢？因为子贡这个学生真的不太"类师"。比如，孔子的某些理论主张就当时而言，是与那个时代需求格格不入的，而作为学生的子贡，却经常把老师的理论进行分解，以求适应环境需要的目的，这真让孔子备感无奈。老师谆谆教诲学生要讲社会道德，而子贡却偏偏总是要反其道而行之。鲁国的法律规定，如果鲁国人在外国沦为奴隶，有人出钱把他们赎出来，可以到国库中报销赎金。子贡有一次赎了个在外为奴的同胞，回来后拒绝国家赔偿给他的赎金。这让孔子大为恼火，认为子贡是故意挑战国家法律，无视礼仪法度。可他老人家也不想想，规矩都是人定的，为了彰显自己的仁爱之心，偶尔让我们这位另类叛逆一下，又有什么不好呢？

有了子贡这样的学生，作为老师的孔子真的是几多欢喜几多愁，为什么呢？因为子贡太会为人处世了，社会声望一度超过了自己的老师。鲁国就有这么个京官名叫孙武，这个人不太有眼力劲儿，居然公开在朝廷上说："子贡贤于仲尼。"这让子贡听了很不舒服，这位另类脑袋转弯儿一想："尊师重道可是时代的主流思想啊，你小子不是明目张胆地离间我和老师的关系吗？心眼太坏了。"于是，子贡赶紧做了谦虚的发言，表明了自己的态度。没想到这世界上还有比孙武更实诚的人，这个人也是个官儿，叫陈子禽，听到子贡的发言后说："子为恭也，仲尼岂贤于子乎？"意谓你不过是谦恭罢了，难道仲尼真的比你强吗？给自己戴上了这么一项看似光彩实为难受的帽子，让老师知道如何交代？其实，孔子早就对相关信息有所耳闻了，只是有什么办法呢？与其说些什么，不如彰显一下为人师表的风度，树立一下为师者的伟大形象，在别人心中岂不更增添了几分敬仰之情吗？

孔子的毕生愿望就是周游列国，传播自己的治国思想。为了哄老师高兴，子贡拿出许多钱来，为老师置办了华丽的车马、行头，一大帮学生前呼后拥，热热闹闹，声势浩大，好像是国君出游一样，害得一路上所到小国的国君们无不惶恐，纷纷抬出接待国君的礼仪来接待孔子，这多有面子啊。

**拐点二：**同学关系作为裙带关系之一，在此得到确认。子贡这个人，另类确实是另出大名堂的。在孔子的三千弟子、七十二贤徒中，唯有子贡的官做得最大，身居鲁、卫两国的相国之位。看到弟子如此

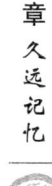

有出息，做老师的当然得意，孔子还特别送给子贡一个"达"字作为评语，这比送给子路的"果"字和冉求的"艺"字级别都要高。这位另类另到后来，老师和各位同窗都需要他的关照，谁生活上有困难，就找他，谁想混个一官半职，还找他。结果，子贡就慢慢成为了鲁、卫的国君认可、老师认可、同学认可的三好男人，而这历史上第一另类的身份也就板上钉钉地非他莫属了。

**拐点三**：发明"合纵连横"之术。子贡的野心真的不小，不光在自己国内另，还喜欢跑到国外去另，除了逮着机会就赚钱之外，最大的喜好是出使他国。其中最成功的一次，是出使齐、吴、越、晋四国。《史记·仲尼弟子列传》载："子贡一使，使势相破，十年之中，五国各有变。"具体而言就是"存鲁、乱齐、破吴、强晋而霸越"。子贡高超的外交能力在此次外交活动中真的发挥得淋漓尽致。

许多小国国君虽然心里未必瞧得起孔子，却绝不敢轻视子贡，都知道这位另类是自己惹不起的人物。一是单凭他自己的经济实力就足可以装满他们好几个国库的，惹急了这位另类，几下子收购了你也不过是小意思。二是这位另类真的太能说会道了，谁也不是他的对手，只要让他不爽了，嘴巴随便动两下，就能把你说得对不上词儿来，明知道自己没人家那两下子，干吗自找没趣呢？三是这位难摆平的爷可是个不小的官呀，一下子做了两个国家的相国，谁敢小觑？除非自己真的不想在社会上混了，自己没事儿找死玩儿。所以，许多时候，孔子向别人推销自己的儒家理论，大多数人都会不感兴趣地离开，但每当子贡谈论老师的理论主张，在座的人却没一个敢走的，毕竟另类的面子还是要给的。想叫板，能收拾你的招可就多了去了。在史官司马迁看来，春秋战国，诸子百家，之所以儒学最后能成为显学，全靠另类子贡的推广之力。

# 秦始皇为寡妇立贞节牌坊

贞节牌坊是旧时为表彰妇女的贞节而立的物件,以教育和鼓励妇女长期孀居。中国历史上第一座贞节牌坊应该出自"反儒"的秦始皇之手。

我曾去重庆市长寿县"女怀清台"旧址游历。别小看了这个地方,这可是中国第一座贞节牌坊的诞生地。太史公在《史记·货殖列传》里还专门为它作了记载:"而巴寡妇清,其先得丹穴,而擅其利数世,家亦不訾。清,寡妇也,能守其业,用财自卫,不见侵犯。秦皇帝以为贞妇而客之,为筑女怀清台。"秦始皇为一个寡妇立贞节牌坊,让我惊讶,再联想起秦始皇的《会稽刻石》文字,感觉这个"千古一帝"十分推崇儒家的贞节观,整个一个活脱脱的封建卫道士,很难想象发生在公元前213年的"焚书坑儒"事件竟然是他所为。尽管"焚书坑儒"一说多有谬误,但秦始皇"反儒"早成历史定论,这顶帽子他是脱不了的。那么,"反儒"的秦始皇为什么在女人贞节方面与儒家步调一致呢?赵炎认为,应该从以下几个方面来解释。

生母行为失谨,大概是最为主要的因素。《史记·吕不韦列传》中记载:"始皇帝益壮,太后淫不止。"秦始皇的母亲赵姬,生性淫荡,一生经历过许多男人,做过投机商人吕不韦的小妾,后为秦王孙子楚妻子。子楚即位称庄襄王,死后传位给嬴政。赵姬做了太后,仍经常与吕不韦重温旧情,后又与嫪毐私通,还生下两个儿子。母亲的失检行为令秦始皇颜面大失,无地自容。推己及人,秦始皇痛恨女子的不贞行为,对儒家提倡的守贞重节的女子贞节观备加赞赏,就在情

理之中了。

"嘉保太平"的政治策略。据历史记载，秦始皇在临死前的公元前210年，巡狩到今浙江一带时，发现当地男女婚姻比较自由，寡妇可以再嫁，导致逃婚事件频出，社会很不安定团结。他认为这不符合道德和法规，便下诏禁止，还把诏令刻在石头上，这便是所谓《会稽刻石》。秦始皇在《会稽刻石》中明确表示，妇女守贞绝非一件普通的小事，而是关系天下"嘉保太平"的大事。为此，他还刻意为天下百姓树立了一个妇女贞节的典型。这个寡妇名叫清，是四川地区一位世代富豪之家，丈夫死后，独撑家业，不再改嫁。

拐点一：秦始皇十分赞赏自己树立的这个典型，曾赐令她"旁座"，与自己平起平坐，而秦时就连当朝丞相在皇帝面前也只能站着，少有赐座之事。此例一开，后世英主多效仿之，显示亲民德厚。这一举动，在无意之间影响了之后数千年对于女子应守节的思想理念，成为了存续几代王朝中的主流道德观念，并代代相传，深入人心。

拐点二：话说秦始皇为一位拒绝改嫁，继续为亡夫持家的寡妇专门筑造了一座"女怀清台"，意在彰扬其事迹，鼓励众多女性以其为榜样，不断学习效仿，节制自己追求新生活的自由权利，最终在其心中刻下难以磨灭的恒久烙印。直到今天蜀中还有一山相传名为贞女山，便是该寡妇曾经孀居的地方。这种形式的贞节牌坊，亦为历代帝王所纷纷仿效，可见流毒不浅。

在今天来看，每个女人都有重新选择自己生活的权利，当年那种对女人扭曲和变态的要求真的让人很难理解。回眸历史，不知有多少女子为了一座牌坊，而情愿或不情愿地选择了守寡禁欲，这种社会现象绝对是一种时代的糟粕、最具代表性的病态象征。然而这位"反儒"的秦始皇对于女人贞节方面的心理和儒家贞节观虽有一致却也存在矛盾，这不得不说也是一种心理上的病态，或许这位皇帝真需要找位心理医生好好疏导一下，可惜当时没有，不然不知道历史会不会又是另一番华美和精彩。比如，他一生没有立后，这是有违儒家正统观念的。他没有娶过大老婆，但小老婆却数以万计，这样就避免了在他死后出现老婆偷人的窘境。他一方面提倡女人守贞重节，一方面又强抢六国美女充实后宫；一方面仇视所有的女人，一方面又把她们当作发泄和满足生理需要的工具。这位始皇帝的扭曲心理虽让人费解，却必有缘由，但无论如何也是和儒家思想的熏陶靠不上边的。从其为寡妇立贞节牌坊的事情上可以看出，他是一个反对婚姻自由的偏执狂，但同时也是一个想独占天下女人的自大狂。

秦始皇为寡妇立贞节牌坊，并没为儒家贞节观的脸上贴多少金，到了汉、唐两代，社会风气又开放起来，女子再嫁成为风气，社会上并不认为这有什么不好。单单唐代，公主再嫁的就有23人，有的甚至还结婚三次。可这时候历史却又调转了车头，当进程迈进宋朝中期以后，程朱理学悄然兴起，在"存天理，灭人欲"的思想指导下，再次将女子守节，寡妇不能再嫁的传统修定为国家的正统思想。由此看来，秦始皇可谓是后世道学先生们的祖师爷，是压迫妇女、强迫女子守寡不许再嫁的主要元凶。本来风平浪静的历史进程忽然在他一时的病态心理之下拐了弯儿，从那以后不知道多少代的女人为了一座贞节牌坊而不得不葬送自己重新选择人生和幸福的权利。

## 孟姜女哭倒的不是长城是始皇

孟姜女哭长城的故事，在我国可谓家喻户晓了。此女之惊天一哭，大秦朝的万里长城亦应声而崩，其分贝之高，难以想象。实际上，这个故事本身是难以自圆其说的。我们从三个方面来分析，即可明了其

中的猫腻。

孟姜女是谁？据《左传》介绍，"孟姜，齐之长女。"说明历史上确有其人，而且还是姜太公的后人，是春秋时期齐国贵族之长女，"孟"即为"庶长"。她的丈夫叫杞梁，世家子弟，并不姓万，是齐国的一个大夫，懂军事，会打仗，后战死疆场。

贵族之女嫁给世家子弟，这在春秋时期是常事，属政治联姻，有笼络臣僚之意。大秦帝国一统江山的时候，孟姜女已经去世了数百年，她怎么还有机会去哭长城呢？追根溯源我们就不难发现原来历史上存在着这样的两个拐点。

**拐点一**：民俗之形成。孟姜女的哭功到底如何？据战国时齐国著名的政治家和思想家淳于髡说："杞梁之妻善哭其夫而变国俗。"原来如此。丈夫死了，妻子伤心而哭，而且还哭出了"品牌"，其腔其调被时人广为模仿，成为丧葬之俗，仅此而已。

此外，女人天性爱哭、会哭，这本来不算什么，可要命的是，传说中的孟姜女把长城都哭倒了，这就真的让人匪夷所思了。可见这样的传说肯定不符合事实。时至今日，倘若我们可以聚集全国六亿女性一起对着长城放声嚎哭一番，长城也不见得会摇动一下。

**拐点二**：文艺影响政治。既然孟姜女哭长城是一种谣传，那么哭长城故事的始作俑者是谁呢？说到这里就不得不提及唐代诗人贯休的大名。回顾汉朝时期，刘向也不过是将孟姜女塑造为一代贞节烈女，并添油加醋为"哭崩城墙"，这种形容已经算是过头了。可到了贯休这儿更是变本加厉，立马将其在笔下升华为"哭崩长城"，为其诗歌之立意——"秦之无道"来作更有力的证明。

回眸贯休生活的时代，或许他真的需要利用孟姜女的故事为大众去鼓与呼，但其用典如此虚拟，着实难以被人采信，又如何能说明"秦之无道"呢？

继贯休之后，孟姜女哭长城的故事便开始越演越烈，从经传数十言到各种版本的洋洋万千言，杞梁改名换姓成了"万喜良"，孟姜女连自己的姓氏也丢了，更名为"孟仲姿"，以至于妇孺皆知。但无论故事改成什么版本，其立意一直延续了贯休的大嘴谬论，即"秦之无道"。以至于两千年间，老百姓但凡提到孟姜女，莫不联想起秦朝的暴政，产生对始皇帝本人形象的诋毁，这就是孟姜女惊天一哭在民间盛行的一波流毒。

那么，秦朝真的是暴政吗？始皇帝真的是个无道昏君吗？这可真是个大课题，任何人寥寥数语都难以概括。

从客观角度而言，始皇帝是我国历史上乃至整个华夏民族中可圈可点的一代伟人，是他首次缔造了中华民族的大一统，是他为今日之祖国版图完成了十之八九，是他统一了华夏文字和度量衡。他在交通方面的建树，他在法制建设上的实践，无不在领跑整个世界，并深刻影响着整个世界。

# 第二章　辉煌背后

龙凤金冠，黄袍加身，挥袖之间江山尽在己手，普天之下莫敢不从。这样的情景估计很多人连做梦都不敢做，可见得到这一切是多么的不易。站在历史的拐点，有多少人为了这个梦命归黄泉，而真正梦想成真的人也是终日难以安眠。不论男女，不论君臣，辉煌背后必然有着自己的淡淡苦涩和哀愁，有些无法倾吐，有些无人愿听，而那满腔的牢骚和渴望理解的心也随着一抔黄沙悄然地掩埋，唯有那一页页史料，在默默地诉说着当年王朝风口浪尖之人的悲欢离合，引起后人几番议论和猜测。

# 第一大款的内心痛苦

刘邦从一个小小"泗水亭长"一跃成为汉王朝第一人，终于做了"天下第一大款"，可是，他真的快乐吗？不，自他做了皇帝那天起，他便失去了属于自己的精神自由，痛苦也就必然随之而来了。

年轻时候的刘邦是个名副其实的穷小子，《史记》《汉书》《资治通鉴》等正史都说他"无赖""好色""酗酒""寡义"，深谙厚黑之学。然而刘邦的朋友却始终不少，上至县衙主吏，下至三教九流，中间还有多了去了的狱警、小车司机，都是自己言之凿凿的铁哥们。在沛县城里，刘邦可以说是相当吃得开，这里似乎是他的一片天下。在这个小小的县城里几乎没有他刘邦玩不转的事情。太史公言刘邦"好酒及色"，这话不假，可错就错在他不了解什么才是刘邦真正的内心世界。

做个老百姓，当"泗水亭长"，刘邦的内心世界是快乐的。一来可以肆无忌惮地"好酒"，男子汉大丈夫，好酒能酒擅长酒不是什么"劣迹"，相反是一种"优势"。一者可见豪爽，朋友相聚，大碗碰撞，可谓尽兴；二者可见体健，具有良好的"耐酒力"，在相互不服气的情况下，用酒来一决胜负总比动辄用刀剑讲话要文雅得多；三者可见智慧，在国人文化传统中，饮酒乃是一桩雅事，端起来就往肚里灌叫作"牛饮"，所以必须猜拳行令，而且输者饮酒，刘邦善战，定然多系赢家。二来可以"好色"，刘邦的"好色"大多都是动动嘴皮子，充其量是讲一些

"荤段子"穷开心而已，绝不是什么"包二奶""养情人"，一则囊中羞涩，确实没有那种"经济实力"，二则其为人本身对此兴趣不大，就算最后自己真当上了皇帝，万事俱备，身边也不过八九个女人。不过，从眼下的"荤段子"成风并且其乐融融来看，刘邦那时候说"荤段子"也不过是"借黄色聚人气"的一种围人手段而已。

终于有一天，刘邦忽然间成为了大汉王朝的"一把手"。按说当了皇帝也没什么，哥们之间偶尔大碗喝酒，大块吃肉，说些"荤段子"寻个开心也未尝不可。按说住上大厦华宫，吃上山珍海味也没什么，朋友之间的快乐不应该受到什么影响，至少自己的精神自由不该有什么局限。可是这样的美梦，被一个叫"叔孙通"的家伙给彻底摧毁了。他制定了一系列烦琐的皇帝礼仪，昔日的朋友弟兄见了他也必须行三叩九拜之礼，让刘邦感受到天子之贵，富有天下，还必须好好地向老爸炫耀一番，看看与老二相比谁的财产更多。就这样，刘邦就成为了"天下第一大款"，赢得了天下，却不得不输掉自己的精神自由。

**拐点一**：做了"天下第一大款"的刘邦，从此几乎与酒绝缘，那种畅饮的快乐完全成为了一种往昔幸福生活的回忆。也许当年的他，只能在梦中回味那种畅快、随心所欲的感觉了。是啊，叔孙通说："借酒撒欢哪里还有国君的尊严？"这看起来真的很虚伪，可见当了皇帝，也活得并不轻松，连找个朋友饮酒都要和国君尊严这样重大的问题联系起来，对这个当年在市面上混得如鱼得水的刘邦来说，自然会丧失很多生活的乐趣。

**拐点二**："荤段子"是无论如何不能再说了，"女人"是刘邦必须缄口避讳的话题。由此可见做皇帝真难呀！难到什么程度？连吕后或者戚姬自己都摆不平了，内心空虚又怕弟兄们笑话，得了，还是做个

明智之人，从此做个"扫黄"先锋，大家谁也别说女人，女人是老虎。这就是当皇帝唯一可以犯的那么点儿矫情。

当上了"天下第一大款"，刘邦简直不认识自己了。以前哥们兄弟讲义气，为朋友敢于两肋插刀，可以在哥们无限的信任中享受到无限自豪感和成就感，可现在不行了。

虽然成了"天下第一大款"，刘邦发现自己再也洒脱不起来了。信任吕后，是怕外家篡权；信任戚姬，是怕戚氏丧权；信任沛丰兄弟，是担心弟兄们翻天。总之，这位汉朝开国皇帝过得一点都不轻松，仿佛终日坐在火山口一般煎熬度日。他总是在期盼一种闲云野鹤般的日子，他希望有朝一日能再与弟兄们"五魁首""六六顺"，可是那种情调似乎离自己越来越远。无所顾忌的洒脱生活过不上，心中的忧患感却与日俱增。他知道，如果丧失了权力，那将是千百万子孙的人头落地。当年西楚霸王火烧咸阳，把秦始皇的子孙赶尽杀绝，血流成河的情景已经在他的心里埋下了阴影。人们常说："不在其位，不知其累。"这句话真的道出了这位汉朝开国皇帝的心声。当年的"泗水亭长"可以成为"汉高祖"，而现在的"汉高祖"却永远不能变成曾经的"泗水亭长"了，看似得到了一切，却失去了更多。面对当年权力贪欲做出的抉择和必须付出的代价，这位曾经可以无忧无虑穷开心的穷小子，即便是再后悔也无济于事了。

皇位是很多人心中挥之不去的欲望，然而当野心得到满足的那一刻，真的就能体会到比别人更多的幸福了吗？也许只有刘邦自己明白，"泗水亭长"和"汉高祖"相比，谁的"幸福指数"更高一些，这位享受万人尊崇，天下人仰慕的"天下第一大款"内心有多少痛苦无法言说啊！君王有些话不能说，因为说错半句要么别人掉脑袋，要么自己掉脑袋。君王有些苦不能告诉别人，因为说了也没人会懂。即便对方言语中信誓旦旦地满是宽慰，却始终相信这个想要什么都能得到的人是在用痛苦向自己炫耀，这种"得了便宜反卖乖"的嫌疑一旦在对方心里生根发芽，你是百口莫辩的。

## 弱女谱写西汉盛世传奇

历史总是有规律可循的。比如唐朝著名的"开元盛世"，一般都以为是李隆基励精图治的结果，其实并不尽然。若无李世民的"贞观之治"和武则天兴利除弊的努力积累，李隆基恐怕摘不到这个历史"大蟠桃"。

让我将历史的车轮再往前推进800多年，那也是一个鼎盛而辉煌的时代，尽管汉武大帝在位的54年早已过去了很久，历史的功劳簿上却始终铭记着刘彻的名字。然而，刘彻的成功是建立在"文景之治"对国家政治、经济、文化的繁荣与发展基础之上的，然而"文景之治"的实际缔造者，却是一个名叫薄姬的女人，准确地说，还是一个私生女。现在我们就静下心来，一起走进这个神秘女人的世界，领略她不一样的传奇人生。

说到故事的开头，就不得不提及一段凄美的爱情。话说千古一帝秦始皇终于消灭了六国，统一了万里河山。这位具有雄才伟略的男人不但爱江山，也爱美人，六国粉黛被他掳掠一空，据说达数万人之多。

其中有位女子，出身魏国王室（姓名不详，大概也姓魏，且称她叫魏姬），天生丽质，风情万种。奈何秦始皇常巡游各地，在朝廷时间少，且女人实在太多，魏姬恐怕难有出头之日。

有一次，朝廷按惯例为后宫诸女做衣服。王宫内负责织造的是位姓薄的小吏。此人仪表不俗，性情温雅。魏姬一见到他，立马芳心可可。衣服做完了，一段美好的却本不应发生的爱情也就这样开始了。

一个是皇帝的女人，一个是宫廷的小吏，地位何等悬殊！境地何等危险！他们随时随地都很可能因为这段感情而送命，这也注定了结局的凄美和惨烈。但是，人毕竟是有感情的动物，为了那份爱，他们宁愿选择飞蛾扑火。在一个风雨飘摇的午后，这对恋人义无反顾地激情相拥，完美地结合在一起，并生下了一个女婴，取名薄姬。

**拐点一**：一段不该有的恋情，孕育一朵璀璨奇葩。这段感情虽然并不能得到时代的认可，至今这段情仍然被视为偷情，可这段爱却是非常真挚的；女婴虽然是私生女，并非正统血脉，却是一朵美丽奇葩。正是这位不平凡的私生女，为后来的西汉王朝带来了长达70年的经济增长、政治清明、社会安定的昌盛繁荣。

薄姬自小生活在宫中，是由宫女抚养成人的。问及她的父母自难言说。所谓"奸情出人命"，这是一个老套得不能再老套的故事，在民间逮着了都要浸猪笼，更何况是在宫廷。虽说史书上没有记载，但是，我们不难推断，这对恋人多半死得很惨。薄姬之所以能够得以幸免，那些善良的宫女可以说是功不可没。她们冒着被牵连杀头的危险，为这对苦命的鸳鸯保留了唯一的血脉。她们虽然是一些无名无姓的小人物，却拥有着常人无法拥有的气魄与胆识。每每想到这里，人们无不深为感动。是她们，让人性的光辉在历史的时空里永恒地闪烁，用自己无声的爱改变了历史最初的轨迹。也许她们是宫廷争斗中最早的无名英雄，悄无声息地写下了人生最平凡而又最伟大的一笔。

当刘邦大军将造反的旗帜插上咸阳宫殿的时候，薄姬迎来了生命中的第一个男人——魏国王室成员魏豹。秦末天下大乱，诸侯纷纷割据自立，魏豹也自立为魏王，跟着刘邦一起打天下。刘邦进咸阳，曾与百姓"约法三章"，其中有一条就是不得掳掠后宫女人。由此不难看出，魏豹娶薄姬，并未用强，而是明媒正娶。毕竟薄姬也是魏国女人所生，而且究其身份也并不属于宫女的范畴。

女人有了归宿，自然是幸福的，男人娶了老婆，也肯定是幸福的，只是魏豹有些幸福过了头。有一次出去征战，碰到一位算命先生。听说此君素有"半仙"的名气，魏豹大喜，赶紧请来为心爱的老婆算命，得出结论是："此女产子将为天子！"魏豹本有觊觎天下的野心，一听这话，立刻屁颠起来："咱岂不成了天子的老爸！"随即摆脱刘邦，自己竖起大旗单干。

这下子可把刘邦惹怒了，卧榻之侧岂容他人酣睡？你魏豹称个王也就罢了，还想做皇帝，抢老子的饭碗，你以为你是"任我行"呀？回家再练三十年"吸星大法"吧！于是，双方开战，魏豹若真的人如其名还好，谁料战场上完全是病猫一只，没打几下就变得不堪一击，溃不成军，没盼到当皇帝老爸的那一天，自己反倒先死在乱刀之下了。这不免又让我们几多感慨，封建迷信害死人不是假话，魏豹之死就是一个最为真实的例子！

**拐点二**：第一任丈夫死，却成后宫妾。魏豹死了，他的女人们自然就都成了刘邦的战利品，这也是历史的必然规律。薄姬的父亲曾经是搞织造的，薄姬此时被送进刘邦宫里做纺织女工，也算家学渊源，专业对口。一日之间从贵妇到民工，还没等她接受这个不幸的命运，好运又来了。刘邦视察纺织车间，挑选了一些姿色不错的女工进了自己的后宫，薄姬就是其中之一。

如同秦始皇对待薄姬的母亲一样，后宫佳丽那么多，刘邦也不可能做到"雨露均沾"。所以，进入后宫很久，薄姬连刘邦的面也没见着，更别提被宠幸了。这一辈子如果就这样过下去，倒也平淡无奇。可传奇之人，必有传奇之事，这就是命运提前都安排下的好戏，关键时刻老天自然会帮她。果不其然，有两位长舌妇被"老天"安排，跑过来帮了薄姬的忙。

**拐点三：**这一日，刘邦在后宫闲逛，忽然听到两个受了宠的姬妾在背后议论薄姬，并且嘲笑她被皇帝冷落云云，一时同情心大发，当晚就临幸了薄姬一次，这是薄姬此生最后一次性生活，唯一的一次一夜情。也不知道怎么就那么寸，这一夜，她怀了孕，生了儿子刘恒，这就是后来的汉文帝。

宫中是非混杂，人心叵测，想留条活路，又自己觉得脑袋不够聪明，那就三十六计走为上。咱惹不起还躲不起吗？对于女人来说，没有性生活是件不幸的事；而对薄姬来说，这个不幸却是天大的幸事。因为有一个女人，十分妒忌别的女人有性生活，她就是历史上著名的"妒妇"吕雉——刘邦的大老婆。

刘邦死了以后，所有受宠的姬妾都受到了吕雉的无情报复，杀的杀，关的关，最得宠的那个干脆被砍掉手脚、挖去眼睛、熏聋耳朵、灌下哑药做成了"人彘"。她们所生的儿子，也先后被吕雉弄死了好几个。

薄姬因为长期受到刘邦冷落，也是一个没有性生活的女人，也许出于同"病"相怜，再加上薄姬并未与吕后结怨，形成竞争之事实，同时在薄姬的影响下，儿子刘恒也没怎么惦记皇位，所以，吕雉觉得没有必要难为他们母子，就放过了她。

待在朝廷这个是非之地，危险是时刻存在的。薄姬虽然与人无争，但也没傻到什么忧患意识都没有，她自知不是宫中斗争的高手，既然如此不如早点跑得远远的，远离政治斗争的旋涡，说不定能换得一个母子平安。于是，她在吕雉面前没有"戚懿作歌"，而是装着很听话的样子，最终顺其自然地获准离开长安，和儿子刘恒到代国（今山西）团聚去了。儿子很孝顺，又受当地人民爱戴，日子过得还算快乐。

谁料人间祸福难言，若干年后，史上第一醋坛子吕雉死了，吕氏家族的势力被刘邦的旧臣们推翻，朝廷需要再立一个新的刘姓皇帝。

吕雉生前对大汉朝最大的贡献，就是孜孜不倦地开展了"除苗"工作，先后谋杀掉刘邦八个儿子中的六个。其中惠帝刘盈是她的亲生儿子，之外还有刘肥、赵王刘如意、梁王刘恢、淮阳王刘友、燕王刘建，只剩下了代王刘恒和淮南王刘长。也就是说，新皇帝只能在这二人中间产生。

通过比较，大臣们觉得，刘长母亲家的亲戚为人比较严厉，在当时就有点儿让人害怕，如果让刘长做了皇帝，将来的日子恐怕不好过。而代王刘恒之母薄氏家族早已了无一人，仅仅只有母子两人而已，而薄姬一向以克己谨慎闻名于世，跟着这样的老实人干活，至少不必担心被人穿小鞋。所谓"人比人，气死人"，相比之下，大臣们立刻拿定了主意，派人到代国迎接刘恒进京为帝，这可把那个刘长气得半死。

**拐点四**：儿子就这样一瞬间成了汉朝的皇帝，薄姬也顺理成章成了太后，真是人生如梦，世事无常啊！仿佛一个天大的馅饼砸在了他

们母子二人的脑袋上。然而治理江山谈何容易？就在这个制造盛世发端的关键时期，这位传奇女性发挥了决定性的作用。

薄太后最爱读的书是《道德经》，"不喜儒术"。从她避难秦始皇后宫开始，就一直以"无为清静、顺其自然"的黄老哲学思想作为做人的准则，平时为人忠厚，"凡事包容，母仪俱足"，所以，秦朝宫女们喜欢她、保护她，连后来的吕雉也因此没有与她为难。做了母亲以后，她也一直这样教育自己的儿子。据历史记载，薄太后不但自己能够背诵《道德经》，还经常给儿子讲解其书中的观点和含义。但这并不是最重要的，母亲的思想能否影响到儿子，主要前提还是要看这个儿子是不是孝顺，而刘恒恰恰是一个难得的大孝子。

国人传颂至今的"二十四孝"中的第二孝，说的就是刘恒孝母的故事。他不但平时孝顺母亲，做了皇帝以后，仍然对母亲孝顺如初。薄太后曾经生了一场重病，时间长达三年之久。俗话说，久病床前无孝子，然而，刘恒却打破了这句话。三年中，他每天都要去看望母亲，常常衣不解带、不眠不休地陪伴在旁边，凡是御医送来的汤药，刘恒都要亲口尝过，确认无误，才会放心地给母亲喂下。

刘恒在位23年，因为深受母亲思想的影响，一直奉黄老哲学的"无为而治"为基本国策，对内轻徭薄赋，与民休息，"租率减为三十税一，十三年，还全免田租"，让老百姓的日子过得一点负担也没有；对外友睦邻邦，和亲他国，不轻易出兵，以免耗损国力，使杀伐多年的汉朝终于有了一段清静的日子。这可让最初的历史轨迹拐了个大弯儿，由肆意征战到天下太平，其间薄姬的影响必然是不能小视的。

**拐点五**：薄太后的"无为"思想，不但影响了儿子，也深刻影响了儿媳妇窦皇后，即后来的窦太后，而窦太后又将此思想传给了儿子汉景帝。两位母亲影响了两个孝顺的儿子，最终完成了著名的"文景之治"。

通过"文景之治"，西汉王朝焕发出安康和谐的新气象，人民富足，社会安定，文化繁荣，经济发展，国家财政充实。在汉武帝即位之初，"京师之钱累巨万，贯朽而不可校。太仓之粟陈陈相因，充溢露积于外，至腐败不可食"。文景之治积累下来的雄厚财政实力，为后来汉武帝征伐匈奴、开创鼎盛伟业奠定了坚实的物质基础。

一个私生女竟然制造了五个历史上的重要拐点，可谓是一代史家传奇人物。细细斟酌，这种生命无常的情形，与那位善于算命的仁兄似乎没多大关系。就算被他说中了，也许那不过就是一种机缘巧合而已。而老庄哲学中的某些人事规律，却不由得不令人信服，比如其中还有一句叫"盛极而衰"，这在汉武帝身上可谓体现得淋漓尽致。盛行了三代人共计70年的老庄哲学被积极向上的儒术所取代，这不过是其原因之一。其二，汉武帝之所以成为西汉王朝由盛转衰的分水岭，最大原因还是在于刘彻穷兵黩武的决策性失误。

## 西汉上访女的偶然成功

汉朝历史学家班固曾在狱中写了一首"咏史"的五言诗，名为《咏史》，实是借本朝故事发家里人的牢骚："百男何愦愦，不如一缇萦。"

故事的大概情节是这样的，汉文帝时期，原太仓令淳于意辞官下海，在临淄开了家私人诊所，行医过程中出了医疗事故死了人。说起来也不算什么事故，因为那个病人本来就是个半拉死人，淳于意是碍于情面才勉强下药。于是，死者家属告官，双方对簿公堂。

**拐点一：**缇萦走上访路线，肉刑消失近千年。地方官一看死了人，当下也不问青红皂白，就给淳于意定了肉刑之罪，押赴长安。淳于意的小女儿叫淳于缇萦，年方17岁，一心想为父亲伸冤，徒步千余公里跟随父亲的囚车来到长安，请人写诉状，呈交汉文帝，最终使父亲沉冤得以昭雪，还促使朝廷废除了残酷的肉刑。小小的一个救父举动，却改变了沿袭几千年的肉刑法制，或许这个小女子自己都没想到她在历史上还能起到这样关键性的作用。

**拐点二：**一般来说，老百姓受了冤屈，如果在当地不得伸，可向更高一级政府或执法部门申诉，也可直接向国家领导人递状纸，古代中国将这种行为称为告御状，现在则统称为上访。这个名叫缇萦的小姑娘，无疑是中国历史上首位上访女，可谓开创了古代上访之先河，也是一个经典的成功案例。

李白有句名言，叫"蜀道难，难于上青天"，其实古代人上访之难堪比登蜀道。据相关统计，古代见于史籍经传的上访三十余例，获得成功的唯有这一例而已，而且其成功里面还包含了太多的偶然性。

首先是交通问题，那么远的路，完全靠双腿走下来，这对只有17岁的小姑娘来说，体力上显然不可能。若无坚强的毅力和为父伸冤的信念支撑着，恐怕很难实现上访的目的，因此，我们只能理解为是一个偶然。

其次，这样的伸冤，必然会牵扯到地方官员利益。倘若当时地方官加以阻挠，明明是尽人皆知的冤案，若地方上想瞒天过海，肯定不会让这样的事情传到最高领导人耳朵里，怎能由着一个小丫头顺利成行？而且还是跟着囚车一起出发的。缇萦之所以能够成行，也许原因就在于地方官对体制优势过于自信，肉刑法制是祖宗传下来的，你个小黄毛丫头能有多大本事？可没想到这个小黄毛丫头还真的把奇迹变成实迹了，这也不能不说是一个历史的偶然。

再次，穷困潦倒之下，没钱请人写状如何是好？试想一下，父亲做了阶下囚，缇萦又那么小，那个时候还未出现所谓的银票，估计身上也没几个盘缠，到了京城这个陌生之地，两眼一摸黑，她能找谁帮忙？可就是这么寸，天有怜悯之心，还真就有人帮了她一把，而且还是个官员。这又是一个偶然。

然后，状纸写了，够着皇帝并不容易。熟悉明史的读者可能会记得，海瑞写了骂嘉靖皇帝的折子，递上去一两个月才到了嘉靖的手中，其中还有着内阁诸大员幸灾乐祸的因素。一般的折子，内阁有随机处置权，不一定非得交给皇帝看的。

同样，西汉的丞相和下辖的各省，其权力并不比明朝的内阁小。尽管当时朝廷有规定，老百姓有权直接写信给皇帝本人，但是，老百姓是无法面见皇帝的，信件还需官员具体上传下达，这就充满了各种变数。他们私自扣下缇萦的诉状，也不是没有可能。但是，缇萦的诉状最终被汉文帝看到了，这不能不说是一种偶然吧。

最后一点尤为重要，倘若皇帝看到了状纸，由于日理万机并没过于记挂在心，那么这个小丫头的良苦用心就真的白费了。古代封建帝制全部都是家天下思想，一切由皇帝老儿说了算，何况还是一乳臭未干的小女孩写的状纸，何况这个小女孩那么不知天高地厚，居然敢说朝廷的肉刑如何如何不好。一般情况下，缇萦的上访是不会有什么好结果的。

但是，我们说，凡事有一般情况，就存在特殊情况。一个小女孩这么有胆量重亲情，这对汉文帝来说，是个很特殊的民情；汉文帝是个著名大孝子，犹重于对母亲薄太后的至孝，这对未经世事的缇萦来说，此次上访成功，无疑也是一个极为特殊的有利条件。这两个特殊性，所蕴含的偶然性不言自明。

回顾缇萦上访这段历史，以上的五个偶然，缺少了其中的任何一个，这个小姑娘的上访成功计划都必然会泡汤。由此也可得出这样的结论，古代老百姓的上访，必然是大多数不会有满意的结果，有满意结果的只能出自偶然因素。比如，秦香莲遇到了包拯，小白菜惊动了慈禧太后等，莫外如是。就连班固自己也深明其理，一句"圣汉孝文帝，恻然感至情"，已然泄露了偶然的玄机。历史轨迹不是那么随随便便就能拐弯儿的，没有诸多偶然，就绝对不会促成必然。也许缇萦的上访不过只是歪打正着撞对了门儿，可就是这么个巧合改变了沿袭几千年的残酷肉刑制度，多少人血流成河都办不成的事儿，却被一个不起眼的小女孩儿办成了，这真的堪称是历史一大传奇，越想越让人觉得难以置信。

## 史上第一所文艺学院诞生的背景

中国乃至世界历史上第一所文艺学院到底是如何诞生的呢？说起来要感谢东汉年间一个喜欢流连于香艳和荒诞的皇帝。

公元168年，桓帝刘志英年早逝，刘宏被拥立为帝，是为汉灵帝。刘宏此人，治理国家不怎么样，捣乱和淫乱的功夫可谓一流。在他当政的21年里，卖官鬻爵、声色犬马，无所不为，把国家折腾得够呛，只是勉强没有亡在他的手里。梳理一下刘宏的荒诞作为，却发现这位仁兄还真的不容小视，即便把自己的国家搅和得人仰马翻，却开创了多个历史第一，单凭这一点，也可堪称是一位历史上超级能得瑟的帝王了。

这位皇帝的奇思妙想非常人可及。也正是因为他满脑袋歪心思，又同时具备说一句话别人就必须照办的能力和权力，才一次次地开创了历史上的诸多第一，任由历史轨迹在他的胡折腾下拐了很多道弯儿。

**拐点一**：他是史上最先发明驴车的皇帝。汉灵帝的兴趣十分广泛，不仅限于捣乱和淫乱，他还挺会引导时尚新潮流。比如，他发明的驴车，比马车还轻便时尚。为了推广这种驴车，他亲自驾着驴车在上林苑转悠，一脸的得意洋洋。有了大汉天子倡导于上，这种驴车很快就在京城里流行起来，上至王公，下至百姓，无不以拥有一辆驴车为荣，导致驴的价格直线上涨，甚至超过了马价。

**拐点二**：刘宏的"捣乱"和"淫乱"，将祖宗的基业推向了灭亡的边缘，却由此诞生了中国乃至世界史上第一所文艺学院——"鸿都门学"。

刘宏特别喜欢听新歌曲，可是写歌谱曲的人才十分匮乏。当时朝廷设立的太学乃是用来培养儒学人才的，讲究的是修身治国等"正大"的事情，根本不可能设立"文艺课目"；再说太学生早就和"党人"们纠缠在一起，刘宏也不想去招惹他们。于是，有宦官建议另设

"鸿都门学"，刘宏大喜，立刻下诏筹建。"鸿都门学"建成之后，就和太学唱起了对台戏，除了共同供奉孔子之外，基本上是太学教的它都不教，太学不教的它都教。所以，教学内容就不会是什么五经之类，而是辞赋书画、妙曲新歌这种更偏于文艺性的东西。

鸿都门学曾兴盛一时，学生达几千人之多，而且他们就业前景也不错，出为刺史、太守，入为尚书、侍中，甚至还有封侯赐爵的。但这所学校和宦官们的渊源太深，再加上学的又是这种"小道"，所以被当时的士大夫看不起，那时的"正人君子"都耻于与它的学生为伍。不过，这"鸿都门学"却是中国乃至世界上的第一所文艺学院，对提高文学艺术的地位还是颇有助益的。后来魏晋时期的文艺自觉，也与它多多少少有点关系。汉灵帝的这点开创之功，还是值得肯定的。当然，他的动机并没有这么高尚，不过就是为了给自己的淫乐提供点花样罢了。

其实，古代历朝君王，谁没有一点贪图享乐、爱慕美人的风流韵事，可绝对没有像刘宏这样动静那么大的，也没像他那样有那么多闲心去设计这些捣乱淫乱之事。可就是这么一位超级能折腾的另类帝王，有意无意地还为我国历史的文艺事业作出了不小的贡献，这堪称是我国文艺史上的一大奇观。纵观历史，总会有那么几个能人，也总会赶上那么几个败类，但他们却有一个共同点，那就是站在了历史轨迹的拐点上。刘宏就是这么一位怪异而又超级会享乐的君王，即便如今他所开创的很多第一仍让我们匪夷所思，但有一点毋庸置疑，那就是不管他是怎样的荒淫乱搞，历史轨迹确实被他这样一个特殊人物得瑟得拐弯儿了。

# 第三章　所谓英雄

　　正所谓乱世出英雄,纵观大局,不畏强兵,是他们智勇双全成就大事的非凡特质。他们左右了自己的时代,使得整个历史进程因为他们的存在而拐了弯儿。尽管成败对错而今已成历史,昔日英雄早已不知身在何处,可他们的高大形象至今受众人崇拜仰慕,他们的韬略胆识如今依旧值得今人借鉴参考。也许历史就是这样富有祭奠意义,尽管那些人那些事早已时隔千年,可当我们捧起那一卷卷发黄的字迹,却仍然充满着激情和感动,人的一生难得波澜壮阔,戎马精神,重回历史的拐点,与英雄相逢,笔触之下可否进一步贴近他们的内心世界?

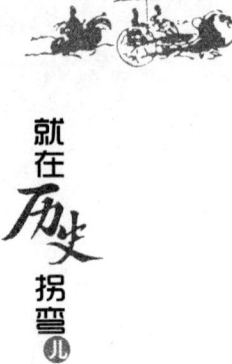

## 曹操迈向成功的关键十步

　　写下这个命题的时候，不免有些心虚。为什么？快闻到土腥味儿的人了，不知道走了多少路，却总结不出自己人生的关键几步，有什么资格去总结古人？自我安慰几句，算了吧，何必较真？如果每个人都目光如炬的话，活着多累！理论这个东西，作者姑妄写之，而阅读的人差不多也是姑妄信之罢了。其实，每个人都是一部历史，而在这整个的心路历程中，多多少少都会有那么几个拐了弯儿的地方。古人如此，今人亦然。其实人生大部分时间都是平淡的，唯独遇到拐点的时候才会彰显精彩，也许最关键的选择不过是几秒钟而已，怎奈整个历史进程就这样因为某个人无心的举动被悄然改写了。

　　曹操爱读书，军旅之中常手不释卷，但曹操不迷信书，这就是干才与酸儒的最大区别。曹操一辈子所走的关键十步，每一步都凝聚着他的人生智慧，每一步都能看到一线成功的亮光，或许跟阅读积累有关，但关系不大。迷信书的人，大多是"语言的巨人，行动的矮子"，能把自己心里的那一套活学活用，从容应对生命中的任何挑战和抉择，这样的人不是没有，但绝对是世间稀有珍奇。下面就让我们来审视一下曹操这位传奇人物生命历程中的那十大最为闪亮的拐点。俗话说得好，乱世出英雄，看似是一个人成功关键的十步，却步步影响到了属于他那个时代的整个历史进程。

**拐点一**：纵观时局，规划人生。史载年轻时候的曹操"任性好侠、放荡不羁、不修品行、不研学业"。这当然没错，可曹操早有自己的人生规划：通过结交有名气的朋友，寻求名人做自己的推手，显示实力，扩大影响。

比如，少年时他就与袁绍是好友，成年后两个人之间虽有一些隔阂，但关系还是不一般。及至袁绍、袁术的母亲死后归葬汝南时，曹操还不计前嫌去参加葬礼。颍川李瓒是"党人"领袖李膺之子，后来做过东平国相，曹操同他交往，顺便结交了名气很大的何颙，彼此了解很深，等等。曹操还先后向当时的舆情领袖乔玄、许劭求教，得到了"太平时代的能臣，动乱时代的奸雄"这样的评语，他的人生规划至此就完全定型了。公元174年，20岁的曹操因名满乡里而被举为孝廉，入洛阳为郎，旋即拜顿丘令。

由此看来这个传奇人物在年少之时，建树就非同一般。当别人还在家中闭门造车地攻读圣贤之书的时候，他却把眼光聚焦在网罗人脉，赢得天下支持上。当别人认为唯有读书破万卷才能有道治天下的时候，这位少年却早已用他敏锐的分析和感官，看清了左右人生历程的关键问题，也懂得借助别人的人气提升自己的被关注率。也正因于此，他快速地超越了无数比他肚子里墨水更多的年轻人，成为了那个时代数一数二的佼佼者。

**拐点二**：雷厉风行，绝不迟缓。曹操是个说干就干的人，没有"三思而后行"的毛病。汉末爆发了黄巾起义，他果断抓住机会，拉起队伍帮朝廷平叛，被拜为骑都尉，受命与卢植等人合军进攻颍川的黄巾军，结果大破黄巾军，斩首数万级，开始了峥嵘之路。

这一步对曹操的人生极为重要，迈不出这一步，曹操只能一辈子

做地方官，或者只能弃官当游侠、卖文章过日子了。立即行动的素质，几乎贯彻了曹操的一生，只在老年时犹豫了一回"鸡肋事件"，不久就死了。

这里不禁要感叹，人生寥寥数十年，多少人让眼前的机会匆匆而逝，而曹操可以说是个例外中的例外。这个世界不缺想法，却缺乏果断去做的人。即便做的时候会遇到诸多困境，但至少当自己勇敢地迈出了第一步，就不会再有停滞不前、懦弱退缩的余地。人生若想成功，真要拿出点破釜沉舟的魄力，只要你可以勇敢一点，就会发现曾经脑海中的那些困难也不过是假想敌而已。

**拐点三：以退求进，走出困境。**人的一生总要面临各种困境的挑战，一般人会在困境面前浑身发抖，失去心智，而成功者则能把困境变为成功的有力跳板。刺杀董卓不成功，曹操没有选择"杀身成仁"（真实的历史可能是曹操不愿与倒行逆施的董卓合作），而是选择了逃亡，在逃亡中等待机会，走出困境。

在乡绅门阀大族的支持下，曹操在陈留"散家财，合义兵"，且首倡天下英雄讨伐董卓，之后迅速崛起，联络了其他十七路诸侯跟董卓较量。虽然最后大家都作鸟兽散了，但曹操在这一步里，懂得了两个道理，其一是凡事得靠自己，其二是乱世乃成，更大的机遇即将来临，凤凰快涅槃了。有了这一步的教训，曹操的英雄梦做得更有信心。

面对威胁男儿自当大义凛然，临危不惧，但也没有必要一定要做那个牺牲自我的刀下之魂。有些时候退避三舍是为了存续力量，也是为了给未来的卷土重来赢得充分的时间。这犹如滔滔江水，潮落之时定是再度掀起波澜之日。其实，只要脑袋里多转几道弯儿就会发现，活着走出困境有时候要比儒道士所说的"舍生取义"来得更有价值。

**拐点四**：建立强大阵容，组建青州兵。俗话说得好，枪杆子里出政权，这句话是毛主席他老人家说的，一千八百多年前的曹操也有这样的心得。初平三年，青州黄巾军大获发展，连破兖州郡县，阵斩兖州刺史刘岱。济北相鲍信等人迎曹操出任兖州牧，合军进行围剿。曹操"设奇伏，昼夜会战"，终于将黄巾军击败，获降卒30余万、人口百余万，创立了自己的根据地，并选择其中精锐兵丁，组建战斗力很强的青州兵。这支队伍跟曹操转战南北，屡建奇功，三战徐州、官渡之战，成为实际上的"中央军"。这一步堪称曹操成功的根本。

人到了一定程度，野心就会逐渐膨胀起来，为了满足这种不断膨胀的内心需求，就必须建立属于自己的储备力量，引领自家的千军万马。这一点曹操的目标是很明确的，他很快在战斗中拥有了忠于自己的军队，即便转战南北，这支他一手培养起来的队伍都至死不悔地坚守相随。这不但致使整个历史进程因为他一个人的领导才华拐了弯儿，也使这位颇有魅力的行动奇才千古留名。

**拐点五**：认清自我，发挥强项。一个能力极弱的人肯定难以打开人生局面，他必定是人生舞台上重量级选手的牺牲品；成大事者在自己要做的事情上充分施展才智，一步一步地拓宽成功之路。那么，曹操的强项又在哪里呢？这一点在他心里早已是有数的，这位历史人物早就知道他的主要砝码就在于自己的地盘和军队，地盘代表着有吃有喝，军队代表着实力。这种强项在缺衣少食、到处受欺负的汉献帝和诸多大臣眼中，简直太有吸引力了。

早在初平三年（192年），曹操的谋士毛玠就向曹操提出了"奉天子以令不臣，修耕植以畜军资"的战略性建议，曹操深以为是。建安元年八月，曹操发挥了自己的强项，亲至洛阳朝见献帝，随即挟持汉帝迁都许县（今河南许昌东）。从此，曹操取得了"挟天子以令诸侯"的优势，在政治上获得了巨大成功。

赢得自己的一方天下并不容易，而曹操却在关键时刻左右了历史一个很重要的拐点，顺水推舟地将自己推上了从政的舞台，坐上了当时势力最为强盛的势力集团头把交椅。在他从政生涯的若干年中虽没有天子之名，却已行天子之实。主要原因就在于他对自己的底牌相当有信心和把握，并把自己的强项发挥到了淋漓尽致的地步，即便后人经常把他评论为一代枭雄，可他在所属时代的位置依然是任何人无法取代的。

**拐点六**：招贤纳士，吸纳人才。一个人不懂得人才的价值，不懂得与人才交往，必然不会借助人力资源的力量。成功者的特点之一是善于借人才之力、借人才之势去营造成功的局面。为维护和发展势力，让更多的人为自己的事业服务，曹操强调"唯才是举"。只要有才能，即使缺少封建道德品质、出身下层的人，他也注意提拔。从210年到217年，他先后下了三次"求贤令"，选拔和任用一些有才能的人。他与人才的交往也很有可圈可点的地方。比如官渡之战前，他光着脚丫子迎接许攸，得到"火烧乌巢"之计，借人才之力一举扭转危局。至赤壁之战前，曹操手下已是人才云集，谋士过百，良将千员，大好的局面已经形成。

由此可见，想扩大自己的势力范围，单凭一己之力，即便能够以一当百也是无济于事，最为重要的还是在于"用人"二字，不但要用人，还要用有能力的人，将有能力的人安插在能够发挥他最大作用的地方。真正的帅才不在于他的知识储备，而在于他的人才储备，不在于他的自我学习能力，而在于他的系统领导能力，这一点时至今日仍给我们留下不少的启迪作用。当一个人将手下的人才汇编成了一张囊括万事万物的关系大网，历史就是不想拐弯儿，也要先听听他的意见。

**拐点七**：远见卓识，实现利益最大化。曹操与袁氏兄弟在性格特点上有一个鲜明的区别，前者爱把事情做大，越大越好；后者却固步自封，满足于眼前。比如，袁绍的谋士也曾建议迎取汉献帝这个政治"宝贝"，袁绍也认为有道理，就是没去做，才被曹操抢了先。比如，袁术得到传国玉玺，就立刻过一把皇帝瘾，而曹操已经成为实际上的执政者，却始终没有称帝，而是利用政治优势，把蛋糕越做越大，整个华北、西北、东北都成为他的天下。这一步是曹操的既定决策，在他登上魏公爵位时，已经做了表白，这里无需赘述。

面对利益智者目光长远，愚者只顾当前。曹操的眼光不在于过早地享受万人敬拜，而是步步为营地将自己的触角伸展到他野心能到达的每一个角落。所谓英雄不做便罢，要做就做他一个囊括四海、纵横天下。当他将自己的权柄扩充到无人能及的时候，那所谓万人跪拜、众人皆服的人生目标，不用自己去找，到时候它自然会来找你。

**拐点八**：降低重创指数，规避自身弱点。所谓人无完人，人皆有弱点，固守弱点的人一般不会成功。跟自己的弱点较劲，并能规避和弥补弱点造成的损害，这样的人是优秀和不可战胜的。曹操就是这样的人，尽管他也因为自身弱点打过败仗，滥杀过无辜百姓，但他依然是个令人仰慕和畏惧的英雄。

比如，曹操"留恋妾妇"，说白了就是好色，这个弱点差点害得他丢了命，但他事后能够反省，将损失减到最小。另外，曹操也知道自己有滥杀无辜的弱点。他的弥补办法是推行屯田，兴修水利，实行盐铁官卖制度，大力发展社会经济，尽量解决老百姓的温饱问题。比

如，曹操取得冀州后，立即推行"重豪强兼并之法"，防止豪强兼并小农，施恩于民，收到了"百姓喜悦"的效果。司马光说曹操"化乱为治"，并非无据。

想得天下，必然先得民心，但即便是英雄之身，也会有自己数不清的弱点。但曹操聪明就聪明在他有很好的自省能力，而且还能够在关键时刻将自己的那些性格弊端很好地隐藏规避起来。就算性格弱点是天生的，也并不能阻碍任何一个英雄横空出世，关键就在于你是不是真能认清自我，用自己切身的改过行动影响未来整个历史的轨迹。即便天下人无完人，但在历史的拐弯儿处，我们总是能够看到那些卓越人物近乎完美的写意英姿。可见错过成功的原因不在于性格上的缺陷，而在于不能对这些缺陷加以克制，降低其给自己带来重创的指数，最终只能任由这种缺陷肆意蔓延伸展，而自己也只能在无数个选择偏差中自怨自艾，难逃被世人遗忘的命运。

**拐点九**：谈笑成败，平衡心态。话说周瑜用诈降之计，在赤壁完胜曹操。曹操率军从华容道（今湖北监利西北）陆路撤回江陵北还。赤壁之战的惨败，对曹操打击很大，基本粉碎了他统一天下的梦想。

但是，曹操没有被失败击垮，他及时调整了心态，化消极为积极，采取措施，稳定内部，次年就开始对关中用兵，破马超、韩遂，降杨秋，基本平定关中地区。紧接着，他南征孙权，又与刘备相争于汉中。心态消极的人，无论如何都挑不起事业的重担，因为他们无法直面一个个人生挫折；而曹操即使在毫无希望时，也能放声大笑。可以说，赤壁之战后的这一步，不是一般人能跨过去的。

谈笑成败，百折不挠，这才是英雄与众不同的地方。曹操之所以能够左右历史的轨迹，原因就在于他具备了英雄所应具备的所有特质和胆识。发现问题解决问题，能改变的绝不放弃任何希望，改变不了的就在肆意狂笑中坦然面对，这就是一个帅才人物面对人生的哲学态度。生命很短，但再短也可以书写无数的精彩，只要能够时刻将心态调整到最佳状态，再多的伤痛都会化为力量，即便是流出的血，也能够凝聚新的希望，指引这个鲜活的人物继续勇闯天涯。

**拐点十：** 精挑细选，培养接班人。中国人讲究生命的传承，同时也重视事业与思想的传承，这就是子嗣与衣钵的问题。古语说，富不过三代，就深刻揭示出接班人培养的重要性。

对于接班人的培养，曹操是煞费苦心的。儿子不少，他最喜欢文采出众的曹植，但最终选择了曹丕，究其原因，不外乎曹丕比曹植更适合继承他的事业。文章写得好，不能说明就一定能治理好国家，这也是曹操不迷信书本文化的一个例证。曹操之后的曹丕、曹睿虽然在个人生活上不够检点，但却基本上贯彻并发展了曹操未竟的事业。没有完成全国统一，不是曹操的眼光和接班人自身的问题，而是时势等历史的局限。毕竟，人的力量还是会受到整个环境趋势的影响，这就是他们必须要面对的无可奈何。历史不会总因为某一个人就轻而易举地拐弯儿，之所以有些人做到了，除了自身确实达到了必备的要求，也多多少少地占了天时地利的便宜。但不管怎样，曹操已经为其事业的传承做出了自己最大的努力，他已经攀越了无数个拐点的巅峰，此生也可以说没有什么过多的遗憾了。

曹操迈向成功的关键十步，每一步都能在书本上找到影子，但每一步都是曹操自己总结吸纳走出来的。他不专读儒家的书，诸子百家的书他都要浏览一番，把有用的东西加以吸取。他还特别喜欢研究兵法，在军事方面已经发表过不少独到的见解。这些，都是他能够走好每一步的原因。不死读书,而是把书读活,走好人生路,而不走寻常路,是曹操最值得现代年轻人学习的地方。

# 给诸葛亮一个正确的历史定位

唐代大诗人杜甫有诗云:"丞相祠堂何处寻?锦官城外柏森森。映阶碧草自春色,隔叶黄鹂空好音。三顾频烦天下计,两朝开济老臣心。出师未捷身先死,长使英雄泪满襟。"这首诗的题目叫《蜀相》,为啥不叫《汉相》呢?要知道诸葛亮代表的可是一个新形态的"汉室"政权。看来杜甫老先生对诸葛亮的历史定位是亦准确亦不准确。

实际上,不光是杜甫,历代文人学者对诸葛亮的历史定位大抵充满了这样的矛盾:三顾频烦、两朝开济等,寄予了对他"兴复汉室、统一天下"的期待,同时,也为他"出师未捷身先死"掬一把同情之泪。在赵炎看来,这种矛盾的定位,对诸葛亮是不公平的,与其说是矛盾,不如说是放错了他的历史定位。

**拐点一**:诸葛亮一开始就在"隆中对"里数过曹操的优势,并下断言"此诚不可与争锋",而东吴也"不可图"。可见孔明的方针,本来就不是"统一中国,兴复汉室",而是帮助刘备割据一方,与曹操、孙权鼎足而立。这一点,刘备心里比谁都清楚:所谓"兴汉讨贼"只是一面旗帜而已,或者说是一种政治策略和手段。

应该说,诸葛亮对天下形势的分析还是比较客观的。天时上,汉室的号召力已失、经济形态有变；地利上，各州的军阀对本地区的统治相对稳固，缺乏太多的可趁之机；人和上，魏、吴的领导者皆非泛泛之辈，且内部未产生毁灭性的斗争。在各方面，刘备不管怎么占优势，都欠缺统一中国的条件。

诸葛亮的三分之策，让刘备由"一无所有"变成割据一方，已经是创造了奇迹。可是，奇迹也有个限度。事实上，在孔明的三分之策定下来之前，许多人持的是"二分之策"（像鲁肃就建议孙权分江而治），根本没把刘备算进去。

本应该只有曹操、孙权针锋相对的力量，因为刘备的出现改变了整个历史轨迹的正常发展，而为刘备出此计策的正是谋臣诸葛亮。他明明知道刘备没有能力光复汉室，却仍旧义无反顾地协助他在曹操与孙权之间周旋，最终开创了三分天下的势力格局，刘备能在中间成为一股不可小视的力量，诸葛亮可以说功不可没。尽管这位智者早知道就算汉朝气数未尽，光复之事也不是他有生之年能办到的事情，但或许只为对这位刘皇叔报以知遇之恩，也许是为了向世人好好展现一下自己深谋远虑的智慧，这位历史中少有的靠脑力打拼天下的传奇人物，真的为了满足这个三顾茅庐义无反顾、临死愿把江山托付的人，倾尽了自己所有的心血，这也许就是所谓的忠义之举，也许就是一种兄弟之情最真挚的演绎吧！

**拐点二**：刘备的成功，是孔明创造的历史奇迹。也就是说，他的正确的历史定位应该在于让刘备由无变有，建立一个新形态的"汉室"，即蜀汉政权。

自古以来，没有任何一个文人谋士可以做到这样。有不少人认为跟他一样强的谋士还有很多，像王猛，像管仲。可是他们的处境不一样，没有人的处境像孔明那样，除了刘备的信任之外，什么都没有，没有地盘，没有兵力，没有财力。像赤壁之战时刘备的兵力，有一半以上是刘琦的，另一半是关羽和赵云保住的。（虽说关羽有点莽撞，他的功劳其实对蜀国早期而言，也有决定性的影响。）蜀国的一切，可以说都是由孔明开创的，他被称为千古一相，名副其实。

政权建立后的一连串军事行动，皆是以自保为目的，并非以讨伐为目的。它既不可行，也很无奈。这也是诸葛亮为何要否决魏延的冒险军事计划的原因，两人的认知差距确实存在巨大的鸿沟。

刘备的事业可谓是白手起家，最初除了那几个忠于自己的兄弟外，可谓是一无所有，但是他身边的这位谋士却为他不断地谋划，东挪西借，最终给自己在那个时代找到了安身之所。也许从一开始诸葛亮就明白，自己走出茅庐的那一天，就必将要接手一个理不清头绪的烂摊子，可他却最终选择了义无反顾，至死不悔，这种魄力也不是一般文人所能拥有的。由此可见，这位挥动羽扇，温文尔雅，终身保持淡定神采的儒雅军师，能靠着自己的智慧改变历史轨迹和格局，也没有什么好奇怪的了。

## 刘备面对"用工荒"一点也不慌

一代枭雄刘备怎么也没想到，自己可以从一个卖草鞋的个体工商户，摇身一变成为垄断一方的蜀汉公司掌门人。什么叫白手起家？什么叫一飞冲天？什么叫暴发户？刘备就是。

在三个实业巨头分割天下的过程中，曹魏分到的蛋糕最大，实力也最为雄厚，"战将千员，雄兵百万"，这非同小可！也就是说，无论上马什么项目，或者兴建多少工厂，曹魏是不会为用工问题发愁的。孙吴得地利之便，江东才俊俱为其用，不必担心工人回家过年而出现"用工荒"。刘备就不同了，从安喜到平原，到徐州，到新野，到荆州，再到益州，无数次草创，又无数次倒闭破产，一路走来，颠沛流离。或许正是因为如此，用工问题始终是困扰刘备的首要问题。

虽说"用工荒"是近几年才出现的新现象，但是，刘备早已对此有了切身的体会：本钱小，无力养活太多员工；没地盘，无处安置太多员工；待遇差，拢不住员工的心；战乱年代，优秀员工招聘难，等等。有道是，一道篱笆三个桩，一个好汉三个帮，干事业，没有人帮忙是不成的，刘备深知其中的道理。他从创业之初，就设计了一整套对付"用工荒"的办法。

**一、打造一个稳定的管理团队，再"荒"也不能"荒"了管理层**

作为个体工商户，刘备的主营项目是编席子卖草鞋，毫无科技含量，有真本事的人是不会加盟的。汉灵帝中平元年（184年），有几个姓张的兄弟聚集在一起，成立了"黄巾公司"，妄图一口吃掉刘家天下。刘备不干了，这算什么，抢劫吗？于是，他终止了草鞋生意，在老家涿郡注册一个小公司，打算与"黄巾公司"对着干。到底是公司，虽然不大，却也吸引来不少人，其中尤以关羽、张飞最是人才。

"千里马常有，而伯乐不常有"，刘备是善于发现人才的，他一见到关张二人，就表现出极大的热情，"寝则同床，恩若兄弟"。后来刘备到了平原县，给关张二人以业务经理的职位（别部司马），"分统部曲",公司的基本管理团队算是建立起来了。其后数十年间,这个团队一直是公司的管理核心。

## 二、招聘广告年年打,月月打,日日打,从不间断

刘备是个做招聘广告的行家里手,打小就无师自通,幼年时就有一句著名的广告词:"吾必当乘此羽葆盖车。"相当于"我将来一定要坐国家领袖的专车",言外之意,凡是跟着我干的人,将来一定有前途、准发达,您瞧好了。

打招聘广告的目的,是为了吸引求职者,从中发现熟练工。作为企业老总的刘备,没有过多的精力投入到无休止的熟练工寻找中(因为要逃命),手底下的几个熟练工对同行业的某些出色人才都是了解的,但是他们不可能主动推荐,毕竟大家都要吃饭,每个人都有自己不同的想法和心思,即使愿意推荐也不一定真的会有机会。因此,刘备只能依赖自己长期性的招聘广告。

那个时候没有报纸电视互联网,刘备的广告刊登在哪儿?口碑呀。有句歇后语叫"刘备三顾诸葛亮,诚心诚意,思贤心切",事实上,刘备极力为自己树立的公众形象,正可以用"求贤若渴"四个字来概括,当时的地球人几乎都知道。

**拐点一:** 通过长年累月地打招聘广告,刘备确实从中招到了不少熟练工,比如赵云、徐庶、诸葛亮、黄忠、法正、庞统等人,完成了人才的积累,初步解决了"用工荒"问题,为进军西川市场、建立超级大公司创造了条件。

留住熟练工的三大法宝:情感投资,期望值,现实待遇。

我们知道,如今之所以形成"用工荒",其内在原因是多方面的。以常规思维来看,"用工荒"意味着劳动力供小于求,市场会依据供

求双方的博弈结果，自发上调均衡工资水平。然而，相对于前几年的"民工潮"来说，"用工荒"的出现就不那么简单了。一是熟练工的数量远低于民工，市场需求矛盾大；二是熟练工在当地就可以很好地就业，无须背井离乡；三是部分公司的用工政策确实出现了问题，人情薄，待遇低，无法留住员工。刘备在这三条上做得比较好，从根本上解决了"用工荒"问题。

人都是有尊严的，特别是那些精英分子更是一个比一个骄傲，要想让他们对企业有归属感是很难的。他们可不像能力平平的员工可以呼之则来，挥之则去，要让他们觉得自己受到了尊重，要让他们的虚荣得到满足，这需要技巧。刘备的办法是，加大情感投入，以"恩义"待之：对关张二人，是"情若兄弟"，体现出一个"信"字，即宠信；对诸葛亮，是"如鱼得水"，言听计从，体现出一个"诚"字，即掏心窝子；对赵云，是"摔阿斗于地"，体现出一个"恩"字。

刘备给予员工的期望值，在他的个人形象和招聘广告中，已经彰显无遗。比如，他叔父刘元起说："吾宗中有此儿，非常人也。"陈登说："雄姿杰出，有王霸之略，吾敬刘玄德。"袁绍说："刘玄德弘雅有信义，今徐州乐戴之，诚副所望也。"程昱说："观刘备有雄才而甚得众心，终不为人下。"等等。这些名人的口碑宣传，对刘备身边的员工们，会产生巨大的期望值：跟着他不会吃亏，男人嘛，总要"万里觅封侯"，一条道走到黑吧。

每一个人都有一个价钱，大部分有本事的人，是不可能为了感情而不顾自己饭碗的，这就是现实待遇。很多优秀的销售精英，就是因为老板看人家业绩太好，舍不得按照既定的薪酬政策给他提成而跳槽的。

刘备的事业之所以能够成功，主要原因不在于他有多么大的本事，而在于他能够不放过任何一个对自己有用的人。不管要付出怎样的代价，不管要投入多少的感情，只要能够解决用工难问题，要他怎么做都心甘情愿。也正是因为这份求贤若渴的诚意，终于网罗了那些熟练工的人心，使他们能够保持长久的斗志，心甘情愿地跟着这位公司规模并不算大的领导人勇闯天下。也正是因为他们持续的努力，最终齐心协力将这位企业老总慢慢地推向理想的巅峰。

**拐点二：**好在刘备不是那么小气的老板，他只要口袋里有，还是舍得花的，如果口袋里没有，眼泪也是舍得流的。益州市场到手之后，他就打算提高员工的福利待遇，把良田豪宅分给他们，若不是赵云反对，计划早实施了。每一个跟着创业的员工，刘备都给予了恰到好处的奖赏，量才使用，安排了适当的职位，连魏延也做了汉中分公司经理。蜀汉公司出现了一派欣欣向荣的气象。

刘备的一生，是被"用工荒"困扰的一生，也是与"用工荒"战斗的一生。从无到有，从有到多，从多到强，一步步走来，他创造出一个惊人的用工历史奇观——除死无背叛。刘备应对"用工荒"的经验，值得现代企业家们去研究和借鉴。

此外不妨再多几句嘴。历史就是这么充满戏剧色彩，刘备死后，有着智慧化身之名的诸葛亮，却亲手制造了蜀汉公司的"用工荒"，出现了"蜀中无大将，廖化作先锋"的尴尬局面，且面对此局面，诸葛亮竟然束手无策，想来令人不胜唏嘘。是这公司真的气数已尽，还是诸葛亮在搞人力资源方面的经验不足，这真的不得而知了。但不管怎样，历史就这么奇怪地发生着、记录着。时至今日，细细品味，这算不算是历史上又一个备感意外的拐点呢？

# 第四章　有些不羁

　　自古以来总有那么一些人不满世间俗世之风，行为狂癫，令人费解。君王也好，隐士也罢，内心未必是空虚寂寞，相反很有可能是极端的丰富，乃至丰富得让他们接近于痛苦、痴狂。历史的拐点上，总是有那么几个放浪不羁的角色，左右了整个历史进程的走向。有些成为后人取乐的标杆，有些却成了中华傲骨的典范。尽管手捧古籍的我们只不过是随便翻阅玩味一番，而他们却在自己的时代造就了无数让人费解的奇观。他们是异类，是非主流，是别人眼中难以相处的另类，可谁又能说这不是一个别具一格的史家小曲呢？这一曲曲另类音色历千年依旧经久不衰，想必也有它存于世间的道理吧……

## 魏晋名士或曾瞧不起司马相如

读《世说新语》,发现作者经常借时人之口调侃司马相如。比如,在《任诞》里有这样的叙述,王孝伯(王恭)问王大:"阮籍何如司马相如?"王大曰:"阮籍胸中块垒,故须酒浇之。"刘孝标注云:"言阮皆同相如,而饮酒异耳。"类似的叙述大概出现了三次。仔细分析,确然事出有因。魏晋那一帮竹下诸贤,虽然和司马相如一样,都相当能闹腾,但在骨子里或许是真的瞧不起司马相如。

现在不妨将两汉的文人墨客都从棺材里揪出来晒晒,也就司马相如一人,可以和魏晋的古惑仔们有得一拼。于是,司马相如可能非常不幸地成了魏晋名士们的"出气筒"。

**拐点一**:私奔的较量。司马相如玩过著名的私奔,这在儒家子弟的眼里,属于"恣情任性"和"倜傥放荡"的不检点行为。而在魏晋名士们的眼里,此举纯属小儿科。阮籍的做法是,居丧期间勾引邻家美貌少妇,且是有夫之妇,简直惊世骇俗,分明是青出于蓝而胜于蓝了,还一下子成了时尚达人(《晋书》评曰:达而无检)。此类事例甚多,人所熟知,不待详引。

司马相如不但嗜酒如命,还自己酿过酒,当过酒馆的店小二,这叫什么?叫"嗜酒荒放"。可是,魏晋名士们对此依然嗤之以鼻,他们认为,司马相如嗜酒,只是寻常的"杯中之好"罢了,说句不好听的，就是贪杯，他心中没有须酒浇释的"块垒"。

这种情绪在后人的诸多注释中多有出现，比如鲁迅先生就曾揭示过。而竹林七贤的嗜酒，其背后有着政治高压下的穷途末路之心态，醉酒，是他们最后的安身立命之所。

司马相如有过在宫殿里脱裤子撒尿的"劣迹"，还被廷尉抓了现行，告以大不敬之罪，算起来也是潇洒裸一回了。

可是，竹林七贤之一的王澄就是不买账，他以实际行动予以反击：当着一帮子文武百官的面，全裸爬树抓喜鹊（解衵脱衣上树、裸形扪鹊），还跟市井卖帽子的老婆婆调笑，甚至直呼父亲的名字。

司马相如的"劣迹"，饱读诗书的王澄不可能不知道。比较一下可以发现，前者是偷偷摸摸，后者是光明正大，前者是"宵小之行"，后者是公然结交宵小，前者是袒露身体，后者不光袒露，还对父亲构成大不敬，变本加厉至极，近乎不耻了。难怪当时的"士庶莫不倾慕之"。

司马相如再怎么闹腾，汉武帝却始终没严办他。以刘彻数十年施行刑罚之酷（独尊儒术是面子功夫），司马相如能仅以身免，说明了什么？后人将其归于弄臣之列，这样的说法也许并不是空穴来风吧。

不同朝代，看似相同的举动，却怀着不一样的心境。历史的轨迹看似如出一辙，却始终都是各拐各的弯儿。细细品味，这些人物的人生经历还真是有趣，尽管自己比别人做得还要过分，却对对方百般地瞧不起。是觉得对方做得没有自己到位，还是心中的叛逆思想在作怪，我们都不得而知。但不管怎样，就气节而言，魏晋名士却对自己有百分之百的把握和自信，这一点上确实是司马相如所不及的。

**拐点二**：气节的较量。弄臣之弄，即玩弄之弄也，说白了，你司马相如不过是刘彻的开心果而已，没怎么把你当盘菜。那么，这一点，司马相如自己知道吗？完全明了。据史载，他常说笑话逗刘彻开心，奴才之面孔昭然若揭。有一顶帽子叫气节有亏，给司马相如戴，尺码恰好合适。

再看魏晋诸名士，无论在朝在野，皆是朝廷的反对派和对立面，抵触与不合作是他们的共同特点。就气节这一点而言，他们瞧不起司马相如的理由，已经足够了。

一个愿做笑柄，一个以命火拼，两者之间的差别真的太悬殊了。正所谓人活一口气，气节是绝对不能没有的。魏晋名士不管怎样发疯，至少心里还有着那么一股宁可没命也不让别人亵玩的劲头儿，就这一点来说，司马相如与他们在历史上所要拐的弯儿绝对是有很大差异的，单从这一点上，他们瞧不上司马相如也在情理之中了。

此外，姓氏上的渊源，或许也构成了魏晋名士对司马相如的排斥。

虽然司马相如是成都人，而司马懿是河南温县人，八竿子打不到一块儿，但是，打断骨头连着筋，他们有一个共同的祖先，即周宣王执政时期官拜司马（管辖军政和征战的官职）的程伯休父（《通志·氏族略》）。

因此，司马氏主政的朝廷对司马相如其人其文推崇备至，而以竹林七贤为代表的名士群体极力调侃司马相如，借以讥讽当局和当局的奴才们，就存在着可能了。历朝历代，有才的奴与有才的人之间的斗争，莫外如斯。

# 陶渊明在春节前辞官有三悬疑

采菊东篱下，悠然见南山。这是大诗人陶渊明辞官归隐后自在生活的写照，令人称羡之至。陶令的田园诗，能够反映这种毫无羁绊、放飞心灵于自然之心情的，大多出自其归隐后的手笔，也即41岁以后的作品。之前的诸多四言诗并不出色，比如他的《命子十首》，就显示出较强的功利和入世色彩，和一般士大夫无二。可见，做官在其心中的位置还是不低的。

关于陶令辞官，历来流传一则"不为五斗米折腰"的美谈，也因此成就了他的史上第一隐士之雅号。然则根据史料记载，和更加细致地分析，陶令辞官实则充满了无奈和不得已，可用其诗句"闲居执荡志，时驶不可稽"（《杂诗四首》其二）来形容。

隐士口号的确立。萧统在《陶渊明传》里这样叙述陶令的辞官过程："岁终（东晋义熙元年，即公元405年），会郡遣督邮至（彭泽县）。县吏请曰'应束带见之'。渊明叹曰'我岂能为五斗米折腰向乡里小儿'。即日解绶去职，赋《归去来》。"

从这则记载里，我们起码可以发现三个悬疑之处：如果一个人早打算辞官了，那么，什么时候走都是可以的，陶渊明为何独择春节前辞官？为何偏要等督邮来了再走？为何还要大发感慨之言？这三个疑问都是他人生历史的拐点，也引发我们很多猜测，下面我们就根据推测将其进行一一解答，或许真相也就大白了。

**拐点一**：领了薪水再走人。西汉至魏、晋时，官员的俸禄实行年薪制，只是发放方式有所变化而已。前者每年发一次，全发粮食，每年年终一次性领取；晋代时，可以按月发放，也可在年终领取，发一部分粮食，发一部分现钱。据《晋百官注》记载，当时县令的年薪是米四百斛，钱三万。这是一个不小的数目！《梁书·何胤传》上记何胤自称："吾年已五十七，月食四斗米不尽。"陶县长一年的俸米，换算成斗，是三百六十五个五斗，一个年近六旬的老者三十年也食用不完，另外还有那么多现钱，堪称"金领"阶层了。

从其《归去来辞序》自述中，我们也能发现一些蛛丝马迹。他在辞官之前，曾"犹望一稔"，意思是等"占田"里谷物熟了，全收下来再走吧。什么是"占田"呢？即朝廷根据官员的品级高低，拨给他们一块田地，所有权属国家，田里的收获归个人，简称"占田"，实际上也是薪水收入的一部分。据萧统《陶渊明传》上讲，陶令的"占田"是三顷，他想全种上可以酿酒的秫（糯米），道是"吾常得醉于酒足矣"！可是县令太太不同意，"固请种粳（大米）"。夫妻坐下来商量生产计划，最后决定"乃使二顷五十亩种秫，五十亩种粳"。

陶渊明选择春节前辞官，多半是想领了工资再走。人嘛，总是要吃饭的，而粮食是需要花钱买或者通过做官从朝廷获取的，陶渊明毕竟不是神仙，更无点石成金的本事，辛辛苦苦为朝廷打了一年的工，总不能空手走人吧。

放弃五斗米一说真的少得太多了，陶令之所以能够选择归隐生活，多多少少也是因为他在为官的时候，赚到了一些维持自己生活的资本。这些资本对于一般老百姓而言，真的是可望而不可及的。之所以在他人生的历史轨迹中出现了这样一个拐点,从最初一心仕途到有了归隐之心,这个转变的决心不是说下就能下的。薪水有了积累才真的有底气说这句话,毕竟放弃了"金领"的好工作,人也是要吃饭的嘛!

**拐点二**:要走,也要站好最后一班岗,做好交接工作。陶渊明出生于一个没落的仕宦家庭。曾祖陶侃是东晋开国元勋,官至大司马,都督八州军事、荆江二州刺史,封长沙郡公。陶渊明的祖父做过太守,父亲早死,母亲是东晋名士孟嘉的女儿。在这样的家庭环境里成长,没有一点道统观,那是不可能的,比如他的字,叫元亮,私谥靖节,均有浓烈的道统意味。从他的早期诗作里也能发现这种封建士大夫固有的迹象:学得文武艺,卖与帝王家。

倘若陶渊明不打招呼就离职,显然会使彭泽县的县治出现权力真空,一个行政单位没有领导人,可不是闹着玩的,对朝廷对百姓,都是不负责任,这就有违封建道统了,陶渊明做不出来。选择春节前辞官,其中的说道正在于此。平时那些上级领导不会下基层,想见他们一面都难,春节就不同了,按例必有领导下来视察,正好可以交接,然后堂堂正正卷铺盖走人。

由此可见,陶令还是个很负责任的人,尽管对自己的为官生活并不满意,但至少觉得自己还是有必要尽自己最后的本分。这个人生历史的拐点就在于尽管他精神还在受着道统思想的统治,但是也已经渐渐脱离了最初那种倾尽平生所学,只为谋个一官半职,为国家效力才是正途的主观思想,心中开始向往自己内心真正需要的自由,不再需要那些虚伪的荣誉。在他心里似乎开始意识到,是时候该去寻找自己最需要的生活方式了。

**拐点三**:不失气节,不愿弯腰事权贵。文人重气节,这不是新鲜事。春秋时期齐国太史因直书"崔杼弑其君"而被权臣崔杼所杀，但太史的两个弟弟却不屈不挠，前仆后继，继续这样写，这就是文人的气节。诸葛亮以实际行动践行了自己在《后出师表》中立下的"鞠躬尽瘁，死而后已"的诺言，这也是文人气节，等等。陶渊明的气节，更多地来源于魏晋名士之风：不畏权贵，追求精神自由。

　　读三国的朋友，对"督邮"这个官名应该很熟悉。此官名字里带个"邮"字，却不管送信、快递之类的事情，专门借视察工作下基层捞油水的。有趣的是，通过翻阅很多史料不难发现，但凡是以督邮的官职下基层的人，历史上几乎没一个是好人。碰到这样的官，如果你有钱送给他，一切都好说，说不定明天就给你升官，如果没钱送，立马小鞋就来了。刘备在安喜县尉任上就碰到过一位贪婪奸诈的督邮，小鞋没少穿。不过，刘备临走前痛殴督邮，泄了怨气，维护了自己的气节。

　　陶渊明大概是知道刘备的，也知道刘备殴打了上级领导，因为书中都有写。但是，陶令没有刘备的好身板，他只善吟诗，不会打架，如果真的动起手来，估计只有挨打的份儿，非但无法维护气节，还要当场受辱，这怎么办？文人自有文人的办法，君子动口不动手，快过年了，发几句感慨总可以吧。一句"岂能为五斗米折腰"的牢骚话，遂成千古名言。

　　想不到一句牢骚话，却成为了日后代代文人效仿的楷模，还使自己在放弃了官位甚至长眠地下的时候还成为拥有文人气节的代表，受到无数人的追捧和崇拜。于是这个平凡的小官，就这样在自己人生历史轨迹上拐了个精彩的弯儿，使我们至今对他的很多话记忆犹新。他不事权贵的信念，演化成了文人的傲骨精神，以至于最终很多人虽穷困潦倒，却始终将这位以归隐之心自成一派的诗人视为内心灵魂的寄托和楷模。

## 皇帝谋反：荒唐人说的荒唐话

历史上曾出现过多个频繁更换宰相的时期，如汉武帝时期、宋孝宗时期等，归根结底，缘于皇权与相权的斗争到了白热化的程度。其实说白了，权力就是一台天平的指针，偏左则相权孱弱，出现独裁皇帝；偏右则相权强大，多半要产生傀儡皇帝。但是，无论如何，皇帝都是至高无上的天子，是封建家天下的当家人，要说皇帝谋反，大概连三岁顽童都不会相信。历史总喜欢与我们开一些常识性的玩笑，偏偏就有这么一个宰相污蔑当朝皇帝谋反，可谓荒唐之极。

有的读者可能要问了，是不是汉献帝的"衣带诏"啊？不是，因为到目前为止，还没有任何历史资料可以证明国舅董承所持"衣带诏"出自汉献帝之手。从《三国志·先主传》记载的董承与王子服的对话里，隐约可以发现，董承所持"衣带诏"很有可能是"挟天子以令诸侯"的又一版本，有政治投机的嫌疑。曹操剿灭了涉案一干人等后，对汉献帝起了防范之心，但并未指责汉献帝谋反，可见曹操不是荒唐之人。

本文所说的荒唐之人，是北魏孝静帝时期的权臣、宰相高澄。孝静帝名叫元善见，祖父是北魏孝文帝拓跋宏（元宏），父亲是清河王元亶。北魏末年，高澄的父亲高欢操控了生杀予夺大权，当朝孝武帝元脩遂与高欢决裂，逃离洛阳投奔了宇文泰。元脩走后，高欢任命清河王元亶为大司马，全权处理国家政务。元亶还没即位，就"出入已称警跸"，而且刚愎自用，唯我独尊，不把高欢放在眼里。鉴于此，高欢把元亶赶下台，另立元亶的世子元善见为帝，改元天平，即是孝静帝。

**拐点一**：这样一来，北魏同时出现了元善见和元脩两位皇帝，从而分裂为东魏和西魏。

高欢的野心是很大，但他不敢荒唐，他知道自己是靠讨伐叛逆、复辟君位起家的，所以不敢轻易篡位称君。武定五年，高欢去世，儿子高澄承袭父职，继续把持着东魏朝政。如果说高欢还算有点良知的话，那么，高澄简直就是蛮夫，就是野兽，就是典型的荒唐之人。在高澄看来，东魏的江山是高家保下来的，皇帝也应该姓高。高澄的目的，就是要取而代之，自己当皇帝。为了控制孝静帝，高澄提拔心腹崔季舒当黄门侍郎，监视孝静帝的一举一动，并随时汇报。有一次，高澄写信问崔季舒："痴人比复何似？痴势小差未？宜用心检校！"意思是说，皇帝比以前如何？痴癫情况好些了没？你可得给我用心盯着！此后，孝静帝处处受高澄掣肘。

武定七年四月，高澄趁"侯景之乱"，攻陷了萧梁不少城池，孝静帝被迫封高澄为"相国，封齐王，赞拜不名，入朝不趋，剑履上殿"。有了功勋，有了高位，高澄的篡逆之心更加膨胀，对孝静帝的欺辱、羞辱和侮辱也变得肆无忌惮。据《资治通鉴》记载："帝尝猎于邺东，驰逐如飞，监卫都督乌那罗受工伐从后呼曰'天子勿走马，大将军嗔'。澄尝侍饮酒，举大觞属帝曰'臣澄劝陛下酒'。帝不胜忿，曰'自古无不亡之国，朕亦何用此生为'。澄怒曰'朕，朕，狗脚朕'。使崔季舒殴帝三拳，奋衣而出。"翻译过来就是，皇帝马骑快了，就要受到警告；皇帝敬酒不吃，就要挨骂遭打。拓跋珪当年的雄姿、拓跋宏昔日的风采，随着北魏皇权的旁落，如今已是荡然无存。但是，孝静帝绝不是懦夫。尽管他身为傀儡，尽管他无力抗争，但"自古无不亡之国，朕亦何用此生为！"这句话，就足以看出孝静帝秉持着宁肯亡国，也不接受小人摆布的决心和勇气。"韩亡子房奋，秦帝鲁连耻。本自江海人，忠义感君子。"此时此境，孝静帝咏颂谢灵运的这首诗，不仅仅是受辱后的自我解嘲，同时也是反击前的振臂高呼。不在屈辱中沉默，就在屈辱中爆发！

这首《抒怀》，是当年谢灵运起兵前的战斗檄文。韩亡子房奋，是说张良曾雇人锤击秦始皇，立志为国报仇；秦帝鲁连耻，是说鲁连以魏国屈从于秦昭王为耻，主张联合抗秦。

由此看来，皇帝与相国之间的矛盾已经是一触即发，但实力相差真的太过于悬殊了。相国功高盖主，根本看不出哪个是皇帝，哪个是臣子。本是别人的江山，却要野心勃勃地取而代之，这真的是冒天下大不韪啊。可皇帝怎会将自己的祖业拱手相让？面对这么霸道的家伙，自己即便是软弱的，也绝对是心有不甘。江山犹如美玉，宁可把它砸烂了也不会给你，这就是作为财产所有者无声的抵抗。在这种矛盾越来越激烈的情况下，整个历史的进程也必然会有所波动和改变，轨迹在这时候拐弯儿也一定是在情理之中的。

**拐点二**：地道战潜逃未果，忠诚被抓。侍讲大臣荀济，显然听出了孝静帝的心声，于是与元瑾、刘思逸等人密谋讨伐高澄，以解皇帝之危。由于朝中尽是高澄的耳目，他们便选择了"地道战术"，即在皇宫日夜挖掘通往城外的秘密通道，计划与孝静帝逃出皇宫后，组织天下兵马,与高澄决一死战。可是,当地道挖到城门附近时,守门军官听到地下有响声,便上报了高澄,荀济等人被抓。

本来是一个可以改变命运的好机会,怎料这位相国的亲信比当皇帝的还要多,最终只能是勇者徒劳送命。但从中不难看出,不管时事多么艰险,总会有那么一些正义之士置生命而不顾,勇敢地去做自己认为正确的事情。尽管有时候他们左右不了时局,却始终会成为历史中的一个个亮点。尽管在他们人生历史轨迹中拐了这道弯儿后通往的往往都是生命的终结,但对于那些心甘情愿为正义而生为正义而死的人来说,从来不会为自己的选择留下任何的悔恨和遗憾。

**拐点三**:自己谋权篡位,还说皇帝谋反。"陛下为什么要谋反?"高澄带兵入宫,逼问孝静帝。"我们父子两代为国家忠心耿耿,有什么地方对不起陛下呢?这一定是你身边的侍卫和嫔妃怂恿你这么干的!"高澄说罢,便示意左右捕杀胡夫人和李嫔。孝静帝义正词严地说:"自古以来,只听说臣子反叛君王,没听说君王反叛臣子。你自己要谋反,又何必指责我呢!杀了你,社稷就会安定!不杀,国家就会灭亡。我已将生死置之度外,何况是嫔妃!想弑君叛逆,看你的时间!"高澄被孝静帝驳斥得哑口无言,连忙磕头,大哭有罪,并连夜摆酒谢罪。

孝静帝的话虽然很经典,却无法阻挡高澄的篡位步伐。毕竟,大权在高澄手里。三天后,高澄把孝静帝囚禁在含章堂,"烹(荀)济等于市"。然而,在准备杀死孝静帝时,高澄被厨师兰京刺死。荒唐人说了荒唐话,死得也很荒唐。

兰京只是一个小小的厨师,可没有想到的是,在这个大势所趋的历史时刻,这个小人物却干了一件惊天动地的大事,以至于受到了历史编著者的高度重视。高澄冒天下之大不韪,该犯的错全部犯了,好不容易差一哆嗦就可以登上梦寐以求的皇位,却半路杀出一个做厨师的程咬金把自己灭掉了。这到底是老天看不下去了,还是有意地想愚弄他一把呢?总而言之,历史就这样拐了个奇怪的弯儿,这位荒唐相国的荒唐一生就这样在历史的记载中画上了句点。世道多变,不敢说每一个坏人都能恶有恶报,但如果坏事做绝,迟早会把一些人逼疯的。当一个人真的处于一种疯狂的状态,绝对可以做曾经借自己一个胆都不敢做的事情,到那个时候一定会上演一出不是你死就是我亡的历史悲剧,这是一种必然规律,从来没有任何人成为例外。

## 被信仰所害的梁武帝萧衍

江雨霏霏江草齐,六朝如梦鸟空啼。无情最是台城柳,依旧烟笼十里堤。

韦庄的诗中所说的"台城",就是南朝时帝国的政治枢纽,是历代帝王荒淫享乐的地方。公元548年三月十二黎明时分,侯景指挥的叛军终于突破了梁武帝萧衍的最后防线,登上了台城城楼。一个超级佛教发烧友苦心经营的帝国在凄厉的胡笳声里顷刻灰飞烟灭。

梁武帝萧衍并非庸碌无能之辈,据史籍记载,他"少时习周礼,弱冠穷六经","六艺备娴,棋登逸品,阴阳纬候,卜筮占决,并悉称善……草隶尺牍,骑射弓马,莫不奇妙",无论是政治、军事才能,还是学术研究和文学创作上的成就,在南朝诸帝中,萧衍都堪称翘楚。

更为可贵的是，他做了皇帝之后，能够勤于政务，广泛纳谏，提拔人才，他的节俭也是出了名的。史书上说他每天只吃一顿饭，太忙的时候，就喝点粥充饥。如此"文成武德"的萧衍怎么就对付不了一介莽夫的侯景呢？追其缘由，参考史料，就得出了一个惊人的发现，萧衍的失败，罪魁祸首是信仰，梁武帝本人对信仰的痴迷、举国上下对领袖信仰的奉迎直接导致了大梁帝国的瓦解。

人是不能没有信仰的，如果一个人没有信仰，那么，其人生观、价值观和世界观等就会模糊不清。但是，信仰绝不等于崇拜和痴迷，信仰只能是对人的行为准则起指导作用的一种理论而已。像梁武帝那样，把佛教信仰视为唯一精神支柱，宁做和尚不做皇帝的人，历史上当真少见。在梁武帝心中，菩萨的魅力远大于滚滚红尘里的一切，为了能做菩萨，什么帝国、什么子民一切都已经不重要了。与其他君主弘扬宗教在很大意义上是为了笼络人心、加强统治不同，萧衍对佛教的信仰出于至诚。

**拐点一：** 这位多少有点传奇色彩的皇帝连登基之日都选在了四月初八的浴佛节，即位第三年还下诏："大经中说道有九十六种，唯佛一道，是于正道。"无异于正式宣布佛教为国教。他曾受菩萨戒，自称"三宝奴"，数十年间严格持戒；不饮酒，不听音声，早晚都做礼拜；身着布衣，一冠三载、一被二年；居室不过一丈见方，不加雕饰；不好女色，50岁后干脆断绝了房事……如此信仰，哪里像个九五之尊的帝王？

盲目信奉佛教的"宽恕"，以致朝纲败坏。萧衍的六弟萧宏不但窝藏杀人凶手，还和自己的侄女，也就是萧衍的大女儿乱伦私通，萧衍不加惩罚反而加封官职，妄加纵容，差点儿引起一场宫廷政变。他明知萧综不是自己的亲生儿子，却丝毫不加防范，委以统兵大权，督率各军与北魏作战。后萧综投奔了北魏，使帝国失去不少精锐的作战部队。为了彰显自己的"宽恕"之德，他不断改换年号，每改换一次，就要释放许许多多的罪犯。

曾经有一个士兵和市井流氓赌钱引发军民纠纷，执法的军官将其推出午门准备斩首，这个士兵竟然慷慨陈词："咱们老皇爷是菩萨，不杀生的。"特别值得一说的是对待侯景的使用上，梁武帝的"宽恕"简直就是"没脑子"。

宽恕之心是可贵的，可是也要用对地方，之所以法不容情是大家至今比较公认的真理，就是因为它对错与对、善与恶的处理上有一个明显的划分。然而梁武帝却用自己糊涂的善心纵容了无数犯罪分子逍遥法外，导致整个社会的混乱。由此可见，作为当政者，过于残酷不行，但是过于菩萨心肠也是不行的，倘若不能奖罚分明，申明法制，天下必然不会太平，历史的轨迹也肯定不会朝着有利于自己江山稳固的方向拐弯儿。

**拐点二：** 侯景这个人是当时最为著名的"墙头草"，他投靠过北齐，寄身过其他部落，也替西魏效过力，反复无常到极点，梁武帝却极为看好他，又封王，又封大将军。梁武帝的盲目"宽恕"，致使政纪、法律、军纪等一片混乱。朝野上下只知道如何奉迎皇帝的礼佛之举，却不知道一场灭顶之灾即将来临。

乱建寺庙，举国礼佛，耗费公帑，人心尽失。晚年的萧衍，几乎是倾全国的财力物力人力去广建佛寺、大造佛像。他四次舍身出家，不但捐钱礼佛，还荒唐地要求朝廷动用公帑数亿为其赎身。当时的大梁帝国与周边邻国战事频仍，国内灾民嗷嗷待哺，到处要花钱，萧衍却不管不顾，宁肯不要国家，也不能怠慢了菩萨。他没有想到的是，菩萨是不会帮他打仗的,也不会御敌于国门之外,更不会帮他平叛。南京被侯景围困,城中断粮,饿殍遍野,在外勤王的大梁诸王手握重兵,却按兵不动;本来侯景已经元气大伤,但守城的将领却没了斗志,开城把侯景放了进来。也是啊,反正皇帝老儿那么喜欢做菩萨,就让菩萨为他卖命好了。

信仰不是蜜糖,更不能当饭吃。台城失陷,皇权旁落,梁武帝只能感叹"台城柳"之无情了,就连饮食也被侯景裁减,整日幽闭在一间暗室里敲木鱼。有一天,萧衍感觉嘴里特别的苦,就向侯景索蜜,竟然被拒绝,遂忧愤成疾。50天后,萧衍被活活饿死在台城,终年86岁。他到死也没能参透什么是生死,什么是因果,菩萨为什么就不能多给他一个馒头,给他一碗蜜水呢?想到30多年前,他曾和众大臣一起舌战"无神论者"范缜的时候,那是多么的气定神闲呀,"欲谈无佛,应设宾主,标其宗旨,辩其长短,来就佛理以屈佛理"。

台城失陷之前,梁武帝闻报,曾沉默了良久,他长叹一声:"自我得之,自我失之,亦复何恨!"那么,他真的"亦复何恨"吗?如果不是数十年的佛教信仰所牵累,他的帝国不至于丢在他的手里,他的晚年也不至于凄惨到连一碗蜜水也喝不到。一句"阿弥陀佛",六朝如梦,犹鸟空啼。

# 第五章　斗士之痒

人们都说婚姻有七年之痒，而作为一个成就霸业的帝王也未必没有自己难以启齿的斗士之痒。在政坛上他们雄才大略，而对于自己的人生却存留着诸多困惑和欲望，而这一点小小的欲望和困惑，一旦被奸人利用便有丧命之险，若是无法自我节制，便是整个江山的沦陷。历史的拐弯儿处就站着这么几位别样的帝王斗士，都分别因为自己的癖好和纠结身受不同程度的重创。细细想来，帝王也是凡人，怎能没有自己的七情六欲？可不管是谁一旦将自己置身于欲望深潭必将是不能自拔的。当欲望战胜了理智，虚伪战胜了责任，即便是再有能力的人也不得不在那些虚妄的痒痛面前马失前蹄。

# 被"补药"毒死的李世民

历史上被毒药毒死的人不在少数，因为仇怨，因为权力，形形色色，死则死矣，实属平常，却从未听说过被"补药"毒死的人。但是，历史烟云，层层漫漫，大千世界，无奇不有，唐朝的第二个皇帝李世民就是被自己十分信任的人用"补药"活活毒死的。

唐太宗李世民是个了不起的历史人物，他文韬武略，精明强干，曾缔造出中国历史上最为强盛的王朝之一。若说他竟然昏庸到被身边人轻易毒死，许多人大概不会相信。历史就是这样，从不以人的意志为转移。自古以来，人无完人，对错难辨，即便后人评说，也难以客观到位，还不是臆测妄断一番？从春秋五霸到秦皇汉武，哪一个杰出人物不是在晚年昏了头？李世民的晚节也未保。

不说李世民的历史地位和丰功伟绩，单说他的个人生活就极为腐化。当一个人的权力大到无所制约的时候，腐败也就随之滋生了，这一点古今相同。李世民27岁登基，做了十几年皇帝之后，过惯了安逸享乐的生活，渐渐地也趋向奢侈腐化。他修复了隋炀帝在洛阳建的豪华宫室，霸占了齐王李元吉的杨妃，还把已故大臣武士彟的14岁女儿选为才人，给她起了个名字叫"媚"，这就是"武媚娘"。要知道那一年，李世民39岁，比武媚娘足足大了25岁。个人生活这个事情，我们也不该过于指责，哪一个皇帝甘于过清贫无味的日子呢？何况大唐国力强盛，府库充盈，李世民又值盛年，满足自己的七情六欲并非什么大错，他又不是圣贤。

李世民的昏头应该始于公元648年，也就是贞观二十二年，这是他去世的前一年，49岁。按说这个年纪也不算老，比起清朝的乾隆皇帝活了81岁，李世民这个时候只能算是嘉庆皇帝刚临朝亲政。但李世民偏偏就昏头了，他迷信占卜，又痴迷丹药，还傻乎乎地指望能长生不老，活他个200岁。

**拐点一：** 据史书记载，贞观二十二年，天空中太白星多次在白昼出现。这本来是宇宙间天体运行的自然现象，而太史却占卜说，这应在"女主昌盛"。李世民又听说民间流传的《秘记》上有"唐三世以后，女主武王代有天下"的说法，这下李世民睡不着觉了。为了李家王朝能够代代相传，他想尽一切办法也要找到这个"武王"，把他扼杀在摇篮里。正好有个叫李君羡的官员撞到了枪口上。他的官衔、爵号、籍贯和职务里，一连串占了四个"武"字："左武卫将军"里占了一个，"武连县公"占了一个，他又是"武安县"人，是宫城北门"玄武门"的守将，偏偏他的父母在小时候给他起了个小女孩的名字，叫作"五娘"，是盼他易于养活。巧得不能再巧了，天下哪有这么巧的事情？李世民竟然深信不疑，他先把李君羡贬到华州（今陕西华县）任刺使，后来借故将其杀死。李君羡到死也不明白自己犯了什么罪，做了个不折不扣的糊涂鬼。

细细研读历史，再明白的皇帝也有糊涂的时候，简简单单的一个占卜，却害死了一条无辜的生命。而与此同时，我们不禁要感叹，整个历史的进程中，有多少这样死得糊里糊涂的刀下鬼。时代给了他们太多的不公平，可又让他们如此的无可奈何。历史的拐点，有多少人

的生命在白白葬送。其实，漫漫人生路犹如一个国家的命运，只要努力经营就好，该顺应天命的时候也一定拿出一个从容应对、顺其自然的态度，毕竟有些事情要发生，是任何人都避免不了的。

**拐点二**：同样是贞观二十二年，大臣王玄策在对外作战中，俘获了一名印度和尚，名叫那罗迩娑婆。这个印度和尚吹嘘自己有200岁高龄，专门研究长生不老之术，并信誓旦旦地说，吃了他炼的丹药，一定能长生不老，甚至可以在大白天飞升到天宫里去成为仙人。李世民听说有此奇人，立刻派人把那罗迩娑婆接到了宫里，向其咨询延年益寿的方法。印度和尚哪里享受过这样豪华的生活，每餐都是丰盛的美食，天天有一大群下人侍奉着，似乎自己真的成了大罗神仙了。他见李世民对自己深信不疑，就煞有介事地开出一大串稀奇古怪的药名来，并说按此配药，皇帝陛下服用后必能长生不老。李世民大喜，立即号令天下，采集诸药异石。一年之后，药配制好了，李世民毫不迟疑地将药全吃了下去，结果七窍流血中毒暴亡。这时他才50岁，成了中国历史上最先被"补药"毒死的皇帝。

有争议说，当年秦始皇也迷信方士，乱服丹药，而秦始皇本人死因也一直是个历史谜团，有无可能他也是死于"补药"呢？可纵观历史进程就会发现，这种可能性不大。根据有参考价值的史料记载，秦始皇的死因只有两种，一是鞍马劳顿致病身亡，一是被他人暗杀，前者出于《史记》，似乎更为可信，从无服药致死的说法。也只有李世民才是历史上服"补药"而死的第一个皇帝。

想长命百岁，结果却过早地送自己归了西，那么会治理国家的皇帝都犯这样的毛病，真是手里的权力越大，钱财越多就越能折腾。生死是人生必须经历的过程，既然自己已经得到了上天的眷顾，成为了一国之君，那就好好珍惜此生也就罢了。可这位唐太宗却偏偏不知足，也可谓是咎由自取。他的死是这么的滑稽，却成了历史上一个有名的拐点。当他还在中年之际过早地给自己人生画上了句号，历史也就跟着一起拐了弯儿。也许他到死也没想到，自己过早咽气的主要原因就在于他太贪恋活着的感觉了。

## 唐玄宗或是武则天内定接班人

俗话说，无巧不成书。那么，历史呢？历史有没有巧合？笔者以为是有的。但是，历史的巧合与书的巧合有质的不同。书的巧合是作者蓄意为之，以取悦读者耳；历史的巧合，则有规律可循。就拿本文的标题来说，看似很荒谬，也存在诸多巧合，但稍加分析，就不难发现，我的观点或许有几分道理。

武则天做了大周皇帝之后，曾经被"谁可接班"的问题困扰了许多年。比如，她迟迟没立太子，是没有合适人选吗？应该不是，经过一番细致的揣摩推测就不难看出，主要原因在于这个做了皇帝的女人在继承方式上始终难以做出明确的表态。按照父系社会的传统，中国古代皇权都是在一家一姓中传递的。

这种继承方式让她很是为难：如果让儿子继承帝位，那倒是一家了，但却跟自己不是一个姓；如果把皇位传给内侄，跟自己是一个姓了，可又不是一家。她将下岗皇帝李旦（武则天幼子）称为"皇嗣"

（身份近似于太子又不是太子），就是这种困扰下的无奈之举。

回顾武则天的王朝，当时的国号尽管叫大周，但是，朝野上下仍心向李唐皇室。如张柬之、桓彦范、崔玄、敬晖等大臣都是唐中宗李显（被废为庐陵王）的支持者，武则天身边的重臣李昭德、狄仁杰、吉顼等人也反对武则天立侄不立子；民间老百姓更是言必称"我大唐如何如何"，鲜有以大周为荣的。光宅元年（684年）九月，徐敬业以匡复大唐为名在扬州起兵，短短数日即聚众十余万，老百姓可谓一呼百应。当时武则天还未称帝呢，民心就已经昭然若揭了。

由此可见，不管是古代还是如今男人从政仍然是时代的主流，而对于女人而言，向中间掺和一下是很不容易的，这里面武则天可以算是一个先行者，成为我国古代唯一一个堂而皇之立国号执政的女人。然而这个女人就是再努力也无法得到众人的肯定和认可，在大家眼里你姓武的小娘子闹腾闹腾过把瘾也就算了，但你不过是李家的一个儿媳而已，论什么也轮不到你武姓人管天下，这就是那个时代对于女人的偏见。

**拐点一**：有趣的是，圣历元年（698年）六月，域外居然也出现反周联盟，公然干涉大周内政，让武则天很难堪。

事情是这样的，复兴后的突厥可汗默啜，归顺了大周。武则天命内侄武延秀前往突厥，准备娶默啜女为妃，搞政治联姻。默啜以武延秀非李氏为由不但不允婚，反而将其扣留，并扬言要用武力帮助李氏恢复唐朝。此时，曾被大周与突厥联军修理得很惨的契丹，听说突厥要跟武则天叫板，立刻又嚣张起来，公开表示支持突厥"匡扶李唐"。

武则天也不是好惹的，对内利用酷吏搞镇压，对外则命其内侄武重规等领兵45万反击默啜，但毫无成效。

这里不得不说到另外一个小巧合，那就是武氏子弟的整体不成器。以武承嗣为例，他为了能当上太子，使出了浑身解数，连出狠招，把皇嗣李旦折腾得死去活来，到死也未能如愿。武承嗣算是武家比较杰出的代表人物了，但人品实在是不怎么的，连武则天也瞧不起他，笑话他"善阿谀，乃奸吏也"。武氏其他侄孙辈，也多为宵小，在外领兵的，打不了胜仗，在内理政的，只知道欺压同僚。

如果不是李唐民心所向，如果不是出现朝野舆论压力和外部反周力量联盟，如果不是因为武氏子弟的整体不成器，以武则天的强悍性格，李家子孙想再登上皇帝宝座，恐怕就是白日做梦了。正是因为有了这些巧合，武则天最终不得已立其子庐陵王李显（武则天第三子）为皇太子，又任命李显为河北道元帅，总揽兵权，基本解决了接班人问题（注意基本二字，里面大有文章）。

由此看来，历史在武则天的手下转了个大弯，但民心所向，李家气数未尽，而自己武室宗亲中又没有一个能挑起大梁的。想必这个女人心里一定有着无数的苦闷与无奈，就这样她再度调转了历史的轨迹，不情愿地将皇位政权交还给了李家。在古代，女人毕竟不是男人，取而代之，难以服众，还会遭致千古骂名，与其如此，还不如心甘情愿地做李家的好妻子、好儿媳，而这个简单的抉择对于这个始终强势的女人来说，一定是经过无数次思想斗争才做出来的。

**拐点二**：武则天为何要立李显为皇太子？武则天有四个儿子，大儿子、二儿子都被她杀了；剩下的两个儿子中，李显曾经是唐中宗，其弟弟李旦也做过唐睿宗，此时，立长不立幼的制度根本不具约束力，且武则天似乎一直不太喜欢李显，软禁了他十四年。唯一可以解释的原因是，李旦不想做皇帝。如垂拱二年（686年）正月，"武太后欲复政于睿宗，李旦固让，请武太后继续理政"。一个不喜欢，另一个不想做，迫使武则天在第三代孙子辈中寻找接班人。

武则天的孙子们，按照李家族谱，应该是重字辈，如李显的四个儿子分别叫李重润、李重福、李重俊、李重茂。但是，她给李旦的四个儿子起名字，就没有按族谱规矩办，显然大有深意：希望接班人在李旦的儿子中产生。

武则天为李旦的长子起名李宪，又取名李成器，就反映出武则天的这种期望心理，可惜李宪名不副实，不具理政才能，后来得名"让皇帝"，让她多少有些失望。685年，李旦第三子出世的时候，武则天给他起名李隆基，再一次寄予了莫大的期待，686年，甚至想"还政于睿宗李旦"，也印证了这种期待。

李隆基没有让奶奶失望，他在很小的时候就表现出大志向，性格养成果敢刚毅，在宫里自称"阿瞒"，明白无误地告诉别人，他想学曹操那样匡扶大唐社稷。在他七岁那年，一次在朝堂举行祭祀仪式，当时的金吾大将军（掌管京城守卫的将军）武懿宗人声训斥侍从护卫，李隆基马上怒目而视，喝道："这里是我李家的朝堂，干你何事？竟敢如此训斥我家骑士护卫！"弄得武懿宗看着这个小孩儿目瞪口呆。

武则天得知后，不但没有责怪李隆基，反而对这个年少志高的小孙子备加喜欢，到了第二年，加封李隆基为临淄郡王。掌权的武氏族人哪里瞧得上这个小不点儿，居然还讥笑李隆基"人小鬼大"。只有武则天心中很安慰："此儿为吾家麒麟矣！"

从这里不难看出，武则天选接班人真的是煞费苦心。自古以来打江山容易，守江山难，历朝历代的皇帝不管身前多么有才贤德，逝后如果没有妥善地把接班人选好，必然会使得自己的江山有所动摇，遭遇时局的动荡。尽管这个女人知道自己死后必然要面对将王权交回李家的事实，但不管怎样她还是不愿意看到整个王朝因为自己子嗣的传位不当而走向衰微。就这样，她又一次站在了历史的拐点上，将希望寄托在小小的李隆基身上，而事实证明她的选择是正确的。

**拐点三**：万岁通天元年（公元696年）四月，武则天为封禅嵩山做准备，亲自撰写《曳鼎歌》："羲农首出，轩昊膺期。唐虞继踵，汤禹乘时。天下光宅，海内雍熙。上玄降鉴，方建隆基。"铸九鼎，摆放于通天宫。

此鼎铭文以李隆基的名字收尾，许多学者认为不过是巧合，但事实也许未必如此。《曳鼎歌》准确无误地向朝野发出了两个信息，一是武则天为自己的君权正名，我做皇帝，归功于天，我的君权属于神授，这是上天降下的符瑞，叫我建立隆盛的大周基业；二是为接班人人选做政治铺垫，能够继承我的基业之人，唯有孙子李隆基。这一年，李隆基11岁。

至此，武则天的接班人问题才得以彻底解决，当然，还属于"内定"，因为许多障碍依然存在。以后的六年里，武则天基于这个"内定"，一步步为李隆基顺利接班清除障碍，创造了许多有利因素。

早在686年，武则天杀李显的赵皇后，历史学家曾说是一个谜团，现在看来不是了，应是武则天为小孙子李隆基预先设置的一个机会。杀了赵皇后，韦妃必然上位，而韦妃这个人，武则天是看准了，日后必为祸朝廷。乱则治，大乱必有大治，出大才，这是历史规律。武则天是按规律行事的人,她不能预料李隆基一定会成才,但谋事在人、成事在天,按历史规律行事,机会总是有的。

万岁通天二年(697年),武则天杀来俊臣,结束了酷吏政治,使得李唐势力支持者得以恢复和积蓄力量。这是在大环境上为李隆基进行人才储备,后来的开元贤相姚崇、宋璟等人,都是在这一时期保存下来的。

圣历元年(698年)三月,复立被废的庐陵王李显为太子,第三年,杀李显长子李重润。这是在继承方式上为李隆基清除了最大的一个法统障碍。这个障碍不除,即使将来李隆基发动政变成功,其父李旦也不能顺理成章即皇帝位。

长安二年(702年)五月,召太平公主和李隆基至榻前,进行过一次神秘的谈话,内容不详。我们可以暂且推测,内容多半应该是让太平公主照顾李隆基,为李隆基构建政治同盟。因为太平公主在朝野的实力,武则天是清楚的。

武则天的先见之明,在其705年逊位去世以后很快得到了显现,似乎一切都在她的预先筹划和掌握中。

李显登上皇帝位,由于他的懦弱无能,朝政大权果然落到了韦皇后和安乐公主之手。原来发动政变恢复唐朝的功臣、宰相张柬之等也被他们贬官驱逐,太子李重俊被杀。韦皇后效仿原来武则天的做法,让自己的兄长韦温掌握大权,对于女儿安乐公主的违法卖官鬻爵也不制止,大加纵容。

公元710年,李显终于死于韦皇后和安乐公主之手,被她们合谋毒杀。然后,韦皇后便想学习婆婆武则天,做第二个女皇。

没有等韦皇后动手,一直静观时变的李隆基和姑姑太平公主抢先发动了兵变，率领御林军万余人攻占了皇宫，把韦皇后一派全部消灭。睿宗李旦重新即位，李隆基也因功被立为太子，一说是他大哥李成器谦让的结果。

其实，即便李隆基没有立功，太子位也不会是李成器的。李旦虽然懦弱，但不失为一个明白人，老妈内定的接班人，他哪敢否决呀？从他第二年就急急忙忙禅让皇位给李隆基的情形来看，武则天内定接班人的事情，或许是存在的。

之后，就是李隆基与太平公主的斗法。太平公主哪里是李隆基的对手，不到两年工夫，就输得干干净净，把命也输了。

李隆基终于掌握了皇帝应有的权力，做了唐玄宗。713年，他把年号改为开元，通过励精图治，终于开创出唐朝的鼎盛时期，史称"开元盛世"。

从这个角度看来，武则天真的是一个了不起的女人，尽管当时已经是花甲之年，但是思虑之细致简直是天衣无缝，她不但帮助孙子顺利地取得了皇位，还可以使其在自己死后按照预期轨道一个一个地铲平障碍建立功勋，抬高自己在人民心中的地位，单从这一点来看，武则天的远见卓识是一般女人无法比拟的。她顺利地在自己长眠后最后一次促使历史在她的牵引和规划下拐了弯儿，而这个弯儿拐得是如此漂亮，不但实现了自己预期的目标，还牵出了另一番盛世中兴的新局面。

文章写到这里，我们不妨思考这样两个问题，倘若武则天不内定接班人，而是选择武氏子弟接班，那么，历史的走向会如何？二是直接指定李旦接班，造成兄弟相争、姐弟相争的政治格局，李隆基的接班可能性还会存在多大？最起码大唐的开元盛世恐怕不会出现了。历史就是这样有趣,拐点无处不在,每每适逢岔路,总会出现一些力挽狂澜的人,做出一些惊天动地的事,使得历史的发展轨迹不至于偏离。这里我们不得不承认,武则天在她身处的那个时代不但创造了无数的奇迹,还稳稳地把持住了历史轨迹的方向盘,不管之前绕了几道弯儿,最后还是能够将其拐到最为正确的路途之中。

## 唐玄宗杨玉环夫妇也穿情侣装

"在天愿作比翼鸟,在地愿为连理枝。"这样的爱情誓言,可不是光靠嘴巴说说的,还要体现在日常的衣食住行上,于是,情侣装乃现。如今的情侣装非常流行,其内在核心元素(款式、颜色、辅饰)已延伸至服装文化的各个领域,影响不可谓不大。

近读《唐书》,偶然发现,唐玄宗杨玉环夫妇也穿情侣装,想想真叫个新鲜。如《新唐书·李石传》里有这样的爆料:"吾闻禁中有金鸟锦袍二,昔玄宗幸温泉与杨贵妃衣之。"同样的纹饰(金鸟),同样的款式(锦袍),不是情侣装是什么?所不同的是,他们的情侣装似乎没有区分性别:在唐代,锦袍显然是男装。

杨玉环为何要穿男装?除了爱情的缘故之外,大概跟流行时尚有关。

**拐点一**:女子爱男装。唐代女人的时髦之一,就是爱穿男装。《中华古今注》记载:"至天宝年中,士人之妻,著丈夫靴衫鞭帽,内外一体也。"另外，《旧唐书·舆服志》也说："或有著丈夫衣服、靴、衫，而尊卑内外斯一贯矣。"可见当时女着男装已经蔚然成风。无论是居家做客，还是出行游玩，无论是主人，还是奴婢，都穿着与男人同样的服装。女性的柔美在粗犷而又英武的男装衬托下，越发地显得"中华儿女多奇志"了。

女人嘛，天性爱追逐时髦，不是时髦的始作俑者，就是时髦的忠实粉丝，一般情况下，不会再出现第三种角色。杨玉环在其中到底扮演了何种角色？这里不难看出，她应该属于后者——赶时髦耳。因为早在高宗李治主政时期，这种风尚已经流行开来。《新唐书·五行志》里提到："高宗尝内宴，太平公主紫衫玉带，皂罗折上巾，具纷砺七事，歌舞于帝前。帝与后笑曰'女子不可为武官，何为此装束'。"小太平的少女时代，唐玄宗恐怕还未出生，更别说杨玉环了。

简简单单的一次追时髦，却把一代明君诱惑得偏离了原有勤政的轨道，乃至最终让整个历史的进程都跟着拐了弯儿，这真的不失为一个让人费解的拐点，让后人百思不得其解。

**拐点二**：服装渐次融入性元素。当然，唐代大多数女性着男装，其初衷并无情侣装的概念，更无意识追求情侣装诸元素。但我们有理由相信，唐玄宗杨玉环夫妇同穿"金鸟锦袍"，可能已经蕴含了"朝朝暮暮情""君王看不足"等情感因子，是杨玉环在赶时髦的同时，有意识地变换装扮，从"云鬓花颜金步摇"到"不爱红妆爱男装"，这一变换中的新鲜感，也足以承欢求"专夜"了。

就这个角度来看，唐玄宗杨玉环夫妇极有可能是中国情侣装的祖师爷和祖师婆婆。这个奇妙的历史拐点，不仅仅改变了昔日爱恋男女对爱情伦理的观念，还在之后两者的示爱穿着上穿越了时空，加入了些许流行的色彩。

# 唐代宗李豫曾是唐代的"陈世美"

唐代宗这个人,相信大家是很熟悉的,热播剧《醉打金枝》说的就是他的大女儿升平公主的故事。如果搞个唐代知名皇帝排行榜的话,他可以排在第三位,李世民、李隆基之后,就要数到他了,比高宗李治的得票率要高,原因就在于他对元配妻子的负义。

在电视剧中,说升平公主和后来的唐德宗李适(音为kuò)是一母所出,这是不对的。升平公主是崔贵妃(杨玉环的姨侄孙女)所生,而李适才是唐代宗的元配沈珍珠所生。

沈珍珠,浙江吴兴(今湖州竹墩)人,汉族,出身著名世家"吴兴沈氏",玄宗开元末年被选入东宫。时肃宗李亨为皇太子,赐沈氏予广平王李豫(李亨长子,即唐代宗)为妃。沈氏美貌如花,又贤淑淳良,曾深得李豫宠爱。

**拐点一:** 安史之乱发生时,李适已14岁,幸运地跟上了逃难的队伍,而沈珍珠自己则做了安禄山的俘虏,被掳到东都洛阳,后又成为史思明的战利品,再后来就不知所踪了。

据《新唐书》记载:"安禄山之乱,玄宗避贼于蜀,诸王妃妾不及从者,皆为贼所得,拘之东都之掖廷。代宗克东都,得沈氏,留之宫中;史思明再陷东都,遂失所在。"也就是说,唐代宗(当时是兵马大元帅身份）收复洛阳，找到了沈珍珠，可他回军长安时，却没有把沈氏也一起带走，着实当了一回"陈世美"。这是为什么呢？咱们综合史料来分析分析。

沈珍珠极有可能已被乱军所污，贞节不保，因而被弃。要知道，她是肃宗亲自册封的广平王妃，又是嫡长孙李适的生母，且年纪才三十出头，风华正茂，唐代宗若无正当理由，是不能对她不管不顾的：上对祖父、父亲无法交代，下对儿子不好解释。

那么，唐代宗的理由是什么呢？《旧唐书》里记载说："方经略北征，未暇迎归长安。"这显然是个托词。就算他当年（757年）忙于战争，可是，第二年他荣登太子之位，应该对沈氏有个说法了吧。按礼仪，太子加冕，必须有太子妃在场，沈氏是元配，理应迎归。但他没有这么做，或许就存在其他不足为外人道的原因了，但这不能怪沈珍珠。

独孤贵妃可能吹了枕边风，致使沈珍珠遭冷遇。在《醉打金枝》里出现的那个谋反的贵妃，不是独孤贵妃，但有她的影子。独孤贵妃，是左威卫录事参军独孤颖的女儿，可谓出身名门，是大家闺秀，她自己也知书达"理"、美丽娴雅。

据《新唐书》说："妃（升平公主之母崔贵妃）倚母家，颇骄媢。诸杨诛，礼浸薄，及薨，后（独孤贵妃）以姝艳进，居常专夜。王即位，册贵妃，生韩王回、华阳公主。"可见她的得宠是偶然的，沈珍珠被俘，崔贵妃又死了，她才因容貌得宠，很快就代替了沈氏在唐代宗心中的位置。《旧唐书》说得更直白："后以美丽入宫，嬖幸专房，故长秋虚位，诸姬罕所进御。"一方面说明唐代宗确实喜欢她的美貌，另一方面也说明她御夫有术，枕边风肯定是少不了的。在长安的"诸

姬"尚无法跟她争宠,遑论远在洛阳的沈珍珠?不想做"秦香莲"也不成了。

未来太子之位的竞争,或许也是沈珍珠被弃的一个因素。至德二年(757年),独孤贵妃已经生下韩王李迥,从唐代宗对李迥的喜爱程度来看,似乎超过大儿子李适和二儿子李邈。

李迥排行老七,出生即封为延庆郡王,旋即晋封为韩王,在爵位上超过了郑王李邈,在封王时间上也明显胜过李适。当时唐代宗手握兵权,征讨四方,继承江山披黄袍,是迟早的事,他身后的继承人选择,也随即浮出水面。如果将沈珍珠迎归长安,势必就得确认她的太子妃或第一夫人的身份,这样一来,也就等于确认了李适的继承人地位。别说唐代宗自己不一定乐意,独孤贵妃就肯定不会赞同。

好在肃宗李亨死得早,唐代宗接班也接得早,安史叛军余孽依然还在嚣张,韩王李迥来不及长大和经历磨砺,唐代宗不得不依靠大儿子李适。

**拐点二**:唐代宗在即位之初,马上任命李适为天下兵马元帅,将最后平叛决战的使命交给了他。李适也确实有本事,率领郭子仪、李光弼等人,仅用了一年多的时间,就完全消灭了叛军。764年,李适被立为太子,这下子,独孤贵妃母子彻底死心了。

儿子做了太子,亲生母亲怎么办?唐代宗此时感觉愧疚了(陈世美也有良心发现的时候),几乎是在太子册封的同时,下诏寻找沈氏。时间都过去七年了,他才想起来,火急火燎地派人到处寻访,早知如此,何必当初呢?

看到这里我们不禁要感叹,历史就是这么神奇地拐了弯儿,我们不难感受，作为一个女人，当年的沈氏盼着夫君相接那种迟迟不来的绝望。本来这个女人已经失魂落魄，无依无靠，怎奈儿子是这么争气地做到了太子的位置，本来这时候可以回家了，可此时这个无助的女人早已不知所踪，生死不明。整整七年的时间，她的人生又发生了怎样的变化，如今我们只能自己默默地揣测了。

寻访沈珍珠的工作，在全国上下开展得如火如荼，十多年里却一无所获。779年，代宗驾崩，李适即位，是为唐德宗，于次年遥尊生母沈氏为"睿贞皇太后"，在含元殿具册"立牌"上皇后朝服，"帝奉册伏拜痛哭不止，左右群臣皆泣"。终德宗一生，依旧未能找到真正的沈太后。沈珍珠的下落成为当时数十年间最大的一个谜。

## 唐僖宗的荒唐娱乐

自从秦始皇建立帝制，到大清宣统退位，2000多年间，中国出了大大小小数百个皇帝，其中喜欢赌博的皇帝确实不少，但是，如果评选"谁是史上第一赌徒"的话，最热门的人选，恐怕非唐僖宗李儇莫属。

第一赌徒评选标准：必须从小爱赌，一直赌到老，以赌为傲；高兴的时候要赌，不高兴的时候也要赌；有条件的时候要赌，没有条件创造条件也要赌；只要可以赌，针头线脑、国家大事，无一不可入赌局。

看看下面唐僖宗在赌界的履历，你会发现，这些标准，完全符合如今赌神的最高级别。纵观历史，那条条记载为我们展现出了这位唐代皇帝，惊天地、泣鬼神的豪赌生涯！

唐僖宗是唐懿宗的第五个儿子，生于咸通三年（862年）五月初八。

李俨是他未做接班人之前的名字，是他老子给取的，他自己非常不满意。"俨"字是恭敬、庄重的意思，如果养成这样的品行作派，那做人还有啥趣味？因此，一当上太子，老子还没死，他就立刻派人查字典，选了"儇"字当名字，高兴得不得了。这个字的意思是"聪慧"，其实还有小聪明、轻佻、浅薄等含义，只是他自己不知道罢了。

好在人如其名，赌徒是离不开小聪明的，身边的人也没怎么冤枉他。

别看唐僖宗即位的时候只有12岁，小家伙一个，但他拿到手的"专科文凭"却有一大摞，音乐、算术、骑马、射箭、打球、斗鹅、斗鸡，包括戏曲鉴赏，门门精通，样样在行。

赌博需要练听觉，音乐是必修课，戏曲鉴赏则属搂草打兔子——捡来的；赌博需要计算，算术是基础课。至于其他诸项，乃是专业课也，他不精研不行。唯独文化课、历史课、政治课这三科，他没拿到文凭。为此，唐僖宗非常自豪。

有一次他对一个名叫石野猪的伶人（演员）说："如果这皇帝非得参加赌博考试才能当，只要考的是赌球，朕一样稳当天子。"石野猪居然野猪性不改，笑嘻嘻地答道："如果是尧舜当主考，陛下一定要名落孙山的。"是人都能听出来是讥讽的话，可唐僖宗愣是一丁点儿也不在乎，走自己的赌路，别人爱咋说咋说，你野猪懂什么？

玩赌博，需要钱和时间，需要购买赌具和对手，这些对唐僖宗来说，都不是问题。为了赌博，他是不择手段的。

钱不够了，可以挪用公款。国库里的，就是自己家的，怕什么？只管花。买斗鹅、斗鸡等赌具，赏赐陪他赌输了钱的伶人、宫人及王公贵族们，动辄几百上千吊钱，出手超大方。

国库里的钱赌完了怎么办？唐僖宗有办法。他看到那些在市场上做生意的外商、华商一个个富得流油，心中有了主意，叫来几个小伙伴演了一出双簧。先派人发动尹希复、王士成等小太监提建议，"劝"皇帝"籍京师两市蓄旅、华商宝货举送内库"，然后就雷厉风行让城管具体遵照执行，碰到不听话或者投诉的没有眼力的价，"皆杖死京兆府"。

时间就更不成问题了，他是皇帝，谁敢管？即使通宵达旦地赌，也无人敢冒一句话。

**拐点一**：有人要问了，他是皇帝，难道不需要处理朝政吗？当然需要。唐僖宗找了个干爹帮自己处理国家大事，自己则完全解放出来。他身边有个太监，是和他从小玩到大的，叫田令孜，"知书能处事"，唐僖宗就将政事全部委托他，还亲切地呼为"父"，丢尽了祖宗的脸。

玩赌博，还需要场地。唐僖宗玩的赌博项目都是大手笔，不像今天掷个骰子、打个麻将什么的随便有个蜗居就成。比如，赌马，得建个专门的赌马场吧；斗鸡，会斗得满地鸡毛，不可能在屋子里斗吧，得有个场地。

有一次，唐僖宗突然发现自己好久没有与人斗鹅为赌了，心中痒痒的很难受，就多次亲自跑去联络六个王爷（数幸六王宅），相约斗鹅，一鹅至五十钱。有个王爷嘀咕说，赌是可以的，钱也是不成问题

的，但没有这么大的水池啊，的确是个问题。唐僖宗一想，这算啥问题，好办，临时修一个来得及，于是，赶紧叫人建水池，取名曰"庆池"，以庆贺斗鹅大会的隆重举行。

黄巢大起义爆发前夕，唐僖宗还举行过一次"前无古人后无来者"的赌博盛会。

他的干爹田令孜有个哥哥叫陈敬瑄，是亲哥哥，田令孜原也姓陈，为啥改的姓？据推测，可能是因为他被阉了，怕辱没了祖宗，这才改的。田令孜是个文化人，放到今天起码初中是毕业了的，这个道理他懂。

陈敬瑄是卖烧饼的，和武大郎是同行，见弟弟飞黄腾达了，就提出要做官。田令孜自然满口答应，先是要求镇守许昌的崔安潜为其兄安排兵马使的职务，兵马使是唐朝节度使镇衙前的职务，掌握兵权，很有权力，崔安潜不买账。田令孜无奈，只得让其兄在自己的一亩三分地——左神策军里供职，数年之间，就提升到大将军的职位。真是朝中有人好做官啊，火箭速度。

过了不久，那个不听招呼的崔安潜升为西川节度使，这让田令孜很不舒服，那是他的老家呀。为了报复崔安潜，顺便培植党羽，田令孜就想安排自己的心腹去镇守三川，他向唐僖宗奏请以陈敬瑄及左神策军大将军杨时立、牛勖、罗元杲等镇三川。

唐僖宗一听这话，心中乐开了花，可以呀，但有条件，必须通过赌球定胜负，谁赢了就任命谁，赶紧去安排比赛吧。唐僖宗的人事逻辑够雷，在他看来，一个人如果没有高超的赌技，肯定做不了好官，只有会赌博的人才能会当官。

再好的祖宗家业，只要出这么几个败家的东西，绝对撑不了多少年。这位生性好赌的皇帝，因为他喜好的问题，使得自家的百年基业地动山摇。历史就这样在他手中不知不觉地拐了弯儿。就这样他撑起了自己的赌徒时代，即便是当官的开始也要通过赌博形式来决定，这不禁让人瞠目结舌。

**拐点二**：盛会如期举行，四人轮番上场，击球赌三川。通过"激烈"的较量，最后陈敬瑄获得冠军（有作弊嫌疑，赵炎注），被任命为西川节度使，崔安潜只得乖乖下岗。以赌球任命封疆大臣，把国家政事作儿戏，这等开天辟地之举，试问历史上还有哪个皇帝干得出来？

赌博本来是一个乐子，高兴了才玩玩的，或者寂寞了，赌一把，排遣排遣时光，很少有人会在伤心痛苦的时候，还会去玩赌博。唐僖宗是个例外，他在痛苦的时候，仍然不忘小赌怡情一番。

江山支离破碎，他不觉得痛苦；丢了京都长安，他也不觉得痛苦；可是逃亡四川后，发现天府原来是个又小又穷的地方，没人跟他赌马，更别说斗鹅了，根本没那条件，这下子他开始痛苦了（帝见蜀狭陋，稍郁郁）。怎么办？退而求其次，跟小老婆赌喝酒（日与嫔侍博饮），总算日子好过一些。

根据唐僖宗在赌界的资深地位、出色表现，以及他对赌博事业作出的创造性的杰出贡献，一干评委最后全部给予了最高分，"史上第一赌徒"的荣誉证书毫无悬念地被唐僖宗揣进了腰包，这个拐弯也算是历史上的一大奇观了。

# 第六章　盛衰浅谈

　　王朝更替在中国历史中早已不足为奇,而在这盛衰之间的历史进程里,伴随着的是一个人命运的大起大落。宫廷争斗如此,民间世俗也是如此,人世间每天都在上演着诸多的悲欢离合。纵览历史,回顾其间一个又一个具有时代特色的拐点,我们不禁惊异地发现,原来古人竟然也会有那么多奇思妙想,文人墨客也曾经有着自己不为人知的窘境和癖好,假如我们将其看成是一件压在箱子底下的意外收获,那么当我们重新把这些陈年往事抖落梳理开来,又会有怎样一番不同的感受呢?

# 唐代人为求子大搞"科学生育"

白居易在《长恨歌》里说杨玉环的得宠,"遂令天下父母心,不重生男重生女"。有些人觉得这种描述有些夸大其词,但根据一些历史上的记载来推断或许是可信的,但它一定仅仅局限于玄宗那一朝而已。在唐代其他时期,社会主流依然重男轻女,这与中国传统的孝悌文化有关系。

中国的孝悌文化,除了表现在对父母的孝顺和养老送终、对姐妹兄弟的友爱帮扶之外,对家族血脉的延续亦尤为关注,即不能断了"香火"。《孟子·离娄上》里说:"不孝有三,无后为大。舜不告(父母)而娶,为(害怕)无后也。君子以为犹告也。"

这里所说的"后",特指男孩子,女孩子是不算的。因此,中古和近古时期之人(唐代属中古),结婚后的头等大事,就是需生个男娃娃,以延续"香火",若是不能生育或者只会生女娃娃,那后果很严重。

如何确保生男生女,现在的科技很发达,可以提前知道胎儿的性别,但是,古代就无法得知了。按照妇科医生的专业说法,在自然情况下受孕,生男孩和生女孩的几率各占一半。也就是说,古代只能靠纯自然的"低碳生育"方式,生男孩的机会只有50%,不发愁也难。

有趣的是,为了能够生男孩,以完成家族赋予的"香火"延续重任,古代夫妻经过长期的"不懈努力",居然找到了许多小窍门,特别是在社会风气相对开化的唐代,夫妻之间竟然能通过对性生活的温度、时间、姿势、分泌物等环节的把握,来提高生男孩的几率,似乎与现在流行的一些所谓的"性科学"暗合,亦可称"科学生育"了。

据《人之初》杂志刊文介绍，德国有研究人员针对 1946 年至 1995 年间的出生记录进行追踪，并且对照当地的温度变化，结果发现，当地的 4 月到 6 月是男娃娃出生最多的月份，10 月则是男娃娃出生最少的月份，说明高温环境下的夫妻容易生男孩子。

温度之所以会影响宝宝性别，研究人员的假设是：高温会影响精子的 X 染色体，让女婴不容易出生；低温会影响精子的 Y 染色体，让男婴不容易出生。

实际上，这样的研究根本没有必要，因为早在中国唐代，人们就已经发现了生育中的"温度"问题。在《古代性技巧研究》一书里，记载了一个故事："蓟门（今北京）读书人王某有妻妾各一，中年得女三，无子，尝郁郁也。载初元年，王某科甲及第，官至漳州丞（今福建漳州），不数年，妻妾皆育有麒麟儿矣。乃大喜，遂微觉南地湿热，易得子也。"

**拐点一**：如果这个王某将自己的"微觉"及时予以公开的话，当时的世界将为之震撼，而男女比例的严重失调，"剩男时代"会提前千年到来。有唐以后，恐怕所有的"帝王都"都要南迁，中国的政治、文化中心将不再是今天的北京，而极有可能是南京或者广州了。

唐代人在性文化上的觉醒和探索，除了今时今日，其他历朝历代均无法超越。他们还能从性生活的享乐中，发现一些关于生育（生男孩）的规律性现象，与今天的"科学生育"如出一辙。比如，在传奇小说《游仙窟》中，就有关于通过女性经期来调节性爱时间，以确保生男孩的叙述。

女性的经期与生育的关系，在今天已经属于常识了，但在唐代，则是很神秘、极私密的事情。小说套用《皇帝内经》关于月经的理论"女子七岁，肾气盛，岁更发长，二七而天癸（生殖器官成熟）至，月事以时下，故有子"。然后围绕女性经期掐算做爱时间，提出了"月事前旬半行房"的意见，即月经到来前半个月做爱，生男孩的可能性比较大。

历史真的很奇妙，我们的古人虽然对生儿生女缺乏专业的科学知识，却通过自己的潜心观察，开创了一个"科学生育"的奇迹，这个历史的拐弯儿真的跨度很大，乃至整个世界都为之震惊不已。

**拐点二**：这个时间与女人的排卵期正好是相同的，有一定的科学依据。现代医学认为，妇女在排卵之前的六天里，性生活频率要比平时高24%，而这六天正是最容易怀孕的时期。女性在排卵期，子宫颈呈碱性，有利于Y精子生存，从而提高生男孩的几率。看来唐代人的说法，与现代医学颇有异曲同工之妙。

在大诗人白居易之弟白行简所著的《天地阴阳交欢大乐赋》中，也有关于性姿势、性高潮与生育关系的探索。作者认为，"夫性命者，人之本……男女交接而阴阳顺，故仲尼称婚姻之大，诗人著《螽斯》之篇。考本寻根，不离此也"。《螽斯》是古诗人借用"螽斯"这种昆虫的特性来歌颂人生的，它的寓意是祝愿人类多子多孙。作者进而在性爱姿势上做了不厌其烦的叙述，有正常体位、弯曲体位、后背体位、前座体位等，尤对女性高潮时的形态描绘更加生动具体，暗示同房时要采取各种办法或姿势，使女方达到性高潮，才有可能生男孩（才能多子多孙）。

那么，这种暗示有无科学性呢？从现代医学角度来说，此举存在两个可能，一是女性高潮时，子宫颈分泌的碱性分泌物较多，可能适合Y精子活动，有利于形成男婴的受孕；二是由于Y精子在阴道内侧较不活泼，性爱时若采用插入较深的结合姿势，可能会减少精子突破重围的路程，女性也较易出现性高潮，从而增加了怀男婴的几率。

另外，唐代还有一些典籍，记载了宫廷内嫔妃用碱性植物泡水冲洗阴道的做法，大概意在增强阴道的碱性环境，提高受孕率，也堪称"科学生育"之先驱了。当然，此文侧重谈生活拐点之一，以窥全豹也。

# 温庭筠因风流曾三次被群殴

唐代文人去妓院找乐子，在当时不算德行有亏，他们即便敲锣打鼓前往，也不会有人说三道四，更别提挨群殴了。有唐一代，因嫖娼挨群殴的文人，可能只有一个，唯一的一个，那就是著名大才子温庭筠。

温庭筠的生平，跟宋代的那个青楼词家柳三变非常相似，但文学成就则远在柳三变之上。他的诗与李商隐齐名，人称"温李"；他的词与韦庄齐名，人称"温韦"。他还有一个雅号，叫"温八叉"，即一次叉手可成一韵，八次叉手八韵即告完稿，比三国的曹植"七步成诗"牛气多了。唐宋词坛有个重要流派——花间词派，据说温是该派的祖师爷。这样一个大才子居然因嫖娼挨群殴，不管你信不信，典籍里真的就是这么写的。

温庭筠的老家本来在山西平遥县长则村，青年时不知何故跑到江淮一带客居，碰到了时任常州刺史的史学家姚勖。826年，温庭筠在扬州某妓院逍遥，与一陈姓妓女很是投缘，而这位妓女与姚勖也是老相好。姚大人也真是，好好的常州不待，偏要跑到扬州来寻花问柳。这下子好了，冤家聚首，分外眼红，捋起袖子就开打。温庭筠是平头百姓，孤身一人，姚勖是地方官，有一帮随从，这场架打下来，谁吃亏那自不用说了。结果，温庭筠不但被群殴，还被姚大人剥夺了居留权，驱逐回老家。

这次被群殴，几乎影响了温庭筠的一生，名声坏了，使得科举屡试不第，还常被人效仿，再三被群殴。难怪温庭筠一辈子所恨的三个人中，姚赫然排在第一位，其他两位依次是杨贤妃、沈询（监考官）。

温庭筠的姐姐也因此对姚十分恼恨,发誓要为弟弟报仇雪恨。有一天姚有事到温氏家中,温氏死死地抓住姚的袖子不放,大哭不已,把姚狠狠地责骂够了,才放他走。姚因为受了惊吓,后来竟得病死了。

**拐点一**:唐文宗开成四年(839年),温庭筠年近40开始参加"公务员考试",未中,只在京兆府试以榜副得贡,连省试也未能参加。究其原因,大约是受宫中政治斗争之害。当时,温庭筠是庄恪太子的门客,因为杨贤妃的谗害,庄恪太子左右数十门客或被杀,或被逐,沙汰殆尽,随后庄恪太子也不明不白地突然死去。温庭筠之所以能够得以幸免,与嫖娼被群殴有关,哪还指望中进士?

支持杨贤妃打击庄恪太子的一帮官员,还是在妓院与温庭筠碰上的。这一次不是因为争风吃醋,而是党派斗争,争夺头牌妓女,是其外在的表现形式罢了。看见过流氓无赖斗殴,没见过文人打架,史书上的记载亦语焉不详。据分析,群殴事件肯定是发生了,温庭筠也吃了大亏。此后,他在鄠(今陕西户县)郊住了两年,用他自己的话说,是"二年抱疾,不赴乡荐试有司"。到底是真病了,还是被打得起不来床,不得而知。

**拐点二**:第三次被群殴,是咸通四年(863年),此时,他已经63岁了,穷得要命。本来在襄阳节度使徐商手下做巡官(相当于幕僚参谋),有吃有喝有得玩,可是两年前,徐商"诏征赴阙",温庭筠饭碗丢了,只好去了江东,次年冬又回到淮南(第一次被群殴的地方)。史书记载说"(温庭筠)因穷迫乞于扬子院,醉而犯夜",竟被巡逻的小兵打耳光,连牙齿也打折了。中唐以后,京城及各地重要城市有"夜禁"之法,大街上不得见行人。也就是说,你若是在妓院娱乐,只能玩通宵,天亮才能回家。

当时令狐绹由宰相位出镇淮南,这位令狐宰相与温之间有不少过节,曾经请温做枪手写诗文讨好皇帝,并要求温庭筠给予保密,而温则四处炫耀,使令狐宰相颜面大失。还有一次,唐宣宗赋诗,上句有"金步摇",未能对,让未第进士对之,温庭筠以"玉条脱"对之,宣宗很高兴,予以赏赐。令狐绹不知"玉条脱"之说,问温庭筠。温庭筠告诉他出自《南华经》,并且说《南华经》并非僻书,相国公务之暇,也应看点书。言外之意说令狐绹不读书。因此令狐绹恨他恨得牙痒痒。

这次被小兵群殴,温庭筠很气愤,找令狐绹告状,双方对簿公堂,兵丁极言温庭筠"狭邪丑迹",令狐绹闻之捋须而笑,并未处置无礼之兵丁,此事最终不了了之。有关温庭筠嫖娼被群殴打折了牙齿的新闻传了到京师,弄得满城风雨。温庭筠无奈,只好亲自到长安,致书公卿间,申说原委,为己雪冤。

时有高干子弟裴诚、令狐滈等人,都是温庭筠被群殴的见证,看令狐绹护犊子、公报私仇,使得温庭筠如此狼狈,很是不忿,就联名上书朝廷,为温说好话。咸通六年(865年),皇帝为了安抚温庭筠,让他出任国子助教,可惜次年即被贬方城尉,死于赴任途中。此文就文艺拐点简论之,也是一侧面。

## 唐末"妇联"女人社

妇女联合会,简称妇联,在今天,那是女同胞的娘家,碰到大事小情,她们会一窝蜂"找妇联去"的。

在唐朝末年接近五代时期,中国大地上也曾出现过类似于妇联的女性群众组织,当时的名称叫"女人社",还煞有介事地拟定了宗旨、章程、活动规范和内部纪律(详见《敦煌文书》)。赵炎有些忍俊不禁了,真不能小觑了古代的"半边天"。

仔细阅读该组织的"社约文书",感觉与现在的妇联相比,不同之处甚多。

社员构成少文化。九成以上是民间村寨里的农妇，偶尔发现一两位读过书的，也是凤毛麟角了。至于乡绅、显贵、官家的女性，则鲜有参与其中。由此可见，"女人社"显然缺少官方背景和合法身份，说到底还是一未经官方认可的非法组织。

各自为政无系统。"女人社"呈一盘散沙，以各个村寨为单位，各自活动，且活动范围局限于当地，与其他"女人社"既无联系，又无从属关系，大家拉二胡，自顾自玩，看谁玩得转，玩得好，玩出影响来。

成员加入需要"投名状"。她们的宗旨是"至诚立社"，即必须是自愿加入，没有人逼迫你，加入的条件是赞助活动经费（粟一斗、灯油一盏），并承担各种活动的事务性工作。

小妹要听大姐的话。"女人社"尽管提倡社员地位平等，彼此要互相尊重和爱护，但是，同时也规定了"大者若姊，小者若妹"，妹子必须听姐姐的话，等等，特别能够让人联想到黑社会里老大与小弟的关系。

财产上也有"共享"的特点。一人有难，众人相帮，捐钱捐物，共渡难关，做到了"有福同享有难同当"。若是碰到有社员死亡，大姐（老大）还要组织其他成员前去吊唁，并出资安抚死者家属。

社员违纪，处罚很搞笑。比如，对于不讲文明、不懂礼貌（主要是冲撞大姐大），在大会上恣意喧哗，甚而至于隐匿个人财产的人，"女人社"就召开代表大会，举手表决，获得一致通过后（不能出现反对票），才进行处罚，处罚的方法是罚酒席一桌，供大家食用。

中途退社要"挨打"。一旦加入了"女人社"，再想中途退社搞分裂，那就没那么容易了，处罚的办法更"厉害"：先掏钱买酒买菜大摆宴席，让大家吃饱喝足了，然后背过身去让每个社员打三棍子。经受得起的，打完了，你走人；经受不住的，对不起，就等着香消玉殒吧！从现代角度来看，这种处罚多半也是女人之间搞笑的游戏，乡里乡亲、细皮嫩肉的，怎么可能真打？

唐末"女人社"唯一可取的集体活动，叫"建福"，不知道与故宫里的"建福宫"有无历史渊源。每年在正月农闲时举行一次大规模的"建福"集会，为国家、为父母祈福，内容似乎还算健康，对比之后，发现她们要比梁山好汉集会排座次、受招安来得高尚些。

因为缺少文化，没有管理，没有与其他"团伙"保持联络、遥相呼应，更无官方财政支持和引导，"女人社"搞的"建福"活动瞧不出任何创新之处，更短缺文化气息，对知识女性和社会上层女性缺少影响力和吸引力，很难形成气候。所以，在唐代正史文献里，是寻不到她们的"芳踪"的。五代中后期，昙花一现的"女人社"即不复存在了。此文侧重于社会拐点的一面，或能反映唐代的舆情。

# 爱民如子的白居易为何爱官亦如子

唐代大诗人白居易一生为官30余载，是真正具有"在庙堂则忧民，处江湖则忧君"之境界的。作为封建士大夫，忠君爱民是起码的安身立身之本，二者并不矛盾。忠君的思想基础表现在外在行为上，就是为君去爱民，反之也是一样，爱民亦是为了表达忠君思想而已，最终的目的都是为了维护社稷江山的长治久安。

有道是，当官不为民作主，不如回家卖红薯。白居易的爱民，主要表现在两个方面。

一是他能够体谅老百姓的疾苦。如在《观刈麦》里写道："田家少闲月，五月人倍忙""足蒸暑土气，背灼炎天光""听其相顾言，闻者为悲伤"。这样的"悯农诗"还有很多。

二是他勤于政事，为老百姓干好事，做实事。如他曾经疏浚李泌所凿的六井，解决百姓的饮水问题，在西湖上筑了一道长堤，蓄水灌田，并写了一篇通俗易懂的《钱塘湖石记》，刻在石上，告诉人们如何蓄水泄水，认为只要"堤防如法，蓄泄及时"，就不会受旱灾之苦了，这就是有名的"白堤"。他在73岁时还捐资并提议民众共同治理被称为"八节滩"的伊河险段，使得"夜舟过此无倾覆，朝径从今免苦辛"。白居易对这件事十分欣慰，他临终前一年，写的《欢喜二偈》中，就有这么两句："心中别有欢喜事，开得龙门八节滩。"

由于爱民如子与忠君如父本质上是一回事，所以，白居易对皇帝老儿的忠心，那是没得说。尽管他饱受朋党之争的打击，多次挨批被贬，但他没有发牢骚，用现在的话说，就是任劳任怨了。

比如，被贬江州司马途中，他写了《放言五首》，其中"试玉要烧三日满，辨材须待七年期"很是有名。意思是想告诉皇帝，要认清一个臣子是忠是奸，只有让时间去考验，经过一定时间的观察比较，我老白是什么样的人，您终究会看出来的。

**拐点一：** 果然，白居易死后，皇帝老儿站出来说话了，唐宣宗李忱亲自写诗悼念他："缀玉联珠六十年，谁教冥路作诗仙？浮云不系名居易，造化无为字乐天。童子解吟《长恨》曲，胡儿能唱《琵琶》篇。文章已满行人耳，一度思卿一怆然。"这个评价不低呀！表面上看是赞扬白居易的道德文章，仔细思量可以感觉到，唐宣宗是真的把老白同志当作自己人了，字里行间绝无半分虚伪和敷衍。

爱民如子，是为官本分，这好理解，但是，白居易还有爱官如子的一面，这就鲜为人知了。

做京官的时候，有位品级比白居易高得多的官员，因为清贫住不起朝廷的馆驿（相当于旅馆），就去长安郊外租便宜的民宅，每天早朝的时候显得十分狼狈。白居易知道，像这种注重气节的清官是不会开口向人借钱的，就主动出钱为他购置了一座宅邸，谎称是闲置房，好久没人住了,希望他能帮忙住上一住,顺便帮着照看一下房子。送人家房子,还照顾人家的自尊心,真难为了老白!

白居易被贬江州之前,本来拟定是贬为州刺史,宰相王涯说他母亲是看花的时候掉到井里死的,他写赏花诗和关于井的诗,有违孝道,这样的人不配治郡,于是改贬为江州司马。应该说,王涯算是白居易的仇人了吧?但是,白居易并未记恨王涯,相反,还在王涯罢相、境况不好时给予了实际的支持和帮助。原因很简单,王涯是个好官,其为官风格是"坐不避嫌""孤进自树立",从不结党营私,这就是白居易"爱"他的理由。

白居易外放苏州、杭州时,对属下官吏也爱护有加,前提是你必须是好官清官,如果是贪官坏蛋,那白居易也不会跟你客气。

比如,当时州县库项,常会由于种种原因出现亏空,上司或中央常会派出御史、巡按一类人员下来检查工作,少不了要清账查库。发现问题,从经办人员到主管、相关人员,都要倒霉,直到各级长官,全脱不了"领导责任"。白居易先后在盩厔、江州、忠州等地做过地方官,理解库项亏空确有不得已的苦衷。

为了保护属下官员,他在担任杭州刺史这三年内,不仅留下了筑堤浚井等诸多政绩,还做了一件对杭州政府全体机关人员及其后任极有意义的善举。《唐语林》曰:"及罢,俸钱多留官库,继守者公用不足,则假而复填,如是者五十余年。及黄巢至郡,文籍多焚烧,其俸遂亡。"也就是说,他几乎把三年来的官俸积蓄全捐了出来,为杭州政府设立了一个小金库基金。这个用来调剂"公用不足"的专款特用,又赖后继者保管出纳有方,使用了50多年,一直到黄巢的造反部队闯进杭州,才告亡失。这种小金库,对于更重视州县赋税考课的明清人士来讲,感受尤深,所以他们多写诗歌,对白居易此举表示赞颂。

当然,白居易非常有钱,也是他有能力帮助爱护那些需要帮助爱护的官员的前提之一。虽然他自甘清贫,为官廉洁,但是,他的诗文、

题跋等还是为他带来了巨大的财富。比如，当时长安聚集了许多高丽人，出重金购买白居易的诗歌；元稹去世之后，其家人请白居易撰写墓志铭，馈赠奴仆、车马、绫罗绸缎以及银制马鞍、玉带等物，价值六七十万钱。如果换作李白、杜甫、李商隐等穷困潦倒的人，就是有爱官护官之心，恐怕也无力为之。

　　按理说，爱护官员的事情，理应是皇帝老儿该做的。士子们学得文武艺，卖与帝王家，端的是皇家的饭碗，做的是朝廷的官，为何白居易也干起爱官的事情来呢？其实道理也很简单：为皇帝老儿分忧啊，归根结底还是出于封建士大夫固有的忠君情结，或曰是一种朴素的爱国情结。此文谈官场拐点，也是为下文进行铺垫。

# 第七章　毁誉参半

历朝历代只要当皇帝的脑筋不对路,整个江山都跟着倒霉,天下也必然是生灵涂炭。皇帝虽然是个俗人,但毕竟不是普通人。而下面的文武百官也必然不是等闲之辈。历史的舞台是博大的,可站在上面当主角的唱曲调拐了弯儿,那整个历史的进程必然也会跟着不知道拐到哪儿去了。是的,历代帝王将相都有自己的思想,在他们心里必然是觉得自己这样做是对的。然而有句俗话说得好:"当事者迷,旁观者清。"即便是帝王将相也时常是毁誉参半,而作为我们这些活在当下的旁观者,想必内心所受的启迪也是各有不同的。

# 为玉帝殉道的南汉后主迷信至死

漫漫历史长河，曾出现过无数的殉道者，正是他们的这种殉道精神推动了历史的进步，犹如烟花之灿烂。然而，却有这么一位并不为人们所熟知的小国之君，听信女巫的鬼话，迷信玉皇大帝，最终倒在了殉道之旅上，他就是五代十国时期的南汉末帝刘继兴。因为五代十国这段历史太麻烦，全部写完是不可能的，我就拿刘继兴的事情来折射朝代的更替。

玉帝又称玉皇大帝，是中国神话中天上的老大，传说他法力无边，权倾寰宇，贵及人神，且长生不老。在他手下做神仙的，有和尚、道士、尼姑等化外之人，有读书习武的俗世名利之徒，更有修成人形装模作样的各种动物，林林总总，五花八门。人间的帝王君主纷纷认他为父，自称"天子"，甘做儿皇帝。要论谁的干儿子最多，玉皇大帝堪称第一；要论玉皇大帝的干儿子中谁最迷信干老子，则本文主人公刘继兴当仁不让。南汉位于中国南方，自刘隐割据广南，一直地狭力贫，到了刘继兴主政的时候，国力更加衰微。

**拐点一：** 此时，有位名叫陈延寿的宦官向刘继兴推荐了一个女巫，该女巫大号樊胡子，常在民间以送神请仙、画符咒水来骗钱谋生。为骗取刘继兴的信任，樊胡子特地请陈延寿为自己置办了装神弄鬼的行头，在刘继兴召见她的时候，只见她头戴远游冠，身穿紫霞裾，腰束锦裙，足登朱红履，打扮得不僧不俗，不男不女，胡言乱语说自己是玉皇大帝附身，而刘继兴是玉皇大帝的太子下凡，必将扫平诸国，统一天下云云。刘继兴见状忙俯伏在地，诚惶诚恐地不住磕头。从此宫中都称刘继兴为太子皇帝,刘继兴自己也开始了为玉皇大帝殉道之旅。

首先是整肃官员的性别。既然南汉朝廷是玉皇大帝的太子主政,是神仙的国度,而神仙是没有七情六欲、不食人间烟火的,所以,刘继兴认为,南汉的官员只有做神仙摒弃七情六欲,才算是对自己尽忠,无论文武都应该进行阉割。于是,一道圣旨下来,朝廷群臣立刻都成了太监,以后所有读书的士子中了进士、状元,若想进用,也必须先阉割。

第二步是设置严刑峻法,巩固集权统治。刘继兴自认为是玉皇大帝太子下凡,就应该有玉皇大帝驾驭诸神仙的手段。天宫有电击、雷劈、火烧等酷刑,南汉朝廷也应有类似刑罚,于是,他伙同诸宦制定了烧、煮、剥、剔、剑树、刀山等各种残酷的刑罚,臣民稍有过错,就用毒刑处治,或是烧煮、或是剥剔、或上剑树、或上刀山,因此搞得人人惊惧。天宫有许多动物都成了神仙,所以,刘继兴也十分"宠信"虎豹之类的猛兽,常以观看"罪犯"赤身裸体与虎、豹、犀、象角斗为乐,以人肉供养猛兽。

第三步是搜刮民财,大肆筑造离宫别馆和制作奇巧玩物。刘继兴对玉皇大帝的奢华生活是非常向往的,自己既然是玉皇大帝的太子,在人间也应享受这样的奢华。为了满足自己奢华的生活,他不断增加人民的赋税,凡邑民进城者,每人须输纳一钱,而琼州地方,斗米税甚至达到了四五钱之多。广南之地盛产珍珠和鱼类,刘继兴就自己动手,用珍珠结为鞍勒,做戏龙的形状,以鱼脑骨制作托子,镂椰子为壶,雕刻精工,细入毫芒,连有名的雕刻工匠见了刘继兴所制器物,都诧为世所罕有。为了能以珍珠来装饰宫殿,显示一代之尊的极尽奢侈,他下令在广西合浦置媚川都,派兵八千专以采珠为事,溺死者无数。

另外,刘继兴也很羡慕玉皇大帝身边美女如云,所以,他也经常出外微行以搜求民间美色,有时带一两个内侍,有时独自一人至街市

中乱闯，酒店、饭馆、花街柳巷，无处不到，只要发现有美女，即强行带回宫中。内侍监李托有两个养女，都生得如花似玉，刘继兴听说后，立刻派人向李托索要，长者封为贵妃，次者封为才人，甚为宠爱，每夜与李氏姊妹饮酒歌舞，恣意淫乐。

通过一系列对玉皇大帝的学习和效仿，南汉小朝廷至此充满了神仙的气息，朝野上下冷冷清清。朝堂上官员一空，旧臣宿将非诛即逃，只剩下了李托、龚澄枢、陈延寿和一班太监；民间百姓则禁若寒蝉，即便熟人在路上相遇，也只能相互使眼色，而不敢多说一句话。

由此看来，皇帝要是糊涂起来，整个天下都要跟着遭殃了，历史进程在这种人的糟蹋下，想不拐弯儿都难。本来小国就国力衰微，再这么一整连个忠臣良将都没了，活得再像玉皇大帝又有什么用？亡了国，必将成为天下的笑柄。这不禁让我们感叹，不管什么时候，不该做皇帝的最好不要做皇帝，否则朝野群臣，天下百姓全都要跟着遭殃。

**拐点二：**当赵匡胤麾下的宋兵南下攻击到距贺州只有三十里路的时候，刘继兴才得到消息，他急忙宣召大臣郭崇岳设坛日夜祈祷，请玉皇大帝派天兵天将来退宋军。然而，玉皇大帝似乎并不怜惜自己的干儿子，一兵一卒也没派下来。面对势如破竹的宋朝军队，刘继兴逃跑未成，只得诣宋营乞降，死在了异国他乡，做了一个名副其实的迷信殉道者。

看这位殉道者如此荒淫无度，就算是真有玉皇大帝也早就被这位干儿子气得不知道东南西北了。有他这么一位"半仙儿"在，再好的历史轨迹也得拐个大弯儿，现在看上去滑稽可笑，可想到当时多少无辜之人被他折磨得生不如死，心中不免也会感伤一番，这样的皇帝不死那才稀奇了呢。

# 宋太祖瞧不起"万人迷"关羽

读李焘的《续资治通鉴长编》，有个故事很有趣：乾德元年，赵匡胤去武成王庙，看两廊所画历代名将，感觉很是不爽，他对身边大臣说，白起这个人，"不武之甚"，连投降的人也杀，让他受飨，莫非脑子"秀逗"了？随即，白起下岗，张飞下岗，共有二十二人集体丢了在武成王庙的"饭碗"。令人好奇的是，史上口碑极好的万人迷关羽也在下岗的队伍里。

需要提示一下，武成王庙是供奉姜子牙的，始建于唐玄宗开元十九年（731年），肃宗李亨下诏追封姜子牙为武成王，太公庙立刻鸟枪换炮，升格为武成王庙，与孔丘的文宣王庙对等。一直到朱元璋洪武二十一年（1388年）罢祀之前的657年间，武成王庙是绝对的"牛庙"，里面的"牺牲"不是谁想享用就能享用的。谁能和姜子牙在一庙受飨，说明此人也很牛，在军事上有过杰出成就，曾经影响过历史，有着显赫的历史地位，反之，就只能到外面凉快去。还好，关羽"被凉快"的时间并不长，宋徽宗宣和五年（1123年），他又进去了。

关羽毫无疑问是位历史牛人。《三国志》说他是"万人敌"，有"国士"之风，表明关羽武艺超群，才能卓绝，对刘备忠心耿耿，不是一般人。至于他有没有影响过历史进程，在古名将排名中能不能进前50，我不好说，也说不好。反正在有宋之前，有关关羽的各种野史、话本、戏剧、传说等已经铺天盖地了，民间对关羽极为推崇，尽管那时候还没有《三国演义》。这一切，赵匡胤不可能不知道，可是，他仍然瞧不起关羽，这是为什么？经过深入的分析，原因不外乎四点。

关羽缺乏自信，胸怀不够宽，不会得赵匡胤青眼。赵匡胤是个很直率很宽容很自信的人，有事情喜欢摆在桌面上说。他的"杯酒释兵权"很有名，不用汉高祖和明太祖的伎俩去屠杀，也能达到目的；他对投降过来的俘虏也很优待，五代十国那么多被他征服的小国君主，在他身边都生活得很好；另外，现在许多人很艳羡的宋朝不杀文化人的规矩，就是赵匡胤定下来的。关羽在这方面实在比较差劲，经常犯目中无人的毛病，在蜀汉阵营里几乎没什么朋友，尤其与文化人搞不好关系。

关羽有投降和与人争妻的污点，《三国志》有载，不是我乱说的。出于巩固统治的需要，赵匡胤自然希望手下的兄弟们不要学关羽。不管是真投降还是假投降，总之，投降就要挨骂。与别人争老婆就更不好了，所谓天涯何处无芳草，男子汉大丈夫，找个女人有何难，用得着争来争去吗？争老婆的后果很严重，兄弟反目，朋友成仇，对家国事业有百害而无一利。赵匡胤在这方面做得非常好，在后周做将军，投降想都没想过，黄袍加身做了皇帝，在继承权问题上也不与兄弟争，母亲杜氏一句话，他弟弟赵光义就接了班。至于后世传说的"烛影斧声"故事，毕竟悬念太多，无历史依据，当不得真的。就算是真的，也是赵光义的问题。

关羽在军事上并无突出建树，没有韬略，起码在赵匡胤的意识里是这样认为的。一个人的武艺再高，那也是个人的本事，与带兵打仗上战场完全是两码事。"百万军中取上将首级"肯定是传说，现实战场上谁曾见过？关羽是"万人敌"，却没打过多少像样的胜仗，连荆州也守不住，毁了刘备的战略根本。赵匡胤就不同了，他也武艺高强，骑马射箭均是第一流能手，传说他的赤眉棍很是厉害，还发明了"太祖长拳"，这些且不说，单说他领兵打仗，未做皇帝前曾以大将的身份亲自参加战斗，收复了不少北方失地，在位17年中着重以军事力量，削平了南方独立或半独立的许多小国家，使得北宋没有继五代之后成为第六个短命朝代，说明赵匡胤有韬略、眼光远。

最后一个原因具有提纲挈领的意义：关羽的人生不够成功。赵匡胤褒贬历史人物，爱推己及人，关羽正是吃了这个亏。赵匡胤认为，"功业始终无瑕"的人，才能算真正的成功人士，才有资格进入武成王庙，这也是他自己一生为之奋斗的宗旨，虽然他并不稀罕自己进入。其实，历史上有没有"功业无瑕"的朝代，有没有"功业无瑕"的人物，还不一定呢。赵匡胤自己就不见得"功业始终无瑕"。按照这个标准来评价古人，那些以悲剧结束的英雄就要吐血了，何况关羽还败走麦城，掉了脑袋？

上面的几个原因，跟赵匡胤的个人性格有关，实际上也可算是北宋历史的拐点，性格决定命运，同时也在决定历史走向，在后面的文字里还会提到。

历史就是这样的有趣，这则小故事如同发生在眼前。其中蕴含的意味，当时的人或者看不透，或者慑于皇帝的权威看透了不敢说。

鲜明的拐点之一就是，宣和五年拨乱反正，关羽又成为名将，又可以享用人间祭祀了，而北宋灭亡的时间也近了。明清之际，随着《三国演义》的传播，关羽后来居上，最终取代了姜太公，把武庙变成了自己的自留地，赵匡胤泉下有知，不知会作何想。

# 糖衣炮弹摧毁了一个王朝

公元960年，赵匡胤发动兵变取代后周政权，从孤儿寡母手中夺取了江山，建立了大宋帝国，结束了五代十国的分裂局面，重新统一了中国。

宋朝是一个比较特别比较矛盾的朝代。它是中国历史上立国时间最长的帝国之一，其寿命为319年，仅次于汉朝的400余年。在中原地区形成的所有大一统帝国中，大宋又是土地面积最小的一个。它是中国古代经济文化发展的巅峰，同时又是中国历史上所有大一统帝国中最为"积贫积弱"的一个。国家财政上的窘迫如影随形地伴随着帝国的所有时期，帝国所发动的多次大规模战争都是以全军覆没的惨败告终。这些特别矛盾的状态之所以出现，应该与赵匡胤开国之初使用糖衣炮弹笼络诸藩、削弱贬抑部队将领的做法有直接的关系。

赵匡胤无疑是一代雄主，更是一个十分善于使用糖衣炮弹的高手，从流浪汉到黄袍加身，只用了10年时间，比朱元璋厉害多了，若是没有糖衣炮弹的帮助，是很难想象的。赵匡胤对他的手下经常使用糖衣炮弹，而他的手下却不满足这些。他们要赵匡胤当皇帝，跟着享受更多的糖衣炮弹。比如，像殿前都指挥使石守信、都虞侯王审琦、归德军掌书记赵普，还有赵匡胤的弟弟赵光义等人，为了让赵匡胤当皇帝，策划出了一套完整的行动方案。赵匡胤是很迷信糖衣炮弹的功效的。

江山得的太容易，反倒让赵匡胤睡不着觉了，于是，他又想起了糖衣炮弹，史书上记载的"杯酒释兵权"的故事就是他的杰作。赵匡胤有一天和宰相赵普商量："自唐末以来，帝王换了十二个，战争不止，什么原因？要使国家安定长久，有什么办法？"赵普回答说："因为藩镇权力太重。只要夺了他们的兵权，天下就安定了。"赵匡胤若有所思。961年秋天的一个晚上，赵匡胤大摆宴席，请军事将领们吃饭。酒过数巡后，赵匡胤说："做皇帝真的不好玩，不如做节度使快活。我自从当了皇帝，就没有睡过一个安稳觉。"将领们问其故。赵匡胤说："这不难理解，皇帝谁不想做呢？"将领们都慌了神，忙向主子表忠心："现在天下已定，谁还敢有二心？"赵匡胤又说："你们对我很忠心，这我是知道的，但一旦黄袍加到你们身上，就由不得自己了。"将领们只好摊牌："我们真是愚蠢，请皇上教我们怎么做吧。"赵匡胤说："你们何不把兵权交出来，到地方上去做个节度使，为子孙多置些家业，多养些歌伎舞女，快乐地过个晚年。"第二天，这些将领们纷纷称病，请求辞去军职。赵匡胤很高兴，拿出许多金银财宝分给这些将领们回去养老。

**拐点一**：赵匡胤对读书人也用糖衣炮弹。赵匡胤虽是一员武将，没受过什么教育，但他却喜欢读书，也敬重读书人。据说，赵匡胤没当皇帝时，他搬家装载物件的车上没有金银珠宝，只有数千本书。宋朝开国后，出于防范的需要，大批武官被削去了官职，起用读书人做国家干部去行政地方，就显得势在必行了。赵匡胤为了笼络文人，大大提高了知识分子的地位。有宋一代，读书人几乎都有做官的机会。北宋帝国的官员，尤其是中、高级官员的俸禄收入，可能是中国历史上各个朝代里最为丰厚的，他们既有钱又有闲，数量相当庞大。赵匡胤还要求自己的继任者善待读书人。

赵匡胤频繁使用糖衣炮弹，称帝前是为了收买人心为自己效命，称帝后是为了帝国加强中央集权的政治需要。糖衣炮弹在赵匡胤的手里，是谋略，是手段，是灵活的，反映了赵匡胤本人所具有的大智慧。但是，赵匡胤的继承者们却把糖衣炮弹上升为帝国的国策，中规中矩地予以执行，弊端就很快显现出来了。

首先是军事上的一蹶不振。糖衣炮弹彻底打垮了军事将领们的精神和斗志，在大宋帝国300多年间，由于重文轻武防范政策的形成，规定军事将领任职一般不超过四年，搞得将不知兵，兵不知将，军队战斗力十分孱弱，直接导致了帝国的"肾亏"，先后与辽、西夏、金、蒙古等国发生过大规模的战争，大多是以失败告终的，从来就没有完胜过。打仗打不过人家，就又开始用糖衣炮弹和人家议和，要么割地，要么给钱。

**拐点二**：宋朝后来的皇帝们打仗几乎都不怎么样，他们没有学会

赵匡胤风风火火闯九州的征伐本领，却继承了赵匡胤使用糖衣炮弹的做法，是为历史上的一个奇特现象。

其次是经济上的捉襟见肘。按说，在北宋近200年间，是中国经济、文化达到巅峰的时代，是中国在全世界最文明、最发达的时代，国家财政怎么会老是出现窘迫的状态呢？钱到底哪里去了？都拿去做糖衣炮弹了。朝廷孱弱，议和需要糖衣炮弹；奇异而又复杂无比的干部制度引发的"冗官"问题也需要糖衣炮弹去维持；官员的高俸禄是赵匡胤许诺的糖衣炮弹，不兑现不行；加上皇帝们自己一个个奢靡成性，花钱如流水，帝国再富有也经不起如此折腾，不"肾亏"才怪！

就这样，宋朝的历史在这位开国皇帝的手下自然而然地拐了弯儿，尽管这位以糖衣炮弹赢得天下的皇帝并没有预料到自己的举措在之后的日子里会带来怎样的不利影响，但事实证明他的选择真的是其后人难以延续的困局。正所谓"成也萧何，败也萧何"，赵氏王朝起家于糖衣炮弹，而覆灭也是因为糖衣炮弹，这不禁让我们备加感慨，时局在时间的演变下竟存在如此大的变化和差异。即便是一个驻足百年的王朝，不及时地适应转变，也难逃在历史变迁的拐点上悄然陨落的无奈结局。

## "荒唐皇帝"宋真宗的荒唐政绩

宋真宗，大名赵恒，太宗皇帝赵光义第三子，曾以王钦若、丁谓这两个活宝为相，信天书符瑞之说，沉浸于封禅之事，朝政因而不举。景德元年（1004年），御驾亲征，与契丹人所建之辽国会战于距首都汴京300里外之澶渊，获得全胜，但惧于辽的声势，不顾寇准反对，仍以年贡"岁币"与辽议和，史称澶渊之盟。

**拐点一：** 在位25年，虽守成尚可称道，亦做过不少荒唐之事，说他是"荒唐皇帝"，也不冤枉他。他相信蝗虫也怕皇帝，会集体自杀。

大中祥符九年（1016年）夏天，全国许多地方出现严重蝗灾，来势凶猛，危害极大，奏折如雪片般飞进皇宫。

当时，宋真宗正迷信神仙之说，他相信神仙会来消灭蝗虫。许多官员看出了宋真宗的心思，就开始扮演"大忽悠"的角色，投其所好，纷纷对真宗说，国家不必忙着灭蝗，神仙会来帮忙的。在奏折中，有的说蝗虫害怕皇帝的神威，纷纷自杀了，遍地都是蝗虫尸体；有的说，无数蝗虫改变了口味，天天只喝水，从来不吃庄稼；有的说，蝗虫在天空飞行时，忽然遭遇到一股神奇的力量，自己就死了，这是神仙在帮助大宋王朝消灭蝗虫。

更让真宗精神振奋的是，苏州官员在奏折中说，蝗虫们害怕皇帝，它们为了讨好皇帝，又选择到风景秀丽的太湖里群体自杀。连名臣寇准也上奏说，自己所管辖地区内的蝗虫大多抱着草死掉了。

宋真宗看到这些奏折，非常高兴，不过，他毕竟是个"聪明"的皇帝，就派几个太监出去了解蝗灾的实际情况。太监们也想讨好主子，出去随便看了看，回来说，蝗虫的确在不断自杀，这都是皇帝的神威所致。宋真宗听了太监的汇报，以为自己的神威真的能消灭蝗虫，激动万分，要搞一次大型庆典活动。但是，宰相王旦坚决不同意搞庆典，宋真宗只好作罢。

**拐点二：** 戏迷的艳遇，娶女戏子做皇后。刘娥是个颇具传奇色彩的女人，本是山西太原人。她老爸曾任地方部队的军官和市长，后来在战争中死了。她1岁时，老妈也因病去世。无依无靠的她在苦难中长大，困苦的人生经历使她比一般的女子有更多的欲望和心机。长大后的刘娥开始学戏，不仅声音甜美，而且很聪明，再加上容貌出众，在几次戏曲擂台赛上成了明星台柱子，很快就红了起来，成为女明星。

18 岁时，她嫁给了一个银匠为妻。为了做生意赚钱，银匠带着刘娥来到当时的京城开封。谁也没有想到，刘娥的开封之行直接改变了她的人生。

在开封，刘娥依然活跃在戏曲舞台上。开封非常繁华，有钱人很多，戏迷也很多。刘娥一出场，就吸引了很多人的眼球，一炮走红。不久，她的名气越来越大。此时，后来成为皇帝的赵恒才14岁，被封为襄王，还没有被立为太子。

赵恒也是一个戏迷，他听说了刘娥的名字后，就带了几个保镖，穿了便装去看刘娥的演唱。一见到刘娥的花容月貌，赵恒这个早熟的皇家少年就被迷住了，他呆呆地看着刘娥那流转传情的大眼睛，不禁意马心猿，立即就把刘娥带回他的别墅里。赵恒的奶娘对来历不明且出身卑贱的刘娥十分不满，就到赵恒的老爸宋太宗的面前告状，说皇子小小年纪便沉溺于女色，不是好事。宋太宗听了勃然大怒，勒令赵恒立即把刘娥送走。赵恒只好暗中将刘娥送到自己的一个亲信家里，偷偷去和她见面。

没想到，刘娥离开赵恒的别墅后，开始勤奋读书，并研习琴棋书画。这样一来，赵恒对刘娥更是刮目相看。可以说，刘娥是赵恒第一个真正爱上的女人，这份爱极为难得地保持了一生。

至道三年（997年），赵恒即位做了皇帝，是为宋真宗。刘娥进宫，立即被封为美人，不久便被封为贵妃。因为赵恒的宠幸，刘娥的地位不断提高。但刘娥深知女人的美色不能长久，唯一的希望就是给赵恒生一个孩子。然而，刘娥当时已经不能生育了，于是，她想出一个移花接木的计策，把自己的丫环李氏送给了老公赵恒。

年轻美丽的李氏不久就怀孕了，后来顺利产下一个男孩。赵恒喜出望外，给孩子取名为赵受益（后来改名赵祯，就是后来的宋仁宗）。刘娥也很高兴，她设计立即将李氏生下的孩子占为己有，并严禁皇宫里的人向孩子说明真相。赵恒宠爱刘娥，也默许她抱养李氏生下的孩子。不久，刘娥被赵恒立为皇后，史称"刘皇后"。赵恒死后，刘娥垂帘听政，一个女明星控制了一个国家的政局。

刘娥将李氏生的孩子占为己有的事情，后来被演绎成了"狸猫换太子"的故事，这反映出古代皇宫里以孩子为砝码来争夺皇帝宠爱的真实内幕。

**拐点三**：设坛祈祷，处理"妖怪"事件。天禧二年（1018年）五月，河阳三城（在今河南孟州市）节度使张旻，向中央政府报告了一件发生在辖区内的蹊跷事，称西京（今洛阳）近日有人盛传看到天空中有一种奇怪的妖物，形状如圆形帽盖，夜间每每飞入人家，顿时变为大狼状，伤及室内居民。满城市民惊恐万分，每到入夜时分便关牢门窗，躲在隐蔽之处。其中也有几个胆大的，手持兵器，勇敢地捕捉妖怪。当然，结果是一无所获。

从张旻的报告中，今天的我们可能会马上想到当地是出现了不明飞行物，但在当时不可能有今天这么科学的表述，而只能用妖魔鬼怪来形容。由于这种妖物形如"帽盖"，于是，人们便望"形"生义，为其起了一个相当形象生动的名字"帽妖"。

宋真宗得报，为安抚稳定人心，迅速启动一级应急响应：一面下诏，表示非常关切；一面派出以负责纪检监察的侍御史吕言为组长的事件调查工作组赶赴西京，调查西京留守王嗣宗隐瞒不报的失职行为。除了运用行政手段平息事态，宋真宗还祭出了传统的法宝，设坛祈祷消灾避邪。经过一番虔诚的折腾，事态总算平息下来。宋真宗刚想喘口气，不料更大的麻烦找上门来。

西京发生"帽妖"不足一个月，东京（今开封市）又闹起"帽妖"，而且传得有鼻子有眼："帽妖"从西京转移到东京，这回来者更加不善，前次在西京只是伤人，而这次在东京则是吃人。传言越传越邪乎，弄得京师人心惶惶，"聚族环坐，达旦叫噪"。更可怕的是，民间的恐惧情绪传染到了军队，而且军营的不稳情绪甚至比民间还要厉害。这下，宋真宗真的坐不住了。你想，军队可是国家的基石，军队一乱，这国家还能有好？

一看祈祷不管用，宋真宗急了，决定搞"严打"，抓几个妖言惑众的典型严惩不贷，迅速阻止传言的蔓延，以此教育群众，安定人心，控制事态的发展。经人举报，僧人天赏和术士耿概、张岗三主犯被缉拿归案。真宗指定起居舍人吕夷简、入内押班周怀政对其进行审讯，最终以"邪法"之罪在闹市公开宣判，斩首示众。其他几个罪责不够砍头的同案犯被发配流放。

相比宋真宗的铁腕，应天府的父母官王曾想出的办法似乎更好一些，他下令夜间一律打开里门，开门迎"妖"；同时加强监控，对危言耸听者发现一个抓一个。还别说，这招挺管用。其实妖怪本不存在，即便真有所谓的不明飞行物，那也是偶尔才能撞见。所以王曾这么一放胆，反而什么事也没了。据史书记载，打这之后，"妖亦不兴"。

**拐点四**：治标不治本，裁减官员近20万。宋朝的任官制度，实行的是官职分离的任职办法，既"名与实分"、"官与职分"，官制分官、职、差遣的区别。"官"只是表明级别和领取俸禄的依据，"职"是给文臣所加的学士、直阁一类的荣誉称号。而真正管理事务是"差遣"。官职分离，必然造成大批的闲散官员，而官员的高俸禄亦必然使朝廷财政负担日益沉重。据史载，至英宗时，已经出现了财政赤字，仅平治二年（1065年）年财政赤字就多达1570万贯。

在刚刚即位的宋真宗一筹莫展的时候，大臣陈彭年上书，建议从五个方面调整政策，缓解社会矛盾，指出"此五者，实经世之要道，致治之坦途也"。这有益于"经世""致治"的五项方针，其中就包括"省冗员"。赵恒一看可行，于咸平四年（1001年）六月在全国范围内大规模裁员，共下岗分流"冗吏"19.5万余人。第二年五月，又进一步"减河北冗官"。

事实证明，这是一次治标不治本的裁员行动，因为导致"冗员"

的宋朝官僚体制并没有丝毫松动，因而在不久之后，宋朝很快又回到了上身强大、下身瘫痪的财政困境中，即使王安石上台，也没有改变这种局面。

**拐点五**：开"以金钱换和平"之先例，贻患无穷。

太宗时，曾与北方最强大的辽国发生了多次战争，适逢辽国正处于勃发崛起之时，大宋的两次进攻皆以失败告终。在激烈的战斗中，太宗还身负箭伤，这箭伤也是使他日后病死的一个重要原因。无论后世如何褒贬宋太宗之为人品行，其在对外战争中的刚勇表现还是值得称道的，至少没有奴颜婢膝。

然而，宋真宗就没其父那样的胆略和雄心了，明明打了胜仗，却使出"以金钱换和平"的贱招，勉强维持住了与辽国的均衡关系，也为后世开了一个臭名昭著的先例，致使其后千余年间遗祸不断。

宋太祖虽然说过："我以二十匹绢购一契丹人首，其精兵不过10万人，止费二百万绢，则敌尽矣。"但毕竟没有实施。想来宋真宗是学习"秦以土地换和平，汉、隋、唐以公主（女人）换和平"的办法，并做了变通，充其量是耍了个小聪明而已，荒唐的性质没变。

# 实践出真知的政坛巨星王安石

王安石（1021～1086年），字介甫，号半山，封荆国公，江西临川人，北宋杰出的政治家、思想家、文学家、改革家。

明代杨慎的《铅丹录》称王安石为"古今第一小人"，并严厉指控说："王安石的变法葬送了奄奄一息的北宋王朝。"杨慎对王安石的评价，从领导科学的角度来说，是大错特错的。王安石的是非功过，学术界历来褒贬不一。但王安石无疑是北宋政坛最为著名的领导人之一，他一生为官30余载，曾经多次拒绝朝廷授予高位之意，对入朝为官并快速升迁的诱惑毫无所动，甘愿在基层做一些具体的领导工作，长达24年之久。他在基层建堤筑堰，改革学校，开办农民贷款法，也就是后来的青苗法的雏形，结果全部大获成功。"实践出真知"，熙宁二年（1069年），王安石出任参知政事，次年，又升任宰相，开始了一场轰轰烈烈的社会大变革。王安石是当之无愧的政坛天皇巨星。

拐点一：北宋中叶以后，朝廷进入了内外交困的时期。政治上，由于采取了"三权分立"体制，导致官员数目持续膨胀激涨，真宗景德年间（1004～1007年）内外官已达一万多人，仁宗皇祐年间（1049～1053年）达两万多人，"十倍于国初"。执政大臣多"樗栎常材，斗筲小器"，保守主义盛行，不得不与豪强地主妥协，土地兼并日益严重。经济上，由于土地的不断被兼并，迫使农民转职军旅（北宋初年给予军、公人员极大优惠和特权，可免除差役和赋税——笔者注），使得军队人数激增，而土地大量荒芜，朝廷财政入不敷出，国库空虚。军事上，由于"重文轻武"国策的施行，造成了将不专兵和军纪不明的严重后果。宋军严重缺乏训练，终日"游戏于廛市间，以鬻巧诱画为业，衣服举措不类军兵"，"卫兵入宿不自持被而使人持之；禁兵给粮不自荷而雇人荷之"。而军队人数却有增无减，仁宗庆历年间（1041～1048年）就已经达到了125.9人，军费开支十分惊人，"养兵之费，在天下据七八"。北宋王朝已经到了行将破产的边缘，王安石正是在这样的时代背景下耳濡目染并步入政坛立志变法的。

时代呼唤杰出的领导者，但杰出的领导者确实犹如凤毛麟角，属于稀缺资源。而领导力更是属于一种稀缺的技能，不是天生的，而是后天造就的，需要从小培养，从实践中锻炼。

王安石少小聪明，好读书，"一过目终身不忘"，志向高远，有务实之风。史书记载说他："果于自用，慨然有矫世变俗之志。"而且

"议论高奇，能以辨博济其说。"据说，他经常能够在众多反对者面前，旁征博引，雄辩滔滔，自圆其说而令人哑口无言。也就是说，在少年时期，王安石就具备了卓尔不群的非凡气质和立志变革的决心。

庆历二年（1042年），王安石以进士第四名及第，以秘书郎签书淮南节度判官厅公事。按照当时朝廷官员任命的规定，凡是进士出身且排名靠前者，为官一任即三年期满后，可以担任清要之馆职，包括昭文馆、史馆和集贤院，来到皇帝身边，担任为皇帝撰写诏令的翰林、知制诰等官职。这无疑是官员升迁的一条快速通道，很多宋代的高官都是由此路径很快得到升迁，最后成为知政、宰相的。也就是说，王安石在22岁的时候考中进士，25岁就具备了入馆的资格，进入了升迁的快速通道，这在当时相当罕见，满大街的人都在羡慕他。然而让人大跌眼镜的是，王安石却出人意料地自临川赴京，上书辞谢，不做馆职，要求朝廷改任他为大理评事，去鄞县这个边远小县做一个县令，从县令一级级地干到太守，后来调任殿中丞通判舒州（今安徽潜山）。至和元年甲午（1054年），王安石34岁的时候，自舒州赴京述职，朝廷特授集贤校理，又一次进入了"快速通道"，他还是固辞不受，情愿去做群牧司判官，知常州，提点江东刑狱，在地方一直干到了40岁。公元1060年，即宋仁宗嘉祐五年，王安石终于不再推辞朝廷的诏令，在千呼万唤之中，走向了帝国的权力舞台，一颗耀眼的政治明星开始了自己人生中最辉煌的篇章。期间，因母病故于江宁，他再次回到地方，直到神宗熙宁元年戊申（1068年）王安石48岁的时候，总算是真正地开始了自己的京官生涯。

王安石不慕富贵，也不急于飞黄腾达，他想由下而上，先通过在基层的磨炼来培养自己的"领导"能力，然后再求得志于君，有所作为。王安石在地方为官20余年，每到一个地方，全部政绩斐然，行政才干之优，堪称能员。在鄞县时，他跑遍了东西十四乡，进行实地考察，并督促百姓兴修水利，"起堤堰，决陂塘，为水陆之利"，通过蓄

水灌溉，使百姓无旱忧。他还在春季贷粮给贫户，让他们秋季偿还，这样一方面解决了农民的具体困难，又能使官仓的存粮新陈相易，不致腐烂变质。鄞县成了王安石变法的试验田，并且成效显著。在常州知州任上，他本想开凿一条运河，但是上司不支持，只允许他调集少量的民夫，下边的人由于利益的关系也意见纷纷，不肯出力，加之天公不作美，连日淫雨，结果只能半途而废。有人借此责怪王安石好大喜功。其实此事的失败也不能完全怪王安石，得不到上下的支持，力量不足，肯定不会成功。王安石对自己未能毕功又劳民伤财也深感悔恨，但他并不认为有所作为是错的，因此对衮衮诸公的苟安塞责不以为然。常州河役虽然失败了，但给了王安石一个教训——即便决定是正确的，得不到众人的支持，也可能将好事变成坏事。在江东刑狱任上，他提议废除了江南东路的茶叶专卖制度，主张自由贸易，政府征税，结果茶农与消费者都因此而得利，政府得到的税利也超过了靠垄断所获得的收入，可谓三方得利，这证明自由贸易是胜过官方垄断的。在地方任职的20余年间，王安石通过亲力亲为的实践，不仅积累了经验、提高了能力，还增长了见识，这为他以后领导任政中枢准备了条件。

**拐点二：**熙宁元年（1068年），作为国家新一代的领导人，刚刚即位的宋神宗就已经感觉到了国家"领导力"资源的稀缺，要想对自己的国家"负起责任"来，就必须要有杰出的领导人来进行全面深入的改革。此时的王安石已经名满天下，是北宋政坛名副其实的一个大明星，史载"时人咸谓其贤"，也就是说，人们普遍认为王安石是个了不得、不得了的大能人。据说当时的士大夫以不能结识王安石为最大的恨事，就连名声赫赫的范仲淹、欧阳修、包拯、富弼、韩琦、苏洵等人，也无不渴望见识一下王安石的真面目。王安石既然具备了杰出的领导人资格，宋神宗自然要进行考察，他问王安石："当今治国之道，当以何为先？"王安石答："以择术为始。"熙宁二年，宋神宗又问王安石："不知卿所施设，以何为先？"王安石答："变风俗，立法度，方今所急也。凡欲美风俗，在长君子，消小人，以礼义廉耻由君子出故也……"熙宁二年（1069年）二月，王安石开始推行新法，采取一系列改革措施。

王安石变法中最为著名的青苗法就是来源于他在鄞县做县令时的实践，"贷谷于民，立息以偿"，规定"五户以上为一保"，商量好要借多少钱，大家互相担保。为了让官员们努力地推行新法，王安石还制定了不少激励措施，反对新法的官员一个个被谪贬出京，而对新法表现积极的官员则纷纷得到加官进爵的奖赏。青苗法和市易法实为近代"文明国家"的银行雏形，免役法堪称"与今世各文明国收所得税之法正同"。熙宁八年（1075年），农田水利法推行五年之后，"荆公初执政，即分遣诸路常平官使专领农田水利，吏民能知土地种植之法，陂塘圩土旱堤堰沟洫利害都皆得自言，行之有效，随功利大小酬赏。其后在位之日，始终汲汲尽瘁于此业。史称自熙宁二年至九年，府界及诸路所兴修利水田凡一万七百九十三处，为田三十六万一千一百七十八顷云。""荆公所开水利，不可悉数，其大者曰浚黄河，清汴河。"清人蔡上翔在《王荆公年谱考略》一文中评价王安石变法之成效说："荆公之时，国家全盛，熙河之捷，扩地数千里，开国百年以来所未有者。"

王安石的务实之风还体现在自己的文学创作上，为了实现自己的政治理想，他把文学创作和政治活动密切地联系起来，强调文学的作用首先在于为社会服务。他反对西昆派杨亿、刘筠等人空泛的靡弱文风，他在《上人书》里阐述自己的观点："所谓文者，务为有补于世而已矣。所谓辞者，犹器之有刻镂绘画也。诚使巧且华，不必适用；诚使适用，亦不必巧且华。要之以适用为本，以刻镂绘画为之容也。"正因为王安石将"务为有补于世"的"适用"观点视为文学创作的根本，他的作品多揭露时弊、反映社会矛盾，为变法革新服务，具有较浓厚的政治色彩。

关于王安石20余年在基层的实践,有人说他是沽名钓誉,也有人说是韬光养晦;从心理学的角度出发,有当代学者认为,王安石属于那种只能当"一把手"的人。他相当自信,自信一旦时机来临,自己必可成就一番大事业。但无论怎么说,王安石有意识地磨炼和提高自己的领导能力,通过20年间的不断实践,成为了大宋帝国政治舞台上的一颗超级巨星,这是毋庸置疑的事实。

## 繁荣的宋朝信用评级应为几个A

近段时间,因美国主权信用评级从顶级的AAA级下调至AA+级,从而引发了全球的金融动荡。咱不太懂经济,也不太有胆子拿老美说事,还是晒晒历史,打发时光耳。

中国历史上曾经有过一个朝代,商品经济空前繁荣,在货币流通和国家信用方面均曾进入"高速"发展期。特别是在国家信用方面,开创了古代传统金融的新篇章。如果请标准普尔公司为繁荣的宋朝政府搞个主权信用评级的话,应该是几个A呢?

首先,宋朝政府不举外债,若把战争赔款称为外债的话,宋朝也有能力轻而易举地支付,信用评级应该不低,起码三个A吧。

拿著名的"澶渊之盟"为例,宋朝每年给辽国的"岁币"是绢20万、钱10万,算是外债,每年都要给。但是,当时宋朝政府每年的"岁入"过亿万贯,区区外债简直如同九牛一毛,比起美国政府占国内生产总值90%的外债,有着天壤之别。那么,宋朝外债摊到国民头上人均多少呢?有人算过一笔账:北宋当时人口过亿,平均下来每人每年的负担大约是4个铜钱，也就是一个烧饼钱。试想一下，宋朝每人每年少吃一个烧饼，就可还清外债，这在如今的美国，是绝对不可能的。

还有一种说法是，宋朝的外债更像是"贸易补偿款"。"澶渊之盟"订立后，宋辽边境开始设立"榷场"，互通有无了。宋朝凭借其强大的生产能力，将大量"质优价廉"的产品（如丝绸、瓷器、茶叶及手工艺品等），统统输往辽国，通过贸易的手段，利用顺差的方式，将辽人创造的财富慢慢地归结到自己的手中，这种做法比简单粗暴的战争掠夺强多了。

**拐点一**：现代国际贸易中，对那些"入超"过多的国家，国际上给予"贸易补偿"，宋朝的外债似乎也有这样的性质。

其次，宋朝国家信用体系相对完善，比美国领先了800年，也应给三个A。

宋朝国家信用集中表现为朝廷的官方信用，通常借助政权的力量来经营金融机构以体现之。据史料记载，宋朝官方金融机构有榷货务、市易务、检校库、抵当所、抵当库、便钱务、交子务等，因职责不同发挥信用功能的路径各异。"榷货务"的主要职责相当于政府财政金融管理机构。"市易务"基于市易法设立，其主要职责是平抑物价、以通货财。除此之外，市易务也可召人抵当借钱出息，提供信用。"检校库"类似今日的信托机构。"抵当所、抵当库"同属官营借贷机构，在北宋神宗、哲宗时多称"抵当所"，而徽宗以后至南宋末多称"抵当库"，其主要职责是"掌以官钱听民质取而济其缓急"。"便钱务"是在京都设置的钱币汇兑管理机构。"交子务"是负责纸币流通印制的机构，后改称钱引务。

宋朝国家信用的提供，既有皇权保障、调控市场、增加收入、稳定社会、提高效率的积极一面，也有衙门作风、违背经济规律、欺压百姓的弊端。

第三，宋朝国家信用形式趋于多样化，不像美国总是靠发行国债，够3A评级。

比如宋朝有借贷、质、押、典当、赊买赊卖、预付款等信用形式，从其实际效果看，解决了军需，赈济了贫民，加强了流通，满足了财政，更重要的一点，它向束缚生产流通扩大和发展的高利贷发起了冲击。

借贷无外乎货币借贷和财物借贷两大类，进一步有政府借贷和私人借贷之分。政府借贷主要表现为赈贷的形式，通过紧急情况下贷给民户口粮或种粮的方式，助其渡过困境，保证民众按时耕作，以保社会稳定。质、押是借贷担保的形式，由质库、解库、普惠库、长生库等机构经营。

第四，宋朝国家信用工具（货币）是美元的老祖宗，更该给三个A。

随着社会经济的发展，宋代商业贸易对货币发展的要求越来越高，但是社会中货币供给和流通状况不尽理想，表现为货币流通区域的割据性、货币供给数量的有限性、货币币材的复杂性以及大量流通的铜铁钱细碎和不便携带的特性，其结果是抑制了经济发展。

为了解决这类问题，在高度发达的造纸和印刷技术支持下，通过民间自发力量的作用或官府的强制推行，宋代社会陆续涌现出诸如茶引、盐引、香药引、矾引、便钱、交子、钱引、见钱公据、关子和会子等大量新型纸质信用工具。这类信用工具携带方便且具有汇票性质，可以支持大宗交易、跨地区交易货款的顺利清结。早期的交子、关子、会子后来在信用票据基础上逐步发展为纸币。它们的行用弥补了货币不足，节省了货币流通需求量，使经济得到了扩张。

**拐点二**：可见，新型信用工具的大量使用，是宋朝社会经济发展史中最具标志性的新生事物，它缓解或解决了交易过程中的诸多不便与矛盾，从而很大程度上促进了经济发展。

当然，宋代国家信用也存在弊端。高利贷具有很强的寄生性和腐朽性，对小生产者的剥削破坏了他们的生产条件。商业信用为不法之徒进行商业欺诈提供了机会，引发了投机行为，增加了风险。纸币由可兑换向不可兑换转变以及不可兑换纸币的大量发行，易引发货币贬值和通货膨胀。但综合评价，宋代国家信用的繁荣和创新不仅在当时产生积极效果，也为以后各朝代和其他区域金融发展提供了实践经验，发挥了积极作用，产生了深远影响。我的意见是，如果可以的话，应该给它四个 A 的评级。

# 宋朝"存其教"且不用死刑

在《水浒传》里，晁盖当家时，梁山好汉只能算一帮流寇，并未引起朝廷的过度重视。到了宋江排座次，亮出"替天行道"旗帜的时候，宋徽宗才慌了神，这帮家伙如今有组织、有纲领了，小觑不得，赶紧想辙吧，于是，又镇压，又招安，费了不少劲，总算搞掂了。从梁山的被招安，可以发现，宋朝当局有着一条基本政策，那就是"存其教"不用死刑。

什么叫"存其教"呢？意思就是既不大力推崇和强制，也不大力打击和阻止。对那些披着宗教外衣行造反之事的起义组织，坚决打击清理，但教派可以保存下来，不搞一刀切，盛行于东南地区的吃菜事魔教即为典型。《水浒传》里说，是宋江带着一帮兄弟镇压了方腊起义，杀死了方腊，其实是不对的。据赵炎分析，宋江并没有去，应该是韩世忠去的。

吃菜事魔教是宋人对明教又称摩尼教的俗称，它来自波斯，在金庸小说《倚天屠龙记》中有较详细的叙述。他们组织完备，设立斋堂，禁荤吃素，夜聚明散，笼络了大批信众。方腊依靠吃菜事魔教搞武装暴动，朝廷派兵镇压以后，并未废止该教，而是采取宽柔的政策："今后百姓不得妄立名色，自称道民，结集徒党。严切晓谕，各令四散着业。"就是说，老百姓信教可以，但不能大张旗鼓，只要听话，只要安居乐业，别闹事，其他的嘛，一切既往不咎。

另外，在对待淫祠泛滥的问题上，宋朝政府也采取了存、禁结合的办法，存为主，禁为辅。在宋朝，除佛、道两个体系外，人们还狂热地信奉着成千上万的神祇，可概称为祠神。宋代是祠神文化的成熟时代，宋人不信佛、道者甚多，但上自皇帝，下至百姓，无人不信奉祠神，其社会地位之重要是不言而喻的。为了供奉这些祠神，民间修建了大量的神祠，几乎每县都有数百所，当时有地方志说"不可胜载也"。按照宋政府的祀典，大多祠神不能列入祀典获得官方承认并保护，乃称之为"淫祠"。淫祠祭祀之神荒诞不经，祭祀方式大多也极为野蛮，危害社会和人身。官府的政策是，以社会稳定为前提，予以清理，已建的不准擅毁，未建的禁止擅建。

**拐点一：**宋朝政府规定，只是将主犯刺配岭南远恶州军、党徒编管而已，不动用死刑。就拿方腊来说，一起押往汴京的共有39人，除方腊被杀外，其余都活了下来。宋徽宗原本连方腊也不杀的。据叶绍翁的《四朝见闻录》记载，宋徽宗对方腊说："我以文治，使天下盛，你为何还要造反？只要你认罪，便不杀你。"可方腊宁死不屈道："我只知世间有明尊，明尊以下，皇帝人人可做。"宋徽宗不得已，最后杀了方腊。

还有一个故事也能印证宋朝不滥用死刑。北宋中期，有人到京师告密说，有数千妖人聚集在蔡州确山，朝廷随即派宦官前往抓捕为首的10人。到了蔡州，即要调巡检兵去逮人。蔡州吴育问："使者欲得妖人还报邪？"宦官答云："然。"吴育说："育在此，虽不敏，聚千人境内，毋容不知。此特乡民用浮图法相聚，以利财钱尔，一弓手召之，可致也。今以兵往，人相惊疑，请留毋往。"很快就"召十人者至，械送阙下，皆无罪释之。而告者伏辜"。官员的态度一般能够代表朝廷的态度。实际上,宋朝大多官员对此类事件是非常宽容的,抓到了打几下屁股拉倒,放回家好好过日子。而对告密者却加以严惩,想来令人难以理解。

导致宋朝出台如此镇压政策的原因,赵炎以为,不外乎以下几点。

绍兴四年(1134年),起居舍人王居正言:"伏见两浙州县有吃菜事魔之俗,方腊以前,法禁尚宽,而事魔之俗,犹未至于甚炽;方腊之后,法禁愈严,而事魔之俗愈不可胜禁。州县之吏平居坐视,一切不问则已,间有贪功或畏事者,稍踪迹之,则一方之地流血积尸,至于庐舍、积聚、山林、鸡犬之属,焚烧杀戮,靡有孑遗。自方腊之平,至今十余年间,不幸而死者,不知几千万人矣。"按照他的说法,朝廷确实够难的,起义组织好比野草,烧掉一茬,又长一茬,禁也禁不掉,杀也不忍心,只好安抚。

官方自己也信奉某些教门,如袄教。这个袄教与明教很相似,都崇拜火,当神敬祀。宋代首都开封就有袄庙:"东京城北有袄庙。袄神本出西域,盖胡神也。与大秦穆护同入中国,俗以火神祠之。京师人畏其威灵,甚重之。"据孟元老记载,北宋末期,开封至少有两座袄庙,"大内西去,右掖门袄庙","马行北去,袄庙斜街",可见有不少信徒。而且官方也信奉袄教,建隆元年(960年),宋太祖"平泽、潞,仍祭袄庙、泰山、城隍,征扬州、河东,并用此礼"。看吧,连太祖皇帝在军事行动前都要郑重其事地祭祀袄庙,其他人焉能掉以轻心?如果抓错了,或者杀错了,自己的脑袋恐怕要搬家。

**拐点二**:宋朝是中国历史上唯一一个不嗜杀且政治较为宽容的朝代,民众集会、言论、出版、宗教等均相对自由,社会具有较大的包容性,文化上也显得十分自信,本土的、外来的都能够得到很好的生存和发展。据史料记载,宋朝死刑的最终审核权掌握在皇帝一人之手,这与它的高度中央集权体制有关。这也是宽松的招安政策得以实施的主要原因。

# 第八章　醺然末代

别以为古人比现代人高明到哪儿去，即便是到了一人之下万人之上的高位，英明了大半辈子也难免会因为看走了眼，造就出一失足成千古恨的历史拐点。王朝的败落也不是都毁在白痴手里的，那个年代的能人真的也不在少数。不管是皇帝也好，还是臣子也罢，会舞文弄墨、提笔挥毫的有，有勇有谋、脑袋绝对够用的也有，可就是这么一批人却堂而皇之地将整个时代推向了败落的消极深巷。有的是无心之举，有的是有意为之，不管怎样，这一切的一切都已过去，只是时不时地留给我们这些后人一番惊讶与悲愤。站在历史的拐点，当年之人之事不过是过眼烟云，而在那一个个末代中，又有多少莫名的冤屈与哀叹呢？

## 因"花酒"沉醉的苏州沧浪亭

到苏州游历,城南三元坊附近的沧浪亭不能不去,如今它已经是世界文化遗产了。漫步在假山、亭榭之间,沐浴着清风明月,偶尔还能隐约听到丝竹之音、觥筹交错之声,和女子的嬉戏之声,杂陈一个老者的吟唱"沧浪之水清兮,可以濯吾缨;沧浪之水浊兮,可以濯吾足",在悠远的时空中飘来忽去。老者醉了,沧浪亭醉了,赵炎也醉了。

这是千年前一个具有"花酒"性质的文人派对场景,但地点并不在苏州,而是在京城汴梁。那位吟唱的老者,就是那次派对发起人之一的苏舜钦,他也是后来沧浪亭的主人。

那几天,苏舜钦的心情特别地好,一如秋日的太阳,明媚得不行。他是以集贤院校理官的身份,借调到进奏院主持工作,摆明了就要官升一级。进奏院是全国州一级政府的驻京联合办事处,每天都会有大批文件文书在这里折封、摘录、改封转呈,一"改封"就要报废一堆文件封纸,而这些废纸是可以卖的,使得进奏院的小金库很充实。

祭赛时日将至,朝野上下都开始准备过节。苏舜钦是文坛名人,决定把一些也在京师任职的名士都请来,一起开派对热闹一番,费用嘛,就拿卖废纸的钱来开销。同时被邀请的还有驻京部队的歌舞小姐们(女伎)。为表示公私分明,"遂自以十千助席",其他客人,就是非进奏院的出席者,"亦醵金有差",用现代话来讲就是时尚地实行了"AA制"。"花酒"喝得很开心,后果也很严重,引出了一桩惊天大案。

有个叫李定的人听说有"花酒"喝,也想出钱参加,苏舜钦没答应。赵炎以为,这是苏舜钦不对了,快乐应该大家分享,何必搞小圈子、立小山头?果然,这个李定气不过,"遂腾谤于都下",消息马上传进了御史中丞王拱辰的耳中,这人是反对庆历新政的保守派,决定"举其事以动相臣",借此扳倒力行改革的政府。

这边"花酒"刚刚喝完,一干人醉意醺然之际,王拱辰那边的劾奏已然开始了,罪名是"监守自盗"和"召妓乐",皇帝命开封知府陶翼彻查严办。

于是苏舜钦与另一个发起人刘巽"俱坐自盗除名",同时参加喝"花酒"的十多个知名人物皆"得罪逐出四方",今人所熟悉的梅尧臣、王洙、吕溱等均在其中。梅尧臣有《客至诗》记述这场飞来横祸:"客有十人至,共食一鼎珍,一客不得食,覆鼎伤众宾。"此"一客",就是指在外面"放野火"的李定。王拱辰等保守派高兴惨了,得意洋洋地说:"吾一举网尽矣。"

**拐点一**:这桩具有政治斗争背景而借题发挥的"案件",当时"震动都邑",连演出助兴的歌舞小姐们也被收捕("枷掠妓人")。不久,范仲淹、杜衍等一概下台,所谓庆历新政的改革,就此失败。

好在北宋有不杀大臣的传统,苏舜钦得以"减死一等科断,使除名为民"。他也想得开,写信对欧阳修说:"舜钦年将四十矣,齿摇发苍……廪禄所入,不足充衣食;今得脱去仕籍,非不幸也。自以所学教后生,作商贾于世,必未至饿死。故当缄口远遁,不复更云。"言出行随,马上卷铺盖,跑到苏州,买了一块临水之地,筑沧浪亭,沽酒吟诗。"花酒"造就了沧浪亭,也让它有了些许醺醺然的醉意。

**拐点二**:利用卖废报纸破纸盒之类的小钱积累,喝了一次"花酒",竟兴起大狱,打倒一批文坛名人,断送一场庆历改革,又引出一处旅游名胜的兴建,真令人感慨系之。

苏舜钦自己也有悔意,他在《沧浪亭记》中说:"古之才哲君子,

有一失而至于死者多矣,是未知所以自胜之道。"这是在借古人而发自我安慰的感慨罢了。欧阳修到底与苏舜钦私交不错,惋惜之情甚切:"清风明月本无价,可惜只卖四万钱。"

历史记录的是风情,后人阅读的却多为沉重。如今的沧浪亭掩映在古木翠竹之间,下有一泓清水,波光倒影,景象端丽。游人如织,流连忘返之际,谁还能记得它曾经因"花酒"而沉醉的往事呢?

# 滕子京是个"三公"消费狂

范仲淹的那篇著名的《岳阳楼记》有一句"滕子京谪守巴陵郡",中学生都能随口背诵。这位因别人的文章闻名遐迩的滕子京滕大人被贬的原因却鲜为人知。其实很简单,他就是因为"三公"消费过于生猛而获罪的。现在国家对中央和地方亮剑的"三公"消费,指的是公款吃喝招待、公务用车消费和公费出国,这位滕大人的"三公"消费中没有"公车"和"出国"这两项,而是公款吃喝、馈赠、大兴土木搞政绩工程。

宋代行政机构赖以维持正常运行、行使管理职能的行政成本,一般来自两个渠道:地方财政截留(中央机关为国家财政一次性拨付)和公款经营赢利(放贷和做生意),统称公使钱。《文献通考》说"正赐钱不多,而著令许收造利",就是这个意思。

**拐点一**:宋代的公使钱支出没有专门的列项,这就为官员的"三公"消费开了绿灯,很容易出现超标或大肆挥霍。唯一可以制约的手段就是建立了专门的账簿。滕子京就曾因"三公"消费吃过账簿的亏,后来还烧毁过账簿。

滕子京第一次被贬，是在仁宗天圣九年由大理寺丞贬至闽北邵武做知县，原因是他把大理寺的办案经费用于结交文人学士和资助江湖豪客，美其名曰"建学"。事情被曝光，御史台派人来查账，一查果然如此。到了邵武以后，他依然没有吸取教训，到处大吃大喝，随意挥霍公款。《闽书》直言不讳地说他"复知邵武军州事，自任好施予"。幸好当时的闽北属于边远贫困山区，天高皇帝远，没人告发他。

在山区待了一年，他又奉调入京，任掌殿中丞。这是个清水衙门，殿中丞又是属官，没有财政支配权，滕子京没有办法，只得好好做官，顺风顺水地熬了多年，一直熬到了泾州（今甘肃州泾川北）知州和庆州知州的位置。在宋代，知州就是一方诸侯，地方实力派，权力大得很，花起钱来自然容易多了。

那么，滕子京在泾州是如何搞"三公"消费的呢？据《宋史》里解释，主要是"馈遗游士、犒劳民兵、兴建楼阁"。先是有人告发，后经御史台派人查账，居然查出了一个惊人的数字：浪费"公使钱"16万贯。读过《水浒传》的人，大概还记得，宋江的人头值多少钱？两千贯而已。一贯钱差不多相当于一两银子，16万两银子，实在不是个小数目，滕子京花钱够狂。

有人可能会问，犒劳民兵怎么说是公款消费呢？情况是这样的，宋代民兵武装是由地方乡绅豪族组建，其开支也是由乡绅豪族垫付，政府是不花钱的。滕子京拿"公使钱"犒劳民兵，显然有为自己捞取军功的嫌疑。实际上，他从泾州知州升任庆州知州，关键的政绩之一就是军功。

当然，16万两银子，可能也是不真实的，因为滕子京吸取了在大理寺的教训，知道有人来查账，提前一把火烧掉了账簿（胆子真不小）。虽然无账可查，御史台的官员也不是没有办法，他们将衙门几个负责记账的小吏进行隔离突审，一笔一笔查对，终于有了这个数字。

滕子京这下惨了，先贬知凤翔府，后又贬虢州。落魄到这个地步，纪检部门还是不依不饶，御史中丞再次上奏：滕子京"盗用公使钱止削一官，所坐太轻"，于是，滕子京又被贬到岳州巴陵郡（眼熟），这才有了后来著名的"乃重修岳阳楼"。

**拐点二：**我们说，一个人犯了错，只要改了就好，浪子回头还金不换呢。但是，滕子京这个人偏偏就死不改悔，到了巴陵郡，还是照旧大吃大喝，用公款馈赠资助他人，甚至他还变本加厉起来。但是，当时岳阳是个穷地方，公款不够花，怎么办？《续资治通鉴长编》里有一则政府通报，说知岳州滕宗谅（滕子京的名，子京是他的字）曾差士兵187人，用驴车40辆贩卖私盐300余笼，并出具公文，要求各关卡不得收税。另外，在《涑水纪闻》里，还记载滕宗谅向民间欠钱不还者讨债（政府放印子钱），讨来的钱有一万缗，用于修建岳阳楼。可想而知，所谓"政通人和，百废俱兴，乃重修岳阳楼"云云，都离不开这些公使钱赢利提供的财政支撑。拿公家钱大兴土木，搞自己的政绩工程，自然也属于"三公"消费之列了。

庆历七年（1047年）初，滕子京调任苏州，三个月后病逝于苏州任所，葬于苏州。后其子孙迁葬于青阳县城南金龟源。

滕子京这个人，做官的官声好像还不错，人品也还过得去。宋人土辟之在《渑水燕谈录》里称："庆历中，滕子京谪守巴陵，治最为天下第一。"《宋史》也评价说："宗谅尚气，倜傥自任，好施与，及卒，无余财。"

**拐点三：**一个封建官员死后"无余财"，似乎说明他不是一个贪官，但他在任上挥霍公款，搞政绩工程，不失为一种更为恶劣的隐性贪污，与两袖清风和"治"无关。至于"尚气""好施与"等性格特点，如果是一个自然人，当然属于优点了；如果一个官员拿着公家的钱随意买好做自己的人情，就很难说是一个好官了。

# 砸缸英雄司马光的三雅和三俗

如今无论是做人、做事，还是写文字，若能赢得一句"雅俗共赏"的赞誉，那是相当的不容易。你若太雅，人家会说你是恐龙，是从远古的烟尘中走来的一具骸骨；你若太俗，人家会说你是新新人类，是从火星上来的。这就是为何天下人皆难免俗，却偏不承认自己是俗人的原因。而大多数已经很雅的，或者附庸得很雅的人，也积极向俗的方面靠，其深层次心理动因，也莫外如是。

宋代名臣司马光，既是史学家，又是散文家，雅到家了吧。从他的字和号来看，他还不是一般的雅。司马光，字君实，号迂夫，晚年号迂叟，什么意思呢？自我认为是极诚实的君子，而且雅到了迂腐（迂夫）的境地，晚年干脆自称迂老头（迂叟）一个，可谓一辈子是个雅人。据赵炎分析，老先生起码有三雅。

宋人袁说友著的《成都文类》记载，司马光的父亲司马池任光山知县时，司马光出生在官衙里。官们一般都爱雅，实在没本钱雅，也要附庸一把的。在这种成长环境里，司马光不雅也会耳濡目染雅几分的。果不其然，7岁的时候，机会来了，有个基本同龄的孩子掉进水缸里，旁观众人皆惊慌失措，独司马光"持石击瓮破之，水迸，儿得活"。于是，司马光荣获"见义勇为好市民奖"。人们经过总结得知，砸缸小英雄的背后，原来是熟读《左氏春秋》的缘故。其后京、洛间画以为图，传诵一时，和孔融让梨、曹冲称象，并列为"课儿三范"，进入了教科书。

都说现代小品是俗文化的流布功臣，然则把"司马光砸缸"的故事融入小品，已故著名艺术家赵丽蓉怎么也说不顺溜，不是说"司马光砸光"，就是说成"司马缸砸缸"，分明是在表示，雅的就是雅的，俗的就是俗的，二者格格不入。难怪司马光要给自己取迂夫的号了，他痛心啊，自小就不能与群众打成一片，戴着"脱离群众"的帽子，什么时候是个头呀！

**拐点一**：步入官场以后，司马光更加苦恼，不想雅也不成了，因为官们都在雅，天下乌鸦（戴乌纱帽的雅人）一般黑。英宗治平三年（1066年），司马光迎来人生第二雅：主编《资治通鉴》。他在《进资治通鉴表》中说"日力不足，继之以夜"，"精力尽于此书"。其名意在"鉴于往事，资于治道"。至神宗元丰七年（1084年）完稿，历时19年（记住这个时间，下文中将会再次提到）。赵炎以为，这是一个了不起的历史成就，也为他贴上永久性的历史学家的雅标签，跳进黄河也洗不掉了。

司马光很想俗一回，他挣扎过，可是没俗成，却事与愿违地又戴了一顶"守旧君子"的雅帽子。事情的起因是这样的，王安石搞改革，司马光不同意，然而在朝廷征求各方意见的时候，他因为不懂经济，除了说"不妥"之外，说不出其他道理，引起神宗皇帝的极度不满，说他无理取闹，言下之意："你是文化人，搞你的学问去吧，瞎掺合什么呀？"当时反对改革的人很多，司马光代表了大多数人的意见，如果成功，确实能俗一回。王安石心知肚明，逢人便说："司马君实，君子人也！"连政敌也这么说，司马光感觉自己头大了，只好叹息："介甫无它，唯执拗耳。"

**拐点二**：一个人太雅，或者被别人认为太雅，实在是件苦恼的事情，所谓"曲高和寡"，连交朋友都难。司马光戴着三顶雅帽子，一个比一个雅，一个比一个名气大，想甩掉，好比登蜀道。不过，司马光到底不是一般人，在个人履历、文化事业、大政方针上俗不成，那就在生活小节上俗，这总可以吧。你皇帝老儿管天管地，难道还管我吃喝拉撒？得了，就这么着。于是，司马光身上又有了三俗。

为何修《资治通鉴》花费19年？据《霏雪录》里说："司马（光）公编《通鉴》，久未成。或言公利餐钱，故迟尔尔。"原来司马光是故意消极怠工的，想占国家的小便宜，一是吃小灶，伙食好，二是年底还能分红利，可能是小灶属于公费经营，吃不完就拿去放高利贷，赚了钱大家分。有这样的好事，谁不干呀？按说，宋代的官们待遇是历朝历代最好的，慢说像司马光这样的高级干部，就是一般的小吏，一年的工资三年都吃不完。司马光不差钱，他这么做，显然属于随大流，宁愿被时人诟病修书太慢，也不得罪同事，着实俗了一回。

在《宋会要辑稿》里，还有一则涉及司马光的故事，说他爱占女人的便宜，俗称"吃豆腐"。古代人不像今天，男女见面非常不容易，特别是在正规社交场合，如果看见一位女人，简直就是珍稀动物了。但是，一般家庭聚会或者家宴中，如果有贵宾在，女眷们按礼要出来应酬一下，"敛衽"道个万福，算是常规的见面礼。"司马公每礼眷属，常立身执手，目视良久，不暇他顾，众皆嘻之'公平易，善相与也'。"看来如今流行的国际性握手礼，最早是由司马光首创，应该跟火药、造纸等并列为"五大发明"。

在北宋文化人圈子里，司马光算是守身比较严谨的人，在女色问题上，几乎找不到任何花边新闻。我特意翻了几本有关仁宗、神宗、哲宗时期的资料，王安石、苏东坡等人屁股都不干净，独司马光无风花雪月事，甚至连妓院也不怎么去。北宋是个非常重视礼法的朝代，司马光本身也非常保守，跟女人见面就握手，显然有些匪夷所思。因此，笔者有理由认为，他是故意而为之，想对别人传达一个信息：我也俗，爱吃女人豆腐，和你们大家一样。在赵炎看来，这则故事的可信度不高，但能反映司马光的坦率性格。

司马光一生都在雅与俗之间折腾，雅的时候盼望自己俗一些，俗的时候又不想过于流俗。可是，上面有皇帝在那坐着，许多事情由不

得自己做主。比如，在《宋史》和《涑水记闻》里有个相同的记载，"仁宗宝元初，（司马光）中进士甲科。年甫冠，性不喜华靡，闻喜宴独不戴花，同列语之曰'君赐不可违'，乃簪一枝。"宋朝男人戴花是个很流行的习俗，可参见我的《品水浒看宋朝男人花爆女人血管》一文，司马光原本不乐意，但皇帝是大老板，他让你戴，你能不戴吗？只好乖乖听话。

戴花成了司马光的第三俗，一戴就戴了数十年，直到元丰八年（1085年），他做了尚书左仆射兼门下侍郎，开始主持朝政，官帽上依然戴着宫花（皇帝赐的）。数月后去世，追赠太师，温国公，谥文正（注意这个词），朝廷又给他盖棺论定：雅人一个。想俗，门都没有。

**拐点三**：从司马光的三雅和三俗中，不难发现这样一个道理，"阳春白雪"如果没有"下里巴人"的欣赏，它只能待在故纸堆里；而"下里巴人"如果没有"阳春白雪"的包装，也只好如柳永那样无奈地"忍把浮名，换了浅斟低唱"了。雅和俗，二者不可分，互相依存，互相帮衬，才能"雅俗共赏"。司马光想做"雅俗共赏"的人，他做到了。而我们大多数人却做不到，赵炎也做不到，不是我们没努力，而是我们没胆子承认。

# 宋朝家教告诫官家子弟的四条箴言

整日埋在故纸堆里，越发地感觉到某位学者的话是至理名言："任何历史，都是现代史。"比如，近日看宋代文人笔记，发现当时权贵士绅之家也有为孩子请家教的习气，而且担任家教工作的，多为大学生（进士），甚至还有赫赫有名的大人物。其中有几则关于家教对官二代进行教育的小故事，颇有针对性和趣味性。

**拐点一**：官二代应自觉"稍在人下"，如做官，也应立足基层，经受历练。

南宋罗大经在《鹤林玉露》一书中记载，沿江安抚使刘子羽对朱熹有养育之恩，所以，朱熹经常出入刘家，辅导其子刘玶的功课，相当于家教了。绍兴十一年，刘子羽的老婆卓夫人想为儿子谋一个叫"幹官"的职位，这是负责采办朝廷所需物资的官员，只管花钱，油水很足，而且在行政归属上属于一人之下万人之上，如果对自身要求不严，很容易犯经济错误。

朱熹知道这件事后，立刻致书卓夫人表示反对，他说，官宦人家子弟生长富贵，本不知艰难，一旦入仕，便任如此重要岗位，且缺乏监督，盖"无不傲慢纵恣，触事懵然"，甚至到地方上还会欺侮州县长官，不利于刘玶的前程。暂且为五哥（刘玶）找一个"稍在人下"的位置，受人调遣，甚至被人打骂，"乃所以成就之"。若必欲为五哥谋求此官，"乃是置之有过之地，误其终身"。

**拐点二**：官二代要定期参加农业生产，体会盘中餐之粒粒辛苦，可"为继家业"。

在朱弁的《曲洧旧闻》里，则有这样的一个故事，申国公章惇请崇宁二年进士张任为家教，其时，章惇的孙子已经13岁了，连秀才都没考上，且深受祖母溺爱，过着衣来伸手饭来张口的优渥生活。张任老师估计平时爱做家访，对学生的情况十分了解，第一堂课居然不教孩子"之乎者也"，而是安排了体育课——去田庄劳动，和佃农一起"锄禾日当午"，小家伙自然也"汗滴禾下土"了。

章惇下朝后听说此事，一时沉吟不语，但是，其老妻却闹腾开了，非逼张老师讨要说法，还扬言不解释清楚，就要他好看。于是，张任连夜登门向章惇"谢罪"：若不能按照自己的"教育大纲"来施教，只好辞职不干了。

章惇问其故，张老师说："老相公为宦数十载，公忠体国，始有今日。然花甲已过，本古稀矣，何不为子孙计？今日之事，晚生志决不悔。世孙尚幼，令其近农桑，务实业，知体世途艰辛。倘不荫或不仕，亦可自理无碍、为继家业。"章惇听后，深以为然，乃执其手，好言劝慰。

**拐点三**：官二代要想将来平安无事，做父母的应多做为国为民的"功德事"。

周密的《齐东野语》卷六《向氏粥》条记有宋高宗时长期掌握兵权的杨存中在其女生子后，一次性"拨吴门良田千亩以为粥米"之事。杨存中这个人，在历史上的名声还是不错的，起码在积极抗金一事上，和其祖先杨继业享有同样的威名。

杨家也有家庭教师，是大将军刘光世的得意门生，名叫王禅，是绍兴九年的进士。王老师胆子很大，他听说东家为了解决尚在襁褓中的外孙的吃饭问题，竟然"私拨民田"，致使吴门多个村寨流民四起，非常气愤，就写了一封信给杨存中。

他在信中指出："老元戎世代忠烈，国家之干城，理应表率诸臣僚属，模范子弟宗族。今强霸民田，祸及乡里，势在，则无虞矣。他日势去，宁不惧谏臣之椽笔乎？请三思！"也就是说："您现在有权有势的，没人敢把您怎么样。等您将来死了或者倒台了，有人跟您来个秋后算账，到时候，您的子孙们可要倒霉了。"

杨存中读罢，出了一身冷汗，随即退还了老百姓的土地。

**拐点四**：官家子弟应该学会如何善后，如果父祖辈坏事做得太多的话。

据王明清《挥麈后录》一书记载，奸相蔡京晚年谪居两广，痛定思痛，要侄儿耕道为孙子们找一位好老师，希望他们受到良好教育，都能成才成器。于是，蔡耕道推荐新科进士张彛，蔡京点头同意。蔡家特地选择吉利时辰开学。

几天之后，这位老师来上课了，他对蔡京的孙子们说："你们只要学习逃跑，其他就不必学了。"学生们问为何要学逃跑，张老师答："你们的父祖奸骄，败坏国家，时局很快就会动荡。你们学会逃跑，或可免于一死。其他何必知道？"

孙子们哭着把老师的话报告蔡京，蔡京听了，吃惊不小。他置酒酬谢老师，并咨询救弊之策。张老师告诉他："事势到此，已无良策。眼下只能笼络人才，改过自新，以补万一。不过已经来不及了。"一席话说得蔡京落下两行眼泪。

历史就是这么神奇，总是在不知不觉处就拐了弯儿，自此以后，某些人的人生命运以及连带的一系列社会反应都在瞬间发生了改变。即便是官家子弟，也未必就可以百分之百地站在老子的地盘上高枕无忧过一辈子，宋朝这些人就是一个很好的例子。由此看来，不管是做老子的还是做儿子的都一定要秉承正道，不断准备，不断地努力。毕竟，只有谨慎地走好脚下的路，才不会走更多弯路，才不至于让整个历史的进程跟着自己拐错了弯儿。

## 权奸蔡京发迹的四个著名推手

宋朝的大奸臣蔡京祸国殃民，近千年来一直被人视为国贼。然则纵观蔡京的发迹史，竟与四个著名名臣的举荐有莫大的关联，令人难以想象，也非常的耐人寻味。这不免让人感叹：推手的力量，不可小觑呀！

**拐点一：**神宗熙宁三年（1070年），蔡京和弟弟蔡卞同榜登科。这一榜的主考官是大名鼎鼎的大学士王珪。他一眼就相中了蔡氏兄

弟，并对他们的才华啧啧赞赏。

在宋一代，王珪的官声是非常好的，历史评价他"既有原则性又踏实本分"。他做学士官写圣旨，一干就是18年，勤勤恳恳，任劳任怨，这在整个封建时代里，也是绝无仅有的。欧阳修曾在仁宗面前说他"真学士也"，这不仅仅是对他文章的夸赞，也是对他道德人格的充分肯定。

能够得到王大学士的赞誉，对二蔡来说，这是发迹的第一步，也为他们攫取了政治生涯的第一桶金。可以说，是王珪将蔡京从草民阶层推进了官员的行列。显然，王珪做蔡京的推手，是无意的，有些冤。

更有趣的是，著名改革家王安石是从正反两面都帮了蔡京的忙，想来令人大跌眼镜。

**拐点二：** 熙宁三年，王安石虽然还不是正宰相，但因为主持变法，大权独揽，宰相曾公亮反倒要看着他的脸色行事儿。他听说蔡氏兄弟非常有才，正好家中还有个女儿没有出嫁，赶紧将蔡卞收为东床快婿。能攀上王安石这根高枝，不单是蔡卞一脚踩上了登云天梯，他哥哥蔡京也无疑是鸿运照到脑门儿了。这是王安石在正面推了蔡京一把。

因为王安石是个很讲"原则"的人，他对二蔡说："你们别想借我的地位捞取高官，都给我下到基层好好锻炼去。"所以王安石在位那几年，二蔡的确奔走于州县之间，没得到很高的官位。

正因为如此，王安石被迫卸任后，大臣们反而夸赞二蔡有操守，淡泊名利，和靠巴结王安石飞黄腾达的吕惠卿之流不可同日而语。于是，神宗大喜，让蔡卞做了起居舍人，蔡京做了中书舍人。几年后，蔡京被任命为开封府尹，终于跨进了朝廷重臣的行列。看看，历史的这个玩笑开大了吧。王安石的反面推手，力道也非常了不得。

那么，给蔡京做推手的第三个人是谁呢？这个人更加有名，乃是"砸缸英雄"司马光。

神宗去了阎王殿之后，哲宗初立，高太后垂帘，很快将闲置了15

年的铮臣司马光从洛阳召回汴京，任命为门下侍郎，主持国政。

司马光的主张和王安石一直是针尖对麦芒，所以他上台后，立即全面彻底、坚决干脆地废除新法，王安石订立的所有条条框框，不管有道理没道理，全盘否定。这种"一刀切"的政策，引起了不少大臣的不满。司马光最好的两个朋友范纯仁和苏轼率先站出来反对。

范纯仁说得比较温和，他建议差役一法应当缓行，不妨先在一路试点，观其究竟。司马光却"持之益坚"，害得范纯仁慨然长叹："是使人不得言尔，若欲媚公以为容悦，何如少年合王安石，以速富贵哉？"

苏轼则是个炮筒子，直言不讳地批评道："差役、免役，各有利害。"司马光大为不悦。苏轼又追进政事堂，这一回司马光可就"色忿然"了。不识眉眼高低的苏轼又讲了半天，还是打动不了司马光，出了政事堂气得大叫："司马牛！司马牛！"

宋朝人骂街是相当有水平的，苏轼是借孔子弟子司马牛来指责司马光倔得像头牛，令人无法接受。

与此同时，身为开封府尹的蔡京却奇迹般地在五天之内废除了府境十多个县的免役法。当他兴冲冲地向司马光汇报时，司马光拍案赞道："使人人奉法如君，何不可行之有？"

**拐点三**：就这样，狡黠善变的蔡京在新任宰相司马光眼里，一下子又成了最乖觉、最听话、最善解人意、最有政策水平的好官儿。其实蔡京心里明镜儿似的：对付司马光这样的人，最好的办法就是为他的错误决策推波助澜。

过了几年，司马光又死了，蔡京因反复多变受到谏官们的强力弹劾，倒了几年霉。

**拐点四**：或许是老天眷顾，徽宗崇宁元年（1102年），宰相曾布和韩忠彦闹得不可开交，于是韩忠彦想到了在定州当知州的蔡京有大本事，急忙把他调进翰林院，作为自己的得力助手。

第二年，曾布和韩忠彦斗得两败俱伤，蔡京坐收渔翁之利，很快顶

掉韩忠彦，自己坐上了参知政事的宝座。这还没完，不久曾布也被罢了官，蔡京再次蹿高，当上了宰相。很明显，这第四个推手是韩忠彦。

风水轮流转，蔡京和他弟弟蔡卞终于完全把揽了朝廷大权，大宋王朝从此破屋屡遭连夜雨，走上了一条"凄凄惨惨戚戚"的不归路。历史在他二兄弟手下转了这么个大弯儿，假如那四个著名推手泉下有知，估计也要气得活转过来了吧。

## 中秋节宋朝皇帝爱拿臣子开涮

从历史的角度来说，中秋作为节日从唐朝初期就流行了，《新唐书》记载，"中秋释奠于文宣王、武成王"，"开元十九年，中秋上戊祭之，牲、乐之制如文"。到了两宋时期，中秋已经成了一个非常盛行、必须要过的节日。《东京梦华录》里说："中秋节前，诸店皆卖新酒，贵家结饰台榭，民家争占酒楼玩月，笙歌远闻千里，嬉戏连坐至晓"。民间如此，皇家更是不得了，每年中秋，宋朝皇帝按例要举行盛大的赏月延桂排当，相当于如今的晚宴，在京六品以上官员一个也不能少，都得出席。君臣同乐，赏月赋诗，祭祀月亮神。

中秋佳节本来是个团圆喜庆的日子，但是，两宋皇帝们偏要与一些大臣过不去，其心态很值得玩味。

**拐点一：仁宗羞丁谓**

宋仁宗天圣二年，虽然政治状况一团糟，经济也不太景气，但在宰相丁谓的张罗下，中秋节依然过得十分快乐。京中安排了许多文艺节目，最高领袖刘太后也兴致勃勃地参加观看。

丁谓曾经与前任宰相寇准发生过一个很搞笑的故事。宋仁宗的父亲宋真宗在位时，寇准是宰相，丁谓是副宰相。某日，吃工作餐时，寇准的胡须被羹汤沾上了，丁谓赶紧起身帮寇准揩拂，寇准笑曰："参政，国之大臣，乃为长官拂须耶？"说得丁谓既羞又恼，从此对寇准怀恨在心，这就是"溜须"一词的由来。宋真宗一死，刘太后听政，丁谓开始报复寇准，他私改诏书，把真宗死因归罪于寇准，并以此为借口，将朝中凡是与寇准相善的大臣全部清除。

宋仁宗虽然其时只有 14 岁，是个傀儡皇帝，但一直很钦佩寇准的正直，瞧不起丁谓的心术不正，总想着有机会帮寇准出出气。他见丁谓坐在席间看演出，拂须饮酒，得意洋洋的样子，一下子就想起了这个"溜须"的故事，忍不住笑了出来。刘太后问他："皇帝，你笑什么？"宋仁宗说："太后，您老人家想不想看一出儿臣导演的好戏？"太后点头答应了。宋仁宗随即叫丁谓过来，故意不小心把杯中酒洒在衣袖上，丁谓慌忙上前拂拭。宋仁宗见状，赞许道："前为寇平仲溜须，今为朕拂袖，爱卿真急人所难也。"丁谓一愣神，随即窘态毕露。太后和众大臣闻之，则无不哈哈大笑。

**拐点二**：徽宗吓高俅

后人常说宋徽宗是个昏君，宠幸奸臣蔡京、高俅、童贯、杨戬等人，陷害忠良，祸国殃民。其实，宋徽宗心里明镜似的，他也知道这几个家伙不是什么好鸟，只不过这些人能够想出鬼点子供自己娱乐，反正天下太平，几个奸臣也翻不起大浪，随他们折腾去吧。

宣和三年的中秋之夜，东京汴梁依旧是彻夜狂欢。《梦粱录》中说："此夜月色倍明于常时，又谓之月夕。此际，金风荐爽，玉露生凉，丹桂香飘，银蟾光满。王孙公子、富家巨室，莫不登危楼，临轩玩月，或登广榭，玳筵罗列，琴瑟铿锵，酌酒高歌，恣以竟夕之欢。"宋徽宗在晚宴间一边吃美食、看美女，一边瞧两眼月亮，好不惬意。

此时，高俅等四奸随驾，见皇帝高兴，他们也是志满意得。高俅

第八章 醺然末代

对宋徽宗说:"陛下,前闻苏学士有著名的咏中秋词,臣想朗诵给陛下听,不知可否?"宋徽宗一听,随即明白,高俅是想借机帮苏东坡求什么来着,便道:"听说爱卿始终不忘苏氏,每有苏门子弟入都,你都给他们很多钱物。难得啊!"高俅急忙跪倒说:"臣昔为苏学士身边一书童,蒙陛下厚恩,得有今日,臣所给的,其实都是陛下所赐。"宋徽宗又说:"听说你很会发财呀,连军队的地皮也不放过,这些也是朕所赐吗?"说罢斜着眼睛依次瞪了蔡京、童贯、杨戬一眼。

四人顿时吓得汗流浃背,一齐跪倒谢罪,对他们来说,这个中秋节过得实在惊魂。好在宋徽宗也就说说而已,并未真的处罚他们。

**拐点四:高宗涮张俊**

南宋高宗皇帝跟他老子一个德性,明知武将张俊是个大贪官,就是不加惩办,还不断升张俊的官。张俊和岳飞、韩世忠、刘光世并称南宋中兴四将,后转主和,成为谋杀岳武穆的帮凶之一,并以此博得宋高宗深宠。

张俊是个爱钱如命的人,他曾率领部队为宋高宗建楼台会馆,乘机大发其财,并派人打着朝廷贸易的旗号,去东南亚诸岛国搜括钱物。他把花不完的银子打造成千两一锭的大元宝,取名"没奈何",意思是小偷即便偷到了也拿不走。张俊的贪名在朝野内外是人所共知的。

绍兴二十一年中秋,张俊出钱在京中大排筵宴,以讨好高宗皇帝,据说这是中国历史上最大的一桌筵席,菜肴丰盛之极。席间照例安排了不少杂耍节目,宋高宗亲自过问节目单,加入了一出搞笑的话剧。

剧情是这样的,因为中秋节除了赏月之外,还有祭祀的功能,宋朝政府是把祭祀月神写入《礼志》的,可见其重要。开场就是一钦天监官员举行仪式祭祀月亮神,然后按照天象,逐一与皇帝大臣对号入座。这位官员拿出一枚中间有方孔的铜钱,对着宋高宗看,说看见了"帝王星",对着其他大臣也依次说出了星象。当他对着张俊看的时候,却一直不说话,众人都很好奇,问他看到了什么星,他摇头不答。

在众人的一再催问下，又看了许久，他才说："什么也没看见，就看见张王爷坐在了钱眼里。"满堂哄笑，唯张俊一人脸红得像猴子屁股。

你说这个宋高宗搞不搞笑，知道张俊爱钱贪钱，也只戏耍一番了事，偶尔有言官弹劾张俊，他也只是批评几句，从不来真格的。对待岳飞，宋高宗毫不留情，一个莫须有的罪名就杀了头；对待这个张俊，却始终睁一只眼闭一只眼，晚年还封他做了清河郡王，当真让张俊显赫了一辈子。

## 宋朝人缘何不吃炒菜和生猛海鲜

川菜里有道名吃叫"东坡肘子"，相传是北宋文化名人苏东坡发明的，据说对后来淮扬菜系的形成也产生了颇多的影响。苏东坡这个人特有趣，除了诗词文章，最喜欢的莫过于吃猪肉，他被贬到黄州（今湖北黄冈）后，曾大发感慨说："黄州的猪肉真好啊！"并讥笑黄州人"富者不解吃，贫者不解煮"。这十个字几近切中要害了，宋朝人确实不怎么会吃，也不怎么会烹饪，无论贫富。

看宋朝人都吃哪些东西？据《东京梦华录》《都城纪胜》《西湖老人繁胜录》《梦粱录》《武林旧事》等两宋典籍里记载，他们一般喜欢快餐食品，而且清淡简单，鲜见出现炒菜和生猛海鲜，甚至连鱼类食品也十分少见。比如，面饼类有环饼、油饼、白肉胡饼、莲花肉饼、炊羊胡饼、天花饼、烙饼、馒头等，肉类有连骨熟肉、爆肉、肉脯和干肉等，羹汤类有缕肉羹、肚羹、玉糁羹和各种各样的"汁水"，甜品类的有各种鲜果干果、柑、梨、蔗、柿、炒栗子、新银杏等，以及莴苣、"姜油多"之类的菜蔬和玛瑙饧、泽州饧之类的糖稀，《水浒

传》所谓"铺下果子按酒",即指此类东西。

**拐点一**:中国古代人都有羹汤情结,而且很是流行,宋朝人也不例外。"三日入厨下,洗手作羹汤",没听说是洗手炒肉丝。《水浒传》中店家说自己"安排得好菜蔬,收拾得好汁水","汁水"也是羹汤一类的东西。《东京梦华录》云"旧只用匙今皆用箸矣",可见都是可喝的汤水。苏东坡爱吃猪头,把猪头煮得稀烂,然后浇一勺杏酪调味,有些盖浇饭的意思,这种杏酪就相当于酸甜酸甜的羹汤。

翻遍了两宋一代的典籍,愣是没有发现宋朝人有吃炒菜和吃海参、鱼翅、燕窝等滋补类菜肴的记载,这不能不说是一个历史悬疑。据赵炎分析,应该有以下几个缘故。

首先是烹饪技术尚未普及开来。中国古代在六朝以前基本的烹饪方法和现在的欧洲差不多,到了宋朝才开始出现炒菜,比如炒螃蟹等。由于炒菜技术过于烦琐,要用薄生铁锅,旺火热油,炝炒、生炒、小炒、熟炒等,要多麻烦有多麻烦,初兴时期,也只在宋都汴京(今开封)的酒肆、饭馆里才有,属于首屈一指的绝活,且品种单一,价格不菲,只有官僚贵族才消费得起。至于各种滋补类的高蛋白的生猛海鲜,恐怕当时的人听都没听说过,更不知道如何整治上桌了。

其次是宋朝人吃喝非常讲究情调,吃东西是为了下酒,还有欣赏的意味。幽兰居士的《东京梦华录》里有一篇《宰执亲王宗室百官入内上寿》,就详细介绍了这种饮食之风。吃东西不分几碗,而是以"盏"计算,刚开始喝的两盏酒,只能欣赏一下面前的菜品,谓之"看盘",这是不允许吃的。第三盏酒开始,方能吃东西,每盏酒该吃哪些菜品,都有明确的规定。民间饮食的风气更加趋于简单,随便搞些面饼子或干鲜果品,就可以喝酒,条件好些的,预备些肉脯和干肉,再做个羹汤,就成丰盛的宴席了。

**拐点二**:宋朝人的饮食习惯很独特,采取的是"分而食之"的办法,而且"主食"好像是酒,米饭、面饼之类倒成了"从食"。这种奇怪的饮食习惯，决定了它的快餐化、简单化。看名画《韩熙载夜宴图》，画的是人各一份，不像现在大家合坐一桌，大盘大碗，筷子勺子一起来。如果每个人都准备许多菜品，对"分而食之"的宋朝人来说是不现实的。另外，现在人的主食一般都是米面食品，需要煮熟了才能上桌，所以，现代人有很多时间可以在菜肴上多琢磨。宋朝人以酒为主食，酒是现成的，倒上就喝，所以，一切用来下酒的菜品必须事先准备好，才能跟得上。

最后要说的是，现今见于典籍记载的吃海参、鱼翅、燕窝的例子，大多发端于明朝永乐之后。有明一代，民风奢靡，人欲横流，也导致口腹之欲的空前高涨，使得烹饪技术上升到了艺术的高度，生猛海鲜，无所不有，黄仁宇先生在《万历十五年》一书里多有叙述，这与明朝的纵欲民风有很大关联。宋朝民风则随意平和，纵欲者似乎不多，所以滋补类食品并不多见。

## 有异性没人性的史上第一文艺男

现在网络上流行一句话：宁做商人妇，不嫁文艺男。短短十个字，确是从女人的牙缝里挤出来的，让所谓的文艺男听了后背都透着凉。若是按"有异性没人性"这个标准来评选史上第一文艺男，恐怕非宋徽宗莫属了。

有人说，为啥要选这个主啊？中国历史上有才华的男人多了去了，写"离骚"的屈原算一个吧，大诗人李白算一个吧，南唐后主李煜算一个吧，北宋词家柳永也算一个吧。没错，他们都算，可要论诗词书画全能皆绝的，要论"有异性没人性"的，历史上还真没几个，但仔细考证一番就会发现这种人还是存在的，如果要将其排序，那么宋徽宗该当第一，这个"金牌"谁也别跟他抢。

**拐点一**：宋徽宗确实是个文艺男，且是个百分百的艺术家。他独创的"瘦金体"书法，谁能比？他的花鸟画达到的艺术化境，谁能比？至今我还记得他的《芙蓉锦鸡图》上的题画诗："秋劲拒霜盛，峨冠锦羽鸡；已知全五德，安逸胜鬼管。"写得多好啊，简直天人合一、妙趣天成了。他的词写得也很好，只是与其他方面的艺术成就比起来，显得有些平庸。但在沦为亡国之君后，触景生情所写的几句，比如"彻夜西风撼破扉，萧条孤馆一灯微；家山回首三千里，目断山南无雁飞"，读来就非常具感染力，让人心中隐隐作痛。

**拐点二**：作为皇帝，宋徽宗干得实在不怎么样，尤其是对不住自己的女人和大宋的女人。可他太有才了，权力也大，家里票子也多，所以，有许多和他一样有才的文艺男，愿意帮他掩盖另一面，还美其名曰"为尊者讳"。比如说，"靖康之耻"是北宋灭亡过程中的重大历史事件吧，起码有万名以上的北宋后宫、宗室与民间女子被宋徽宗明码标价地抵押给了金人，惨遭强暴和蹂躏，但在正史上却几乎找不到任何蛛丝马迹。

所谓"举头三尺有神明"，若要人不知，除非己莫为，南宋就有不少经历过"靖康之难"的遗民，通过自己的笔记，对宋徽宗"有异性没人性"的德行做了披露，如确庵、耐庵编定的《靖康稗史》辑录了《开封府状》《南征录汇》《青宫译语》《呻吟语》《宋俘记》等，从不同角度记载了北宋都城陷落、宫廷宗室女性北迁及北迁后的情况，其内容可与《宋史》、《金史》互证，且能补正史之不足，让宋徽宗无所遁形。

宋徽宗这个文艺男对付异性是非常有一套的，没下台前就混了个"青楼天子"的外号，典型的纨绔子弟，轻佻浪荡之极。

做亲王时，太后送了个名叫春兰的侍女给他，这个春兰花容月貌，还精通文墨，后来成了他的玩物。但他并不满足，经常微服游幸青楼歌馆，寻花问柳，凡是京城中有名的妓女，几乎都与他有染。有时他还将喜欢的妓女乔装打扮带入王府中，长期据为己有。

当上皇帝后，宋徽宗禀性难移，无心于政务，继续过着糜烂生活。他的皇后是德州刺史王藻之女，相貌平平，生性俭约，不会取悦男人，虽为正宫，但并不得宠。宋徽宗宠幸的女人实在不少，有郑、王二贵妃，还有刘贵妃、乔贵妃、韦贵妃等。尽管后宫粉黛三千，佳丽如云，但徽宗对她们刻意做作之态感到索然无味，经常微服出宫，寻找刺激。其时妓女李师师名冠汴京，宋徽宗自然不放过她，自政和以后，他经常乘坐小轿子，带领数名侍从，到李师师家过夜。为了寻欢作乐，还专门设立行幸局负责出行事宜。

一个国君不能保护自己的国家，是对国家的没人性，也是对这个国家所有女人的整体人性的缺失；一个男人不能保护自己的女人，甚至拱手将自己的女人送给别的男人，是对自己女人的没人性。宋徽宗就是这样的角色，为君一任，几乎挥霍了父亲留下的所有财富，却一分钱也没花在富国强兵上面，最后连自己的女人也无力保护，遑论国家主权？赵炎说宋徽宗是"有异性没人性"的文艺男，一点也没冤枉他。

**拐点三**：当金兵第二次南下包围汴京城，宋徽宗和他儿子宋钦宗不思组织力量抵抗，却为了苟延残喘，把大老婆、小老婆、女儿、侄女，甚至孙女等一古脑儿全送给了金人，这还不够，还另选上万宫廷、宗室和京城妇女作抵押品，送给金人充当"慰安妇"。这些妇女在金军的押解下北迁，在途中历尽磨难，大批死亡。到达金国都城上京以后，她们被遣送到供金国君臣享乐的洗衣院、金国皇帝的各大御寨，赏赐给金军将领，甚至流落民间，被卖为奴、娼。除宋高宗的母亲韦氏后来幸运南归之外，其他妇女均客死异乡。

这是一段中国历史上最耻辱的往事，直接责任人就是史上第一文艺男宋徽宗。

以宋徽宗为代表的人大多无能，他们占有着很多女人，却无力保

护女人，"有异性没人性"。后来的南宋道学家们也很有才华，也可称为文艺男，只是比宋徽宗更离谱。他们非但不进行自我反思，家里妻妾成群，却把女人失去贞节的责任推得一干二净，反复说教，大力宣传，提倡让妇女自己舍生命保贞节。这些人"有异性没人性"到了这个地步，女人还能说什么？

# 第九章 半壁沉浮

　　王朝历史总有着那么多令人惊讶不已的奇观，而这一个个令人费解的历史事件却告诉了我们一个极为残酷的真理。在这个世界上并不是能人都有用武之地，也并不是好人都必然得到好报。帝王之家也有着大势已去、后悔晚矣的伤感，有着想去做又不能去做的心痛。历史的拐弯儿之处，那一世江山，半壁沉浮，有多少兴衰起落，悲欢离合，又有多少人物轮转，恐怕只能由我们这些今人在不断阅读旁观中体会和玩味了。

# 一代废后两度垂帘挽救宋室江山

北宋"靖康之耻",至今想来,犹让后人感觉屈辱。当时汴京所有值钱的物品和有用的人几乎被金人一网打尽。在这场被后人称作"靖康耻"的文化浩劫和资源掠夺中,仅有两位皇室成员得以幸免,一个是宋徽宗第九子康王赵构,一个是宋哲宗第一任皇后孟氏。赵构的故事,人们多耳熟能详,然则孟氏的传奇人生,就鲜为人知了。

能执妇礼,统率三宫。

孟氏(1073~1131年),洺州(今河北永年)人,出身世家,眉州防御使马军都虞侯孟元的孙女,被选入宫后,高太后和向太后"皆爱之,教以女仪"(宋史)。元祐七年(1092年),孟氏因"能执妇礼",被册立为皇后。宋哲宗从小就是个色鬼,看到孟氏姿色平平,且比自己大三岁,心里非常不满。高太后看出其中端倪,便对宋哲宗说:"得贤内助,非细事也。"告诉他能娶到这么好的贤内助,不容易啊,要好好珍惜,教导宋哲宗以国家社稷为重。

想到宋哲宗一贯的脾气秉性,高太后还是对孟氏放心不下,忍不住哀叹"斯人贤淑,惜福薄耳!异日国有事变,必此人当之",意思是说,皇后虽然贤淑,可惜没有福气啊,将来国家一旦发生大的变故,她恐怕要担当其祸了。正如高太后所预料,孟氏的命运接下来一波三折,相当坎坷。

因为不喜欢孟氏,宋哲宗除了偶尔应付一下皇后,把主要精力用在了御侍刘氏身上。刘氏比宋哲宗小三岁,年轻貌美,能诗善文,"艳冠后廷,且多才艺",比孟氏更具女人魅力。同时,刘氏还是一个恃宠成骄、泼性十足的女人，整天想着将孟氏整倒，自己好取而代之。

孟氏生有一女，即福庆公主。绍圣三年（1096年）九月，福庆公主染病，百医无效，孟氏的姐姐便"持道家治病符水入治"。由于"符水"之事一向为宫中禁忌，孟氏大惊失色，连忙命人将"符水"藏了起来。宋哲宗来看望女儿时，孟氏主动坦白，说明原委，并当着宋哲宗的面将符子烧掉。宋哲宗认为此乃"人之常情"，并没有怪罪孟氏。

不久，福庆公主夭折，丧女之痛让孟氏哀伤不已。然而，孟氏还没有从悲痛中挣脱出来，一场横祸便从天而降。

话说女人的妒忌之心是最可怕的，一旦发作，什么事情都可能干得出来，何况是对皇后宝座觊觎已久的刘氏了。果然，刘氏抓住这个把柄，先是四处造谣，指责孟氏偷偷搞"厌魅之端"；接着又将孟氏的"养母听宣夫人燕氏、尼法端与供奉官王坚为后祷祠"一事，添油加醋地报告了宋哲宗，诬陷孟氏居心险恶，用道符做佛事，意在诅咒皇帝。

宋哲宗本来就不喜欢孟氏，一听孟氏居心叵测，不禁大怒，立即派专人调查此事。刘氏趁机指使专案组"捕逮宦者、宫妾几三十人，榜掠备至，肢体毁折，至有断舌者"，在严刑逼供和恶言威胁下，造成了冤案。当时，北宋正处于新旧党争之际，孟氏是支持旧党的高太后和向太后所立，高太后去世后，宋哲宗亲政，极力排斥旧党，打击高太后党羽。赵炎认为，这也是孟氏轻易遭陷的一个重要原因。

旋即，宋哲宗下旨将孟氏废黜，"出居瑶华宫，号华阳教主、玉清妙静仙师，法名冲真"，一代皇后因为宋哲宗的政治私心和刘氏的苦苦相逼，成为一名带发修行的尼姑。瑶华宫的名字带着几分华丽，不过是坐落在汴京街坊内只有几间破屋子的小院落。地位和待遇一落千丈，且日常生活受到严密监视，孟氏的处境可想而知。

元符三年（1100年），宋哲宗病逝，宋徽宗即位，旧党在向太后的支持下重新抬头，孟氏被接回皇宫，恢复皇后名号。因刘氏已被封为元符皇后，为了加以区别，孟氏被称作元祐皇后。不料，次年向太后病逝，继而又发生了元祐党人事件，宋徽宗任用新党，贬谪旧党，失去了向太后这座靠山的孟氏再受牵连。崇宁元年（1102年）十月，孟氏二度被废，重回瑶华宫，名号改为"希微元通知和妙静仙师"。

之后的25年，孟氏一直在瑶华宫过着清苦的日子，虽然惨淡，倒也平静。然而，靖康元年（1126年）的一场大火，却将瑶华宫化为灰烬，孟氏只好迁居延宁宫。不久，延宁宫又发生火灾，孟氏不得不搬到位于大相国寺附近的弟弟家中居住。

躲过劫难，两度垂帘。

**拐点一**：靖康二年（1127年），宋钦宗闻悉孟氏的遭遇，便和近臣商量，想再次把孟氏接回皇宫，重新尊为元祐皇后。然而，诏令还没有发出去，金兵就攻陷了汴京。金兵在金太宗的授意下，决定对大宋采取最恶毒的手段，即将整个大宋皇室全部掳往金国，企图彻底灭亡大宋。为此，金兵在汉奸的指认下，将京城内外所有皇室成员统统抓捕。

孟氏被废为庶人，甚至被人们遗忘多年，因此幸运地逃过此劫，不仅避免了被金人掳掠北去、客死他乡的灾难，而且在以后的岁月里享受了至高无上的荣耀。塞翁失马，焉知非福？孟氏在"靖康之难"中得以幸免，就是很好的诠释。

**拐点二**：金人撤回北方后，张邦昌建立伪楚政权。由于人心思宋，且孟氏在内，赵构拥兵在外，宋王朝的大旗并未完全倒下。为了给自己留条后路，张邦昌一面将孟氏接入皇宫，尊为宋太后，"政事当取后旨"，一面派人将传国玉玺送到赵构手中。不久，张邦昌又尊孟氏为元祐皇后，让她垂帘听政。

五月初一，赵构在应天府（今河南商丘）称帝，建立南宋，孟氏于当天撤帘还政，赵构尊她为元祐太后，后又改为隆祐太后。建炎三年（1129年）三月，在杭州刚站稳脚跟的赵构遭遇了一次兵变，被迫退位。

**拐点三：** 乱军头目要求赵构"禅位元子（按：赵构之子赵旉），太后垂帘听政"。孟氏不谙政治，不知所措，但迫于形势，只能硬着头皮对叛军曲意抚慰。不久，在韩世忠等人的支援下，叛军溃败，孟氏久悬的心这才放了下来，并从此过上了江山稳固、简朴的日子。

赵构重登皇位后，孟氏再次撤帘，赵构尊孟氏为皇太后。不久，金兵大举南侵，赵构逃往东南滨海，孟氏逃往西南洪州（今南昌）。孟氏好不容易熬过惊心动魄的兵变，又踏上了颠沛流离的路程。金人退兵后，赵构想念孟氏，派人四处探访，最后将她接到越州（今绍兴）。从此，孟氏算是安定下来。

**拐点四：** 从靖康之难到赵构即位，孟皇后的存在在一定程度上减少了从北宋到南宋过渡时期的政治动荡。没有孟氏，赵构不可能当上皇帝；没有孟氏，赵构也不容易再度掌权。鉴于孟氏在国家两度危难之时起到的不可替代的作用，赵构对孟氏非常孝顺，"虽帷帐皆亲视；或得时果，必先献太后，然后敢尝"。

长期沦为庶人的遭遇，使孟氏养成了生活节俭的习惯，以她当时的地位，完全可以随意支取钱帛，但她每月只肯领一千生活费，能够度日即可。孟氏喜欢喝越酒，赵构认为越酒酸苦不好喝，可以让外地进贡好酒，而孟氏却自己派人拿钱去买，孟氏的品行大抵如此。

绍兴元年（1131年）春，孟氏患风疾，赵构悉心伺候不离左右，接连数日衣不解带，"帝旦暮不离左右，衣弗解带者连夕"。四月，孟氏病死，享年59岁，她的灵牌不仅放在宋哲宗祀室，还位列刘皇后之上，"附神主于哲宗室，位在昭怀皇后上"。后来，赵构将孟氏改谥昭慈圣献皇后。二度被废，又二度复位，并二次于国势危急之下被迫垂帘听政，孟氏经历之离奇，之曲折，之大起大落，之悲喜交织，在中国后妃史上实属罕见。

往事越千年，每当读到这段沉重历史，赵炎都要对这位曾历经离奇曲折沉浮、遭遇人生大起大落，并在南宋建国之初扮演举足轻重角色的传奇女子感慨一番。祸，福之所倚；失，得之所在。道学哲学中的这个辩证法真谛，如果用来形容孟氏命运多舛而又因祸得福的传奇一生，那是再恰当不过了。

## 赵明诚为何抛下李清照自己逃跑

《宋史》里有这么一个耐人寻味的小故事，说南宋赵构建炎三年（1129年），时任"南京市长"的赵明诚获悉御营统制官（守备司令）王亦阴谋叛乱，遂弃城逃跑，连恩爱了27年的老婆李清照也没顾上带走，令其差点儿做了叛军的俘虏。这个故事的可信度到底有多少，咱们暂且不论，因为宋代文人史家太善于玩弄刀笔诽谤之能事了，如果要做全面考证非一朝一夕之功。单说赵明诚的"逃兵"行为，弃城弃妻，慌不择路，从中可管窥二人的婚姻状况，也可对赵明诚之心理作些合理分析，颇能使读者对当时社会的诸多流弊有所了解。

赵明诚其人，是典型的高干子弟，是否有纨绔劣迹，现在还没有统一的说法。21岁的时候，还在当时最高学府的太学读书的赵明诚，与李清照的哥哥一同游玩相国寺，认识了年方18岁的李清照，两人一见倾心，结为夫妻。少男少女，情趣相投，又适新婚燕尔，恩恩爱爱，如胶似漆，于是，才子佳人演绎了一段人间佳话，被当时文坛广为传颂。

**拐点一**：关于赵明诚和李清照的婚姻生活，其间幸福指数到底有多高，参阅历史便知，并非如史家常说的"青州幸福十年"，而是非常短暂。赵明诚逃跑时未带李清照一起走，只是他们夫妻感情早就破裂的一次总爆发。

从性格上来说，赵明诚懦弱而好声色犬马，李清照则自视极高，表面是两人性格互补，其实不然。李清照和大多数女人一样，嫁鸡随鸡，对丈夫满怀柔情，但赵明诚就难说了。崇宁四年（1105年）十月，赵明诚做了鸿胪少卿下基层挂职锻炼，李清照饱尝相思之苦，写了著名的《醉花阴》寄给丈夫："薄雾浓云愁永昼，瑞脑销金兽。佳节又重阳，玉枕纱橱，半夜凉初透。东篱把酒黄昏后，有暗香盈袖。莫道不销魂，帘卷西风，人比黄花瘦。"深闺的寂寞与闺人的惆怅跃然纸上。赵明诚利用三天三夜的时间写了五十首竟然无一首是佳作，他是家学渊博的太学生，要说没有才气恐无人能信，唯一的解释就是他在敷衍老婆，没有用心去写。大观元年（1107年）三月，赵明诚的父亲去世，遭到蔡京的诬陷，李清照劝赵明诚上表申诉，可赵明诚连屁也没敢放一个，就慌忙举家迁出京城，到青州避难去了。

**拐点二**：以此可见，李清照对丈夫的爱是基于婚姻的约束，在气节和才华方面，她是瞧不起赵明诚的。而赵明诚心里也很清楚，新婚后的甜蜜早已在二人的性格迥异中烟消云散了。

"青州十年"其实并不幸福，赵明诚生活在妻子的光环里心情一直十分压抑，他把时间和精力几乎都消磨在了金石、字画和古玩上，因祸得福，竟完成了《金石录》的写作。此时的李清照已经觉察到丈夫在情感上的变化，她一如既往地帮助丈夫勘校文稿、整理题签，希望唤回丈夫的心，其委曲求全的心态在其时词作里多有出现。"寂寞深闺，柔肠一寸愁千缕。惜春春去，几点催花雨。倚遍栏干，只是无情绪！人何处？连天衰草，望断归来路。"这首《点绛唇》据说是写于赵明诚去南京之后，实际上是写于青州生活的第二年。

**拐点三**：若非备受赵明诚的冷落，李清照恐怕写不出这首传世名作。

北宋末年，经济文化固然极为繁荣，但政治却十分黑暗。赵明诚由于父亲的案子受到株连，为求自保，只能隐居乡里。可李清照就不同了，敢作敢为，无所顾忌，所作《词论》对苏轼、欧阳修、曾巩、黄庭坚、柳永等多有贬语，着实得罪了不少人，受到广泛非议。要知道，苏东坡、欧阳修等既是文坛领袖，也是政治精英，他们的徒子徒孙充斥朝野，李清照这么做，无疑为赵明诚带来极大的政治风险。可以说，《词论》一出，赵明诚休妻之心顿起。靖康二年三月，赵明诚去南京奔母丧，李清照作为正妻，却未能随行，说明此时二人的感情已经彻底破裂了，只不过赵明诚碍于诸多原因不便写休书罢了。李清照的父亲是苏东坡的学生，与得势的朝廷保守派颇有渊源，赵明诚再去得罪老岳父，他还想不想活了？

赵明诚守孝期未满，就改朝换代了。南宋小朝廷修改了政治路线，重新起用赵明诚做"南京市长"。终于可以扬眉吐气了，他把李清照接到了南京，但夫妻感情并未由此得修复。不到一年工夫，就发生了王亦的叛乱，"夫妻本是同林鸟，大难临头各自飞"。赵明诚真的自己跑了，让李清照险些成了王亦的战利品。经此一事，李清照对赵明诚仅有的一点爱意也就荡然无存了。南京叛乱平息后，赵明诚调任"湖州市长"，在赴任途中路过乌江，李清照慷慨陈词对赵明诚冷嘲热讽："生当做人杰，死亦为鬼雄。至今思项羽，不肯过江东。"

# 岳飞的千古奇冤之背后真相

公元1141年四月，民族英雄岳飞遭陷害，被屏蔽于军队之外，朝廷为稳其心，授予枢密副使虚职。同年7月，南宋当局授意"检察机关"介入弹劾，监察御史万俟卨（mò qí xiè）亲自上阵对岳飞刑讯逼供，终以"莫须有"罪名判处岳飞死刑，制造了一幕千古奇冤。

岳飞之死，罪在南宋当局，罪在赵构与秦桧的合谋，这已成历史定论，无须再议。另外，岳飞也有过逃生的机会，只是他自己放弃了。据赵炎对《宋史》的研读，从被陷害到遭弹劾，其间有三个月时间，与岳飞同时被陷害的韩世忠和张俊，都能认清时势及时韬晦，躲过一劫，独岳飞以一己之力做了悲剧性的最后一搏，可见他是抱着必死之心的，这个话题留到以后再说。本文只探讨岳飞被陷害的原因：政治路线和军事路线的双重硬伤。

岳飞秉行的政治路线可以用八个字来概括：收复中原，驱除鞑虏。这个路线本身没有错，既表达了被压迫民族的整体要求，又坚持了崇高的民族气节，可惜的是，岳飞不是路线的最终制定者和决策者，他秉行的路线有悖于朝廷的基本政治路线——求和偏安，也就是说，岳飞犯了"路线错误"。

**拐点一：**历史告诉我们，在任何时期犯了路线错误，都将是致命的，这就决定了岳飞等主战派的任何挣扎都将徒劳无功，"三十功名尘与土"的结局势在必然。

关于朝廷的基本政治路线，岳飞不是不知道，而是不愿意执行，这一点不能不让赵构和秦桧对他抱恨。建炎元年，赵构刚刚登基，岳飞就上书北伐，还请求皇帝御驾亲征，遭到赵构的否决，明以"越职"为由罢了岳飞的官，其实是在暗示岳飞不要这么执着，朝廷的政治路线已经定了。其后，赵构虽然支持主战派打了不少胜仗，重用了岳飞、韩世忠等武将，但目的依然出于自卫，出于求和而不得，并没有改变其基本路线。按说，赵构待岳飞不薄，为防止他犯路线错误，出兵前，赵构特地下手诏，告诫他只需收复伪齐所夺之地，千万不可领兵北上触犯金人，否则就算立下战功也定要严惩。可是，岳飞就是不开窍，多次当面顶撞赵构和秦桧，反对与金议和。他对赵构明确表示："夷狄不可信，和好不可恃，相臣谋国不善，恐贻后世讥议。"这一义正词严的"路线错误"不仅使赵构对岳飞心生嫌忌，还大大地得罪了丞相秦桧。

绍兴七年三月，宋廷解除了"中兴四将"之一的刘光世的兵权，赵构本来答应将刘光世率领的淮西军队拨给岳飞指挥，岳飞信以为真，以为这样一来，自己兵力大增，兴奋之余，立即提出要带兵10万，出师北伐，这又犯了路线错误的大忌，让赵构气得吐血，临时变卦，拒绝将淮西军队交给岳飞。对皇帝的这种暗示甚至是明令，岳飞还是不开窍，竟然一怒之下离开本军驻地鄂州，以为母守孝为名上了庐山。在赵构看来，这种行为分明是要挟君主，比犯路线错误更严重，但当时金兵的威胁尚在，双规岳飞的时机并不成熟，因此赵构不得不再三下诏，对岳飞好言抚慰，敦促其下山。六月，岳飞返朝，向赵构请罪，赵构表示对其宽恕的同时，引用太祖"犯吾法者，惟有剑耳"的话以示警告，言语之中已经暗藏杀机："再不与我保持路线一致，小心你的性命。"

赵构偏安求和的政治路线其实明摆着，只有坚持议和，才能保住帝王之位，若是任由岳飞这么打下去，真的北伐成功迎回了二帝，那么赵构怎么办？另外，岳飞还公然违反"武将不得干预朝政"的宋朝祖宗家法，建议赵构早立太子。赵构的独子赵旉 8 年前夭亡，他又在扬州溃退时受了惊吓，失去了生育能力，但赵构时年才 30 岁，内心仍抱有生育的希望，此时立太子，无疑是向天下暴露其难言之隐。所以，在赵构看来，让岳飞在政治路线上与自己保持一致的可能性已经不大了，此人留不得。

军事路线上，宋朝自开国以来就一直平抑甚至压制武将的势力，军事上走的是"以守为攻"的路线，南宋朝廷的军事路线其实也没多大变化。战略上分为两大块，江南主要是围剿各地溃兵败将组成的游寇集团和农民的反抗武装，江北主要是打击伪齐政权，防止他们南下。战术上走的是分兵牵制的路线，以防武将拥兵自重。

**拐点二**：而岳飞的军事路线，其致命硬伤正是体现在与朝廷相左。

在战略上，岳飞提出了"结连河朔"的主张，意在"直捣黄龙"，迎回二帝。他命原抗金义军首领梁兴等渡过黄河，联络河北义军，结成"忠义巡社"，攻取河东、河北州县，以实现他确立的"连结河朔"的战略方针，同时亲自领兵长驱直入，进驻郾城，直逼开封。要知道，这些战略的实施并无朝廷任何的明确授意，无疑犯了赵构的大忌。同时，岳飞还不断要求朝廷为自己增兵，其军队规模不断扩大，绍兴五年，从 3 万多人增加到 10 万人左右的规模，军事将领的数量也从原先十将的编制扩充至三十将的编制，每将的平均兵力是三千多人。到绍兴九年增至八十四将，每将的平均兵力减至一千二百余人，并把自己率领的军队统称"岳家军"。到了 1140 年的时候，岳飞节制的军队数量几乎达到了朝廷总兵力的四分之三，难免受到拥兵自重的疑忌。

军队永远是一个政权的重器，特别是在封建王朝，军队只能属于帝王一个人，也只能跟着帝王姓。也难怪赵构要在绍兴十一年四月，用十二道金牌将岳飞召回，同时一并将张俊、韩世忠召到临安，夺去了三员大将的兵权，三将所辖军队从此直接听命于皇帝。

岳飞的被陷害，是他在政治路线和军事路线上一直没有和当局保持一致，没有屈服于朝内和朝外的压力，为本民族的存亡做了最后的挣扎，在历史长河中发出了惊世骇俗的光亮。岳飞之死，比起韩世忠、张俊等人的韬晦，更加熠熠生辉，激励着每一个血还没有冷透的后来者。

## 南宋北伐的主要反对声音来自民间

历史上的南北对峙，常以长江为界，譬如东晋和后秦、南唐和后周、南宋和金等，长江以南的朝廷总以北伐为己任，主战派和议和派常纠缠不清，这种情况以南宋最为激烈。自从康王赵构登基，是为宋高宗，一直到南宋的覆灭，北伐的声音始终没有停止过。赵炎认为，北伐之所以阻力重重，主要的反对声音来自民间。

开始的时候，由于宋徽宗、宋钦宗尚在人间，人们有理由怀疑赵构出于对皇位的私心，北伐的积极性不够高，打压主战派如岳飞、韩世忠等人。可是，等到宋孝宗主政以后，徽、钦二帝已经不在人世，为何皇帝的北伐热情还是处于不温不火的状态呢？宋孝宗前期，北伐战争还是取得了不小的战绩的，但是，后期却力不从心了，竟至心灰意懒，连皇帝也无心情做了，这是为什么？读《宋史》，答案不难找到：老百姓不喜欢战争，不希望朝廷北伐。

再说大臣们，以秦桧为代表的主和派，千百年来被人们诟病，他们当时真的不想北伐吗？他们真的愿意戴汉奸的帽子？肯定不是。秦桧其人，据《宋史》记载，他的北伐主张还是很坚决的，出使后金回到赵构身边的时候，他曾慷慨陈词，力主北伐，救回徽、钦二帝，收复河山。但是，当时的情况是，军队确实缺乏战斗力，赵构的北伐决心还没有最后确定下来，"陪都"临安的建设还没有完工，经济上的积累还不足以赢得一场战争的胜利，种种因素困扰着这个新上任的内阁首脑。权衡利弊，秦桧认为，议和可以赢得战备的时间，穷兵黩武绝非上策。

现在来看，秦桧主和是有原因的，也是可以理解的。但是，后面的大多数内阁也一直延续秦桧的主和政策，似乎难以理解。因为，宋孝宗停止北伐以后，朝廷的主要施政方向集中在国内的建设上，军队建设卓有成效，经济建设更是达到了前所未有的辉煌，朝廷吏治清明，政治环境宽松，综合国力在当时属于第一，远超后金、蒙古、西夏、吐蕃等国。在这样的时期，朝廷依然难以进行有效的北伐，就不能不令人思考了。

读《宋史》，咱们可以得知，南宋中后期，老百姓的生活水准是非常高的。

南宋人口占当时"世界人口"的15%左右，经济总量却占到了全球的75%以上，这是其一；其二，官本位的削弱，老百姓的生活比官员要好。比如，南宋的知府一般是从三品或正四品，年薪在400贯以上，相当于今天的15万元人民币，而熟练工人的年薪却达到了600贯；其三，中产市民阶层十分庞大，生活富裕，安于现状；其四，南宋的粮食连年丰收，而长江以北却灾情不断；其五，政治环境宽松，言论也相对自由。

南宋是中国历史上较为特别的时期，朝廷和民间的互动十分活跃，士大夫无论在朝在野，都极为关注民间的声音和疾苦，用今天的话来说，就是关注"民生"；民间也喜欢议论朝政是非，无论对错，朝廷一般也不予追究。也就是说，朝廷的大政方针一旦制定，老百姓很快就会知道，并给予褒贬，而老百姓的声音也很容易就能上传"圣听"。在这样的情形之下，朝廷内阁的决策是不可能不重视民间的声音的。

**拐点一**：民间反对北伐的声音主要来自两个方面，一是庞大的中产市民阶层，这个阶层拥有着国家三分之二的巨额财富，且和当局官僚有着千丝万缕的关系。他们既得富贵，也安于富贵，如果北伐战争打响，各种赋税徭、兵役将无穷无尽地来临，势必影响到他们的既得利益。由于他们在一定层面上具有左右着当局施政的力量，他们的声音是当局不容忽视的。二是普通民众的声音，他们的生活处于温饱，如果没有战争和战乱，这种温饱是可以继续下去的。如果朝廷发动北伐战争，一旦收复长江以北已被金人严重破坏的地区，那么，江南财政势必增加税收来重建江北，普通民众的温饱现状将难以维持。

**拐点二**：南宋小朝廷在对待民间声音方面要比南明小朝廷来得高明，历届内阁均能重视民生，倾听来自民间的声音，并能做到权衡和平抑，是以南宋朝廷的执政时间长于其他的历次南北对峙的政权，这应算是历史上少有的奇迹。

历史就这样不知不觉地拐了弯儿，由此看来民间的力量还是相当大的。人们常说"民心所向"说的就是这个道理。假如当权者的决定与民间人心背道而驰，必然会受到众人的排斥与鄙夷。水能载舟也能覆舟，广大民众看着不爽，那整个历史局面必然会出现拐点，而这个拐点绝对是当权者最不愿意看到和接受的。

# 最让宋孝宗后悔的几件事

历史上的南宋小朝廷虽然孱弱，却出现过一位较有作为的皇帝，他就是宋孝宗赵昚。史家们曾送了多顶高帽子给他，比如，"南宋能力最强的皇帝"、"历史上最节俭的皇帝"、"壮志未酬值得同情的皇帝"，等等。其实，在赵炎看来，赵昚还应该有另外一顶帽子，那就是"历史上后悔事情做得最多的皇帝"。

第一后悔的事情是他不该做皇帝。自从宋太祖传位于弟弟，其后人就已经失去了传承大统的资格，赵昚做梦也想不到自己可以做皇帝。坏就坏在金人不甘寂寞，驱军南下搞了个"靖康之变"，把太宗系的后人一网打尽，全都押往了北方，唯一的后代宋高宗赵构又因跑得过于狼狈受到惊吓，失去了生育能力。于是乎，这个烂摊子只好由太祖的后人来挑了。赵昚即位的时候，国家已经被他的养父赵构折腾得不成样子了，要钱没钱，要人没人，能够打仗的将领死的死、亡的亡，岳飞、韩世忠都早已不在，剩下一个张俊也年老脑昏。

**拐点一**：他生不逢时，刚刚坐上皇位，就碰到了有"小尧舜"之称的金世宗，这个"硬骨头"太难啃。最后的结局是北伐七天就大败而回，被迫将收复的唐、邓、海、泗四州还给金国，并且改两国的关系为叔侄，即金国皇帝是南宋皇帝的叔叔。此外，南宋还额外割让秦、商二州给金。

第二后悔的事情是没有好好享受生活。作为宋太祖的后代，赵昚是正宗的皇室贵胄，即便不做皇帝，个人生活还是应该比较奢华的，何况还做了皇帝。可是，为了宋高宗留下的这个"烂摊子"，他以身作则崇尚节俭，常穿旧衣服，不大兴土木，宫中的收入多年都没有动用，以至于内库穿钱币的绳索都腐烂了。他还经常教育身边的官员："士大夫是风俗的表率，应该修养自己的德行，以教化风俗。"甚至违心地自我谦虚："我其他没有太大的作为，只是能够节俭。"

**拐点二**：在位27年间，赵昚几乎没过过几年舒服的日子，想对外用兵又打不过人家，对内革新倒是成效卓著，可金人也没闲着，双方形成了实力的均势，谁也奈何不了谁，加上家庭生活也不幸福，生母、皇后、太子都相继谢世，你说赵昚那么拼命到底冤不冤？人生短短几十年，赵昚何苦来着？

第三后悔的事情是用人不当。赵昚即位后，曾经为了北伐中原而力挺主战派，压制主和派，但老是做得不彻底。比如，他起用老将张俊积极准备北伐，却又起用自己的老师、著名的主和派领导人史浩为相；他为了集权统治，同时起用了都是主战派但却互相不服的陈俊卿和虞允文，导致"二虎相争"，最后陈去职。而且还重用自己当皇子时候的旧人，像龙大渊和曾觌等小人，这些人善于察言观色讨得皇帝欢心，人品都不佳。

**拐点三**：他在位期间，先后出任宰相的有17人，参知政事更是有34人之多，如此频繁地更换宰臣，这在宋朝历史上是很少见的。如此用人，怎么可以成就大事？

赵昚做了27年的皇帝，辛苦了27年，到头来却壮志未酬，很是郁闷，最后连皇帝也懒得做了。

# 第十章　朱家往事

明朝是一个奇特的王朝,话说朱家世代还真的出了几个相当了得的皇帝,从先祖朱元璋开始,到末世的朱由检收尾,可谓是一幅有悲有喜、有愤有恨的历史画卷。一代王朝几番轮回,从朝野上下,到民间奇事铸造了那个时代无数的历史拐点。从一个人的命运,再到一群人的命运,历史为我们展现了一个充满情感纠葛、甜蜜苦涩的生命历程。朱家往事,一朝沉浮,难免让我们心中也跟着起落不定,浮想联翩,而当年的那些人、那些事,又是离我们如此地亲近又是如此地遥远。总而言之,还是那句话:历史记录的是风情,而今人品味的是那些许的沉重与感叹……

## 朱元璋妙联拉郎配有哪些醉翁之意

明太祖朱元璋是个不折不扣的人精，别人想不到的他会想到，别人想到的他早已经开始计划了。《明实录》里评价刘基说："伯温具运筹帷幄、决胜千里之能。"在赵炎看来，这种才能，朱元璋也有。

去古城南京游历，不难发现这样一副对联，上联：此地有佳山佳水，佳风佳月，更兼有佳人佳事，添千秋佳话。下联：世间多痴男痴女，痴心痴梦，况复多痴情痴意，是几辈痴人。此联的作者正是朱元璋，写作时间是洪武二年，写作对象是秦淮大院。别看朱元璋没有受过正规教育，完全靠自学成才，但写起对联来，并不输于当时的许多读书人。就此联来说，如果是平常的读书人所写，醉翁之意不过在山水而已，行文求个对仗，为对而对。但朱元璋毕竟是个人精，写作此联的动机很不单纯，起码蕴含了三个计划。

秦淮大院是个什么去处？说白点，就是官办妓院，后台老板姓朱，名元璋是也。开妓院干吗？安置流民，这就是朱元璋的第一个计划。元末战火四起，老百姓流离失所者十有七八，对这个，朱元璋是深有体会的，他手下那帮兄弟们几乎清一色是流民。流民没饭吃，没地方住，将来还会造反，是社会不安的因素。朝廷在秦淮河畔办妓院，带个头，可以掀起全国各地兴办妓院之风，从而大量安置流民，特别是那些女性流民，帮助她们实现再就业。老鸨也好，妓女也罢，还需要不少服务人员，都是可以养家糊口的工作。

洪武二年是个什么形势？大军北上，正与蒙元残余势力作最后的决战，朝廷需要大量的军费开支。面对一个满目疮痍的烂摊子，采取鼓励农耕、与民休息等措施，需要很长的时间，到哪儿搞钱呢？

**拐点一**：这就是他的第二个计划：筹款。自己开妓院，可以大量吸纳民间资本，来钱快，还无需成本；如果是其他人开妓院，对不住，请按章交税，少一分也不行。这个计划很高明，在赵炎看来，估计一定是跟春秋时期齐国的管仲学的。朱元璋不怎么懂历史，但他身边有不少饱读之士，学起来不会太难。

朱元璋亲自为秦淮大院写对联，极尽倡导风月、行拉郎配之能事，还有一个重要的原则，即可以逛妓院的必须是商人，如果朝廷官吏胆敢前往，则严惩不贷。

**拐点二**：《明实录》记载过洪武二年的一道命令："凡官吏宿娼者，杖六十，媒合之人减一等，若官员子孙宿娼者罪亦如之。"连"媒合之人"都要处罚，看起来很没道理，自己拉郎配，不允许别人拉，有些"只许州官放火，不许百姓点灯"的味道，其中却有着他的第三个计划：报仇。

他和谁有仇？具体点说，就是商人。朱元璋的一生，表面看似乎有许多仇家，有一起革命的陈友谅、张士诚等，还有革命对象——蒙元统治者。实际上，苦大仇深的朱元璋对他们无从恨起。窃以为，造成老朱家三代贫农的原因是封建制度，在哪朝哪代，农民的日子都不好过，怪不到蒙古人头上，更不能怪陈、张二人。要说仇恨，朱元璋最大的仇恨是小时候被囤米的奸商害过，饿死了很多亲人。

如今江山在手，大权在握，不向那些奸商下手，更待何时？皇帝报仇，自然不能像街头小混混打群架，看到奸商就上去砍一刀，那太小儿科了。以朱元璋的性格，玩些阴招，耍些手腕，那是一定的。第一步，制定重农抑商政策，堂而皇之，不榨干奸商的油水决不罢休。著名富商沈万三原本想学习吕不韦，搞搞政治投机，他主动投靠朱元璋，花了大价钱修筑南京城墙，希望给他点好处。可朱元璋丝毫不动声色。等城墙修好,沈万三的罪名也有了,杀头大罪:私自修筑京都城墙,有动摇国本之嫌。幸亏马皇后反复劝说,朱元璋才没有动手,最后没收沈万三全部财产,发配云南。第二步,就玩阴的了,兴办妓院,与民同乐,这个"民"具体指的就是"商人"。因为官员不许去,农民没有钱,读书人不敢去。于是乎,商人逛窑子,一时肆无忌惮起来,他们完全中了朱元璋的圈套:失去的不仅仅是银子,还有德行,还有健康的身体。

这是一个绝对的阴招,杀人不见血,可见朱元璋对商人的仇恨之深。

朱元璋妙联拉郎配,本来是权宜之计,计划也很周密,结果却并不理想。商人是来了,钱是赚了不少,但是,满朝文武官员也跟着掺合进来了,百官争嫖,且多是"公款消费",成了"取之于妓院,又用之于妓院",让朱元璋极为头疼,不得不下令关闭国营妓院。这一次手段不灵了,秦淮风月非但关闭不了,而且还繁荣昌盛了将近300年。

**拐点三**:令人欣慰的是,朱元璋一手缔造的秦淮大院,历经岁月洗涤,在无数文人墨客和青楼女子的共同努力下,完成了自己的文化标号——荡气回肠的秦淮八艳。她们有文化,讲气节,重道德,承载着数百年风月与历史、耻辱与正气、妓女与文人混杂的文化传承,为古城南京留下了一道另类的文化精品——大型浮雕《秦淮流韵》。如今,她们的纤纤风骨被置于人文圣地夫子庙泮池,足以让始作俑者朱元璋感觉无比自豪了。

# 明朝哪些皇帝爱娶朝鲜美女

大明王朝与朝鲜的关系一直比较亲善，双方做了许多你中有我、我中有你的事情。

明朝皇帝娶朝鲜女子当老婆的原始设想，是太祖朱元璋提出来的。洪武二十二年四月，他传谕朝鲜国王李成桂："我这里有几个孩儿，恁（您）高丽有根脚好人家女孩儿，与将来教做亲。"洪武二十五年朝鲜国家政权更替后，他又传谕新国王："我实要做亲。我的子孙厮儿（男孩）多、女儿小（少），恁（您）那里才八岁，到十六岁便是成了。"至洪武三十一年明太祖驾崩，双方多次商量"做亲"的事，朝方还先行派了5名太监到南京打前站。

**拐点一**：从朱元璋的口谕中可以发现，他的设想原为皇室子弟娶朝鲜女子为妻。但是，到了永乐帝朱棣之后，就变成了皇帝自己要娶朝鲜女子为妻了。他曾三次在朝鲜选妃，不但喜欢上了朝鲜女子，而且还接受了朝鲜民族的饮食习惯、文化习俗。后来的宣宗与武宗两朝，也去朝鲜选美。宣宗选成了，而武宗未果。

永乐即位之初，大概是想继续洪武"做亲"之议。朱棣派出使臣到达朝鲜首都汉阳（今韩国首尔），商量遣返逃到朝鲜的建文帝"手里人"，同时转达了朱棣"结婚"之意。永乐五年，徐皇后病故；次年四月十六，永乐帝派出内史黄俨等到达汉阳，开始选妃工作，并"禁中外婚嫁"，最后选出5名女子：权女、任女、李女、吕女、崔女。另外，还有随从12名、太监12名。权妃是《明史》中唯一有记载的朝鲜女子，可惜寿命极短："恭献贤妃权氏，朝鲜人……姿质秾

农粹，善吹玉箫，帝爱怜之。"永乐帝因此喜欢上了朝鲜民族饮食及文化习俗，直到晚年还怀念贤妃："权妃生时，凡进膳之物，惟意所适；死后，凡进膳、造酒，若浣衣等事，皆不适意。"

永乐七年五月初三，太监黄俨再次到汉阳口宣圣旨："去年你这里进将去的女子每（们），胖的胖，麻的麻，矮的矮，都不甚好。只看你国王敬心重的上头，封妃的封妃，封美人的封美人，封昭容的封昭容，都封了也。"话虽如此，但还要求再考虑两个。八月，朝方确定了人选，但明朝忙于抵御灭亡的元朝蒙古鞑靼部进攻北京，朱棣便托词推延，到九年四月初二，朝方将郑氏女送到北京。永乐帝见即宠爱，对一行人赏赐有加。《太宗实录》说，九年正月，"命郑允厚（郑女之父）为光禄寺少卿。特授是职而不任事。"皇帝的岳父一般要给予相应的爵禄，永乐帝对几位朝鲜岳父多给予光禄寺职衔，反映了他对朝鲜饮食的喜爱。

永乐十五年，朝方又选出韩氏、黄氏两位美女孝敬朱棣，随行还有侍女6人、太监2人，八月初六启程，十月初八到京。永乐帝对韩女尤其爱重，赐韩家父兄大量财物，一直送到辽东；接着又于十一月初三，向朝鲜国王发出嘉奖的敕书，并白金2000两、文绮表里200匹、纱罗、绒锦50匹、马24匹，另赏王妃（国王正妻）文绮表里80匹。

明宣宗朱瞻基是明代前期的太平天子，也是中国历史上最有艺术才华的皇帝之一。他自幼得到祖父永乐帝的喜爱，不管在京还是北征朔漠，都在祖父身边，其皇位继承人的地位由祖父确定。有趣的是，受他祖父影响，他也喜欢朝鲜美女和民族饮食，尤其酷爱朝鲜歌舞，在位10年共招来唱歌女儿、执馔女子（女厨师）100多人。与他祖父一样，他也娶了8位朝鲜妃嫔。

朱瞻基到朝鲜选妃只有一次，在即位后第二年三、四月，派出内官昌盛、尹凤、白彦出使朝鲜选妃并找厨师，当时他28岁。《明宣宗实录》中记载，选中美女7位：成女、车女、郑女、卢女、安女、吴女、崔女。永乐时入宫的韩女有妹貌美，明使听说后也将其请来，合共8位，另加执馔女子10人、使女16人、太监10人。

宣德之后136年间，明朝皇帝未在朝鲜选妃。到了明武宗朱厚照主政时期，此事又开始了。在他年纪轻轻却快要闹死的正德十六年正月，朝鲜国内忽然出现要来选妃的传言，民间闻风而动，纷纷抢时间嫁娶。朝方官员认定武宗对选去的女子"待以非礼，与先世采女之事异矣"。《明武宗实录》记载，武宗派遣太监金义、陈浩为册封朝鲜国王世子的正、副使，顺便商议选妃。所幸他们刚出发，三月十六，只有31岁的武宗便崩于"豹房"。他们在辽东接到哀书，四月初十渡过鸭绿江，即位的嘉靖帝下令停止。

**拐点二**：综合有明一代，永乐、宣德皇帝各有8位朝鲜妃嫔，作侍女、女史的朝鲜女子，永乐朝22人、宣德朝16人，歌舞艺人、厨师，单是宣德朝就有100多人。这些女性将朝鲜的文化风俗，包括语言、饮食、服饰、歌舞艺术、风土人情，带到中国宫廷，促进了两个民族的文化交流，起到了重要的历史作用。

## 明初有趣的民生怪象

女人死了丈夫，如果不嫁人，乃曰守寡，这是一件不幸的事情。秦始皇开创皇权时代，曾经鼓励过女人守寡，然则"不暇自哀"，就被"楚三户"给灭了，女人守寡的事情又被搁置一边。中国历代帝王其实都挺民主的，起码在女人守寡这件事上，没有任何史料记载过他们使用强制手段。

秦以前，寡妇改嫁属家常便饭，政府也认为"乃效法自然之事"。秦以后，汉、唐、宋三代，朝廷均有明文（王法）规定，女子在丈夫死后有改嫁的自由。比如汉代卓文君、唐时太宗之母、宋之名人苏东坡的妹子等都改嫁成功，一时传为佳话。

宋末以程朱理学为主导的新儒家的兴起，将伦理价值观极端化，提倡女人守寡，也只是"提倡"而已，好比今天的网民在微博上发个帖子，吼几句，有没有人响应，那不重要，反正赵家皇帝始终没有响应。

元代统治者是游牧民族，大男子主义够厉害吧，但也未见刑律上有惩治女人改嫁的条款。

有学者考证说，女人真正守寡是从明初开始的。但此说也不完全正确，因为"真正"二字用得不恰当。在没有外力作用下的女人守寡，才能算是"真正"，比如亚圣孟子的老母亲。

明代女人守寡，特别是明初，确实曾掀起过一个热潮，史称"村村皆有节妇"，蔚为时尚。但是，有无外力影响呢？笔者翻遍《大明律集解附例》，找不到强迫女人守寡的文字，却在《明实录》中发现一道诏令：凡丈夫死后守寡守节者，到其40时，婆家和娘家皆可获厚奖。原来如此，朱元璋是在学习秦始皇，以奖代惩，用甜枣代替棒子，高明啊！

**拐点一：** 朱元璋是有名的爱民皇帝，尤其关注三农和民生问题，所以，他在民间的威望非常崇高。伟大领袖把话都说到这份上了，老百姓还能说啥？于是，一场轰轰烈烈的"寡妇化运动"如火如荼地开展起来。

首先是动员。为了这个"厚奖"，老百姓完全被"利益驱动"。女人本来就没什么社会地位，遑论寡妇？不让她们改嫁，还能从朝廷得到好处，这不是天上掉馅饼嘛，焉能不动之以情、晓之以理，百般劝慰当事人万勿改嫁。

其次是威逼。寡妇本人也深知利害关系，老公死了，没人给自己撑腰，家里其他人是得罪不起的，只好委曲求全，牺牲自己，独守空房，忍受煎熬。

第三是作假。朝廷的诏令中，有一个时间的限制，就是寡妇必须守到40岁，方能得奖。假定一个女人20岁死了丈夫，还得等下一个20年才见分晓，当时年轻人一般早婚，十来岁的小寡妇等起来就更没有边了，这个时间太漫长，很多家庭等不起。怎么办呢？有办法，没听说"上有政策，下有对策"嘛，替寡妇虚报年龄，在数目字上想辙，不过，不是像西方人那样往小里说，而是往大里说，至少一长就是十年为算，二十岁说成三十岁，三十岁说成四十岁。有的人索性一蹴而就，二十岁干脆一下子大一倍。

最后是获利。当地族亲乡人大都乐观其成，恨不得自己家里都能出一个寡妇，以致"寡妇化运动"成了时尚。这样一来，原本漫长的等待变成了急功近利，寡妇成为摇钱树，人人皆大欢喜。不久，朱元璋明察秋毫，拨乱反正，又下一诏令：凡虚报者严厉处罚。

历史还真的很有乐趣，莫名其妙的"存天理，灭人欲"却得到了广大劳动群众的极力拥护，可是拥护完了，又难以切实贯彻实施，最终想尽办法作假，搞得历史轨迹跟着拐了八道弯儿。这在今天看来是多么的可笑，可当时又是怎样严肃的问题。民生的怪现象，打下了从属于他们那个时代的烙印，而作为今人，恐怕怎么也理不出确切的头绪，诸多的惊讶和不理解是必然在我们头脑中挥之不去的。

# 上班前拥抱妻儿的习俗源自何处

早晨闹钟一响,男人会匆匆忙忙起床,匆匆忙忙洗漱,匆匆忙忙吃早餐,但是,有两件事绝不会匆匆忙忙。一是穿西装、打领带,必须在镜子前把自己收拾得端端正正的,另外就是与老婆孩子道别,拥抱一下,打个啵什么的,再想想有没有什么要交代的事情,这两件事做完了,才会又匆匆忙忙地出发上班。这就是现代男人的习俗,很有绅士风度吧。

那么,这种习俗是如何形成的?不会男人天生就是绅士,天生都是爱老婆疼孩子的多情汉吧。如果是这样的话,天下再无怨妇和弃儿了。其实,男人在对待老婆孩子的事情上,大多粗心大意,能够坚持上班前拥抱吻别老婆孩子,实在值得称道,其中既有情感因素,也有历史渊源,有幸福,也有悲凉。这种习俗的形成,与明朝开国皇帝朱元璋滥杀恶行脱不了干系,也与洪武年间官员士大夫惶惶不可终日、害怕有去无回的心态一脉相承。谁曾想到,这种习俗在明代竟然是官员上朝前举行的仪式呢?

读过《明史》的朋友,大概都知道著名的"洪武四大案",案件都是针对官老爷的,跟老百姓没关系。但是,由于每个案件在审理查办的过程中,几乎都席卷到了全国范围,老百姓又不是瞎子,怎么会看不见?所以,当官的一举一动,老百姓都看在眼里,记在心中了。

据史料记载和笔者的统计,"洪武四大案"所杀官员的数目相当惊人,大约达到了 10 万。"空印案"是个舞弊案件,杀的都是掌印官，全国 13 个省、140 多个府、1000 多个县的正职无一幸免，副职受杖一百后充军。"郭桓案"是一个著名的肃贪案件，朱元璋最痛恨官员贪污，所以下手更不容情，连涉案的民间富户、粮长也不放过，一共杀了 3 万余，史载"百姓中产之家大抵皆破"。"胡惟庸案"说的是谋反。据黄仁宇先生分析，朱元璋拿胡惟庸开刀，目的是为了废除丞相制，谋反只是一借口。不管是不是借口，反正此案旷日持久，前后延续了十余年，也杀了 3 万余。"蓝玉案"的定性也是谋反，却明显有污蔑嫌疑。谁都看得出来，是朱元璋对开国元勋们动手。此案一出，即开始株连，自公侯伯以至文武官员，被杀者约 2 万人，元功宿将几乎屠戮殆尽。

人人都知道做官好，有权使，有钱花，还威风八面，到处得人尊敬和逢迎，却不知在洪武年间，做官老爷有多辛苦、多让人胆战心惊，工资低不说，不让休假（一年就三天假期）不说，想保住性命都难。《明史》的叙述更为直接，在"四大案"之后，各政府机构几乎空巢，不是光杆司令，就是两三个人在支撑门面。官员们陷入极度的恐惧之中，见面第一句话就是"你们今天死了几个？"其实，问这句话的人，也是多此一问，就剩那么几个人，还不是秃子头上的虱子——明摆着。天可怜见，这个官老爷还有什么当头。

**拐点一**：正是这种犹如瘟疫一般的心态在官员中无限地蔓延，让他们感觉有今天没明天，所以，就出现了很悲凉也很温情的一幕。据史料记载，洪武年间，那些在"四大案"中幸存下来的官员们，每天上朝前，都要在家门口举行一个仪式：正衣冠，与家人诀别，拥抱老婆孩子，交代所有能够想到的"后事"，然后悲壮地上路。如果在散朝的时候，他又回家了，说明今天保住了脑袋，反之，则大事不妙，必性命休矣。这些并不是玩笑，而是真实的历史景象。在不知明日祸福这种极大的压力下，是个人都承受不住。这个仪式随之在有明一代官老爷中间流行开来，渐渐深入到民间，被广大老百

姓高兴地接纳了。

**拐点二**：老百姓之所以"高兴地接纳"，是因为这个仪式虽然有些悲凉的色彩，却不乏人情味，对亲人的牵挂、担心、祝福尽寓其中。当然了，老百姓的"高兴"可能也有"幸灾乐祸"的成分。据有些笔记里说，老百姓实践这种仪式，是对贪官污吏的刻意嘲弄，是对无辜被牵连的宋濂等清官的缅怀。无论是与不是，这种仪式是流传下来了，而且一直流传至今，演变成了一种很温馨的习俗。

# 明宪宗与野蛮女友的惊世未了情

明代成化年间的风流女人万贵妃，一直以来名声似乎都不怎么样。有的史家说她善妒，为祸后宫，作恶多端；有的史家说她没少吹枕边风，间接干涉了朝政，等等。总之，这个女人看起来挺野蛮的。

但是在江西博物馆我们却可以看到这样一则墓志铭，其中所记却令人大跌眼镜："今上皇帝之长子母贵妃万氏二年正月十九日生本年十一月二十六日以疾薨逝。"这则记载显然表达了从皇上到皇太后、其他贵妃等人对万贞儿的哀戚之意，说明她的人缘还不错。根据《明史》记载来看，她和朱见深的感情确实为当时不少人所接受。

万贞儿的生平事迹，其实很简单，并没有什么传奇色彩，只是一名普通得不能再普通的宫女而已。若不是有缘邂逅宪宗皇帝朱见深，她恐怕只能老死宫中了，连姓名估计也不足为外人道也。

**拐点一**：一切还要从朱见深的老爸朱祁镇说起。本来朱见深当太子挺顺风顺水的，可是发生了"土木堡之变"，老爸被敌人俘虏了，叔叔朱祁钰被于谦等人硬推上了皇帝位。这一来，朱见深的日子就不好过了，太子当不成不说，小命都难保。多亏了祖母孙太后及时给予了关照，让他住到自己宫中。孙太后身边有个宫女叫万贞儿，比朱见深大19岁，受命服侍他。两人相依为命，混得很熟。在他11岁时，朱祁镇重新成了皇帝，他又成了太子。朱见深14岁那年，万贞儿已经33岁了，两人真的搞起了忘年恋。令人想不到的是，经过一次初夜，两人再也无法分开了，一段惊世恋情就此演绎开来。

三年后朱见深当上了皇帝，他立刻就要立万贞儿为皇后。但皇太后坚决不同意，因为两人年龄相差太大了，简直就是两代人。更何况这万贞儿性情粗劣，是个典型的野蛮女友，相貌不佳，出身低贱，哪里配做皇后？这个说法似与《明史》记载不合："万氏丰艳有肌，每上出游必戎服、佩刀侍立左右。"可见万贵妃有几分姿色，至少比较肉感。

皇后是肯定做不成的了，只好立了一位与宪宗年龄相当的少女为皇后，万贞儿退而求其次被封为贵妃。

也不知道是什么缘故，朱见深放着如花似玉的年轻少女不喜欢，偏只喜欢这位徐娘半老的万贵妃。"自古妃嫔承恩最晚，而最专最久者，未有如此"（沈德符《万历野获篇》）。这种情形很值得玩味，大概因为朱见深从小就在万贞儿身边长大，朱见深本人有着浓郁的恋母情结，还有就是有了实质性的两性关系，等等，否则难以自圆其说。

依仗着受皇帝的宠爱，万贞儿的野蛮女友性情完全暴露出来了，先是不把皇后放在眼里，结果发生了冲突。皇后责打了她，她就哭哭啼啼地找皇帝情人做主。朱见深一看自己的老宝贝儿受了委屈，顿时火冒三丈，立刻就要废掉皇后，改立万贵妃。这时候皇太后又出面阻止。朱见深急了，竟以放弃帝位、出家为僧相要挟，大有英王爱德华八世为娶辛普森夫人不爱江山爱美人的架势。最后，皇后还是被废，但万贵妃也没当上皇后，另一位贵妃继任了后位。

从此，万贞儿横行后宫，无人敢惹。但她自己的肚皮不争气，不

能给朱见深生儿子，却不让其他的妃子给皇上生，发现有哪位妃子怀孕，就迫令其服打胎药。偶尔有生下来的，她就把孩子活活毒死。

到后来，她干脆就不让其他女人沾皇上的边了。宫中的太监宫女有很多都是她的眼线。朱见深溜到哪里都有人盯着，发现跟哪个妃子上床了，万贵妃就提着宝剑闯进去，搅个不欢而散。面对万贞儿的蛮横，朱见深不但不恼火，反而像今天那些出外偷食的丈夫被老婆发现了一样，感到愧疚不已。如此一来，弄得朱见深膝下无子，皇位继承成了大问题。

**拐点二：**朱见深有一次偷偷与一位纪姓宫女做爱，这位纪宫女怀孕，躲到宫中一个僻静角落，生下了一个男孩。

宫中一位张太监和许多底层宫女冒着生命危险抚养这个孩子，把他打扮成一个女孩，一直养到6岁，张太监才向朱见深禀告了这件事。朱见深大喜，立刻与孩子相认。随后，皇太后把孩子带到自己宫中抚养。

万贵妃知道此事后，气得大哭大闹，但孩子进了太后宫中，她也无可奈何，于是把怒气发向了纪宫女和张太监。她派人毒死了纪宫女，张太监自知难逃一死，悬梁自尽。那个孩子就是后来的孝宗皇帝朱佑樘。这件事很像民间传说的宋朝"狸猫换太子"的故事，但宋朝并没有真的出过这样的事，但方才说的这件事却是真的。由此推断，那位创作"狸猫换太子"故事的人，可能就是从这件事上获得的灵感。

万贵妃59岁时病死，没了这个"野蛮女友"，宪宗竟然失魂落魄，一病不起，没多久就一命呜呼，跟万贵妃去了，死时年仅40岁。"妃怒挞一宫婢，怒极气咽，痰涌不复苏"，"讣闻，帝不语久之，但长叹曰万侍长去了，我亦将去矣"，"于是挹挹无聊，日以不豫，至于上宾"。(《万历野获篇》)

关于朱见深与万贞儿的未了情，当时许多大臣也是疑虑重重。他们不明白，这个万贵妃容貌并不突出，年龄也大了，为什么皇帝陛下竟然可以忽略那么多年轻貌美的女子，专宠她一个人呢？

当年明月在《明朝那些事儿》中用饱含深情的笔触形容说："朱见深明白大臣们的疑虑，但他并不想解释什么，因为他知道，这些人是不会理解的。在那孤独无助的岁月里，只有她守护在我的身边，陪伴着我，走过无数的风雨，始终如一，不离不弃。是的，你们永远也不会明白。在这世上，爱一个人不需要理由，从来都不需要。"

## 让唐伯虎倒血霉的四个男人

明代著名才子唐伯虎，其真实的人生，并没有传说中那么星光灿烂，既未点过秋香，也无高强武功，更不是什么幸运儿。相反，他却是一个十足的倒霉蛋，一个被四个男人害苦了的倒霉蛋，这或许就是唐伯虎的宿命吧。

第一个男人，叫祝枝山，江南四才子之一，自己淡泊功名，却劝说唐伯虎走科举之路。

小时候的唐伯虎聪明绝顶，悟性极高，简直可以用天才来形容。别人悬梁刺股、凿壁借光数十载也不一定学有所成，唐伯虎不需要那么用功，靠天分也能一目十行、学富五车、纵横古今。据《明史》记载，唐伯虎小时候原本没打算参加科举考试，在老家吴县横塘种种花，写写诗，喝喝酒，顺便泡泡妞，那是一种多么逍遥自在的日子啊！

有一天，好朋友祝枝山来访，对他说："伯虎兄，男子汉应该建功立业，学得文武艺，卖与帝王家，别辜负了你的过人天赋。"唐伯虎到底年轻，居然想都没想就答应了，或许是出于对好朋友的信任，或许是想试试自己的实力，唯独忘记问一句话，那就是"你老祝咋不

参加呢"。弘治十一年（1498年），南京应天府举行乡试，18岁的唐伯虎夺得第一名，这就是现在流行的"唐解元"的来历。

**拐点一**：现在看来，如果不是祝枝山当初极力动员唐伯虎参加科举，那么，他也不会在后来的科场舞弊案中受到牵连。

第二个男人，叫徐经，是唐伯虎的同科举人，家中豪富。

明代读书人都会做同一个梦，这个梦的名字叫"三元及第"，乡试第一叫解元，会试第一叫会元，殿试再夺魁称状元，是为三元。整个明代也就出过两三个，可见其难度有多大。这个梦不是一般人能实现的，唐伯虎偏偏就想实现，因为他对自己的实力很自信。

弘治十二年（1499年），唐伯虎进京参加会试。当时的他已经名动天下，一路上到处都有他的粉丝，请他吃喝玩乐，其中就包括徐经。他们在赶考途中与偶遇。终于看到偶像了，徐经很兴奋，手里没有鲜花，却有银子，当即表示愿意报销偶像的所有路上费用，条件是能够与偶像同行。白吃白喝？有这样的好事？唐伯虎也很高兴，愉快地答应了。

后来徐经花钱买通主考官的家人，获得了试题（很难的题目），所以，这一次会试，只有唐伯虎和徐经答对了。据《明实录》里说，当时的主考已经内定唐伯虎为第一，如果不出意外，唐伯虎的"三元梦"将又进了一步。

可是，意外还是出现了，有一个姓华的给事中（后来各种传说中的华太师）怀疑其中有猫腻，随即向有司告了黑状。经过调查，最后案情真相大白。徐经购买考题，作弊行为成立，贬为小吏，不得为官。主考官犯失察之罪，勒令退休。至于唐伯虎嘛，因为是与徐经一起来的，两人关系不一般，虽然查无实据，但是，"莫须有"还是存在的，也贬为小吏，不得为官。

**拐点二**：人在倒霉的时候，喝凉水都塞牙。唐伯虎是真正体会到什么叫祸起萧墙了，别人的银子不是那么好花的。写到这儿，就不得不说第三个男人了。

第三个男人，叫程敏政，前朝名相李贤的女婿，此次会试主考官。

唐伯虎不认识程敏政，但是，程敏政早就知道唐伯虎。这里有一个小插曲，唐伯虎参加南京乡试的时候，因为考卷答得实在太精彩，当时的主考官梁储舍不得丢了，特地妥善保存下来，这一保存不要紧，却被程敏政看见了，并牢牢记住了唐伯虎。被人记住当然是好事，特别是被大人物记住，更是几辈子修来的福气。但是，假如记住你的人别有用心，那你就等着被算计吧。

明代科举制度中，主考官与考生之间，有一个"约定门生"的习俗。什么叫"约定门生"呢？就是事先说好了，我让你考中，你以后就是我的人，跟着我混，一条道走到黑。据当年明月先生分析，由于程敏政曾经特别留意唐伯虎，再加上唐伯虎的名气确实大，不排除他们二人在考试前有过什么约定（这就是算计）。如果这个分析正确的话，那么，程敏政的算计真的是把唐伯虎给害惨了。

第四个男人，很有来头，是个王爷，大名朱宸濠，正德年间有名的造反派头头。

常说秀才造反，三年不成。朱宸濠不是秀才，但他懂得一个道理：玩造反，离不开秀才给他出谋划策，因为秀才是读书人，是人才。于是，他派人四处搜罗，希望能找几个秀才帮忙，但事与愿违，大多数读书人都去赶科举了，找来的所谓人才，不是混饭吃的，就是庸才烂瓜。

这时，有人向他报告说，苏州有个人才，如果能挖到，何愁大事不成？朱宸濠忙问这个人是谁，叫什么名字？唐伯虎。原来是他呀。不错，此人是个可用之才，赶紧去请。正德十四年（1519年），39岁的唐伯虎听说宁王有请，着实非常高兴，在家郁闷得太久了，到王府溜溜也不错，只当是旅游好了，反正苏州到南昌也不是太远。

需要说明的是，唐伯虎去南昌，用今天的话来说，更像是去打酱油的，因为他不清楚宁王请他去干什么。到了南昌之后，他才发现，跟着这位宁王混，是多么的危险。不能做官可以，当风流才子也可以，做叛臣贼子是绝对不可以，唐伯虎就想回家。回家？谈何容易，那么多机密你都知道了，谁能保证你不出卖咱们大家？想离开，门都没有，除非你死了。唐伯虎到底是才子，他想出了装疯的绝招，在南昌街头大玩裸奔。总算没白装，宁王相信他真的是疯了，就派人送他回了苏州。一个疯子还有啥用？留着浪费粮食。

**拐点三：**因为和造反头头曾经有过这一出，朝廷秋后算账，要追究唐伯虎的罪行，幸亏有人出面为他辩护，才侥幸逃脱了杀身之祸，但后遗症依然存在，这叫历史污点，跳进黄河也洗不清。经此一劫，唐伯虎思想渐趋消沉，转而信佛，自号"六如居士"，最后潦倒而死，年仅54岁。

历史上对唐伯虎有着诸多的传闻，可他真正的日子并不好过，甚至可以说很难熬。也就是因为命运的捉弄，这个世间难有的才子在自己人生历史轨迹上拐了无数个不该有的弯儿。这不免让我们这些现代人感慨良多，有些事情是天注定的，但是有些选择却是可以自己做决定。唐伯虎才高八斗，却在每一件该谨慎选择的事情上疏忽大意，最终没有飞黄腾达不说，反而到了中年之时潦倒不堪，这真的不免让人惋惜不已了。

# 第十一章　分水之岭

每一个朝代,不论是开国元勋还是末代子孙都有着自己可以炫耀或辩解的余地,我们总是习惯性地去关注一件事情的开头和结尾,却忘记了中间转折分水岭的重要作用。当历史的进程走到了拐弯儿的拐点,那个站在分水岭上的人又是谁呢?盛与衰他站在中间,成与败他游走其中,想必他未能料到后世对他的争议,也难以深知自己必将成为左右历史兴衰的分界线。然而命运就是不偏不倚地将这个决定性的位置落在了他的头上,使他的人生充满了各种各样的揣测和争议。当一个人从此过上了这般众目睽睽无法安生的日子,他的内心又会有多少无奈与苦笑呢?

# 万历是史上最可爱的皇帝

一说起皇帝,许多人立马会想起"凶神恶煞、天威难犯"等字眼,其实,自秦始皇统一中国建立封建皇权体制之后,历朝历代的皇帝中不乏可亲之人。如果现在评选史上最可爱的皇帝,赵炎愿投明朝万历皇帝一票。

万历皇帝朱翊钧在历史上算不上一个有作为的皇帝,文不能诗词歌赋,武不能骑射腾挪,在位48年,有近30年在与朝臣赌气。后人对万历的评价也不怎么样,有的说万历要为明朝的灭亡负全责,也有的说万历贪财好色人品低下,等等。由于《明史》的修撰者多为清康乾时期人物,从历史唯物主义的角度来看,赵炎认为,这样的评价显然是不中肯的。我无意对万历皇帝涂脂抹粉,但他身上确实有许多可爱之处,作为一国之君,甚为难得。

敬畏师长,好比邻家小童。万历8岁登基,在此之前,他一直接受慈圣太后和张居正的教导。三四岁的时候,他就开始每日寅时起床去听张先生授课,就是现在早晨四五点钟的样子。张先生对小皇帝的授课一丝不苟,一旦万历在背诵经史课本时有错或是瞌睡,张先生一定会拿出严师的身份加以斥责,甚至是罚打手板心。万历成年以后相当长的时间里,仍然对张先生非常敬畏。张居正身居内阁首辅多年,与万历皇帝重视他们多年来的师生情谊分不开。

优柔寡断,差似隔壁大哥。万历的这种性格或者并非来自于天性,多半是出于无奈或者故意。明朝有一套成熟的文官体制,皇帝作不作为并不影响朝廷的运作,万历皇帝大概也知道这个因素,干脆找个借口罢朝得了，眼不见为净。对于大臣们的奏章，他要么"留中不发"，假装不知道，要么发一个"上谕"咨询对策，往往会同时采纳多种建议。从黄仁宇先生所著的《万历十五年》一书里，或能发现，万历的优柔寡断性格是装出来的。

**拐点一：**"1583年春，适逢三年一度的殿试。按照传统，皇帝以自己的名义亲自主持殿试，策文的题目长达500字。他询问这些与试举人，为什么他越想励精图治，但后果却是官僚的更加腐化和法令的更加松懈？"能够向"准文官们"问出这样的问题，万历实在很善于示弱。

脾气不坏，一如好好先生。有明一代，言论是非常自由的。到了万历主政时期，言官们更加肆无忌惮，竟然把万历皇帝比做纣王、幽王、东昏侯，是古往今来第一暴君。但是，万历皇帝却表现出十分的好脾气，只是在背后嘀咕几句或者在"上谕"里辩驳一下，并没有因此而大开杀戒。比如，大理寺评事雒仁于痛斥万历"酗酒""恋色""贪财""尚气"，言辞之激烈、情绪之愤慨，简直到了破口大骂的地步了。换了任何一个皇帝，这个雒仁于大概小命难保，但万历只是委屈地逐条反驳，并未为难雒仁于。有些骂得很难听的奏章送到他手里，他看后对身边人说，这是个圈套，别上当，因为当时有不少言官总希望激怒他，以求名垂青史。

**拐点二：**30年间，万历也不知道挨了大臣多少骂，就算是普通人恐怕也受不了，可万历皇帝照单全收，着实不容易。

情有独钟，堪称模范丈夫。1582年三月，万历册封了九位嫔妃，其中有一个被称为淑嫔的郑氏，即是后来的郑贵妃。郑贵妃当时不过14岁，然而万历却对她一往情深，并且至死不渝。他们经常在一起读书、参佛，甚至把他们愿意生死同穴的誓言书写下来放置在锦盒中。郑贵妃不像其他的妃子对万历只有敬畏和服从，在某种意义上说，在郑贵妃眼里，万历不是皇帝而是一个男人。爱情让万历对郑贵妃许诺将他们的儿子封为太子，并不惜与群臣对抗数十年。虽然最终郑贵妃之子没能当上太子，她死后也没能和万历生死同穴，但是，万历直至驾崩前都在极力维护他与郑贵妃的爱情。

为钱发愁，不能随心所欲。虽说普天之下莫非王土，但是万历皇帝却不能随心所欲地想花钱就花钱，内帑和国库被区分得一清二楚。有一次，他要求国库提供10万两银子修宫殿，大臣们回答"下不奉诏"，意思是这次给你皇帝面子，没有下次了。而万历真的就再没向国库伸过手。还有一次，万历生了病自觉将不久于人世，就诏告天下取消矿税，结果第二天身体好转，又急急忙忙派人把旨意追回来。在追的过程中，万历皇帝表现得非常着急，因为失去这项税收，他自己恐怕要不过得如普通的人户人家。

**拐点三**：明朝皇帝的挥霍渠道应该是历朝历代皇帝中最少的，也难怪他经常为钱发愁。即便如此，万历的矿税收入大多最后还是充了军费开支的。

由此看来，要想真正地深入了解一个历史人物，即必须真真正正地走进当年属于他的那个时代，带着客观的视角站在他人生历程中的每一个拐点上。看了万历皇帝的这辈子，可以说过得并不轻松，他的宽容之心还是世间少有的，而对于爱情的专情度也是他作为一个特殊地位的男人很难做到的事情。即便历史的进程在他的手下拐了弯儿，我们也应该两分性地去看待他。必竟总体而言，这位皇帝也确实没有像野史记载的那样干了那么多坏事儿。

# 史上罕见的一次三权分立政体

三权分立是近代资本主义国家基本政治制度的建制原则，其核心是立法权、行政权和司法权相互独立、互相制衡。有趣的是，在明朝万历前期，中国也曾出现过一个似是而非的"三权分立"运作体制。说它"似是而非"，是因为与其相对应的主体是太后（立法）、内阁（行政）、司礼太监（司法），显得有些荒谬，但它确实具有"三权分立"的特点。这三个权力的所有者在互相制衡的前提下互相配合、同心协力，竟然大有建树，把这个时期的大明朝治理得有条不紊、政令通达、社会安定、经济发展，也算一个历史奇迹了。

万历皇帝即位的时候年纪还小，无法行使任何政治权力，只能算做国家名义上的元首，是国家的象征。朝廷所有的事情，都是由李太后、司礼太监冯保和内阁首辅张居正三人执行运作。所不同的是，这三人拥有的权力不是来自于国家宪法，而是来自于皇权的衍生。李太后是万历的生母，张居正是万历的老师，冯保曾是万历的伴读。万历是他们权力的实际来源，他们不可能脱离皇权而真正走向"独立"，他们谁也离不开谁，必须进行合作，才能有效行使权力。

如果把至高无上的皇权比做立法权的话，那么，李太后在这个时期所代表的正是"立法权"。皇帝年幼，生身母亲自然要负起照应儿子的责任。从抓权的角度来说，李太后是想把"立法权"独立的。但李太后毕竟是没有多少文化的宫女出身，又深居后宫，她根本没有能力完成诸多"立法"，必须要依靠内阁大臣们的"提案"。比如推行一条鞭法，增收赋税；比如对外用兵、平南倭、靖北虏等，这些大政方针绝非一个身居后宫的妇道人家所能制定的。

再说内阁的"行政",张居正是一代饱学的大儒,又是皇帝的老师兼顾命大臣,让他做内阁首辅,"行政权"应该能够独立吧,实际上不尽然。尽管当时的内阁权力很大,但是,再大也大不过皇权,内阁有所行政,必须事前提请李太后所代表的"立法"批准,获得"行政许可"或者授权,才能实施。这就决定了"立法"和"行政"之间存在着不可调和的矛盾,既需要互相依存,又存在皇权弱而内阁强的现实。正是由于这种因素,才导致了张居正后来的人生悲剧。

在万历初期的"司法"环节,也非常的不伦不类。首先,它的主体是由司礼太监构成的。明朝太监分为十二监、四司、八局,共二十四衙门,这实际上就是宫内的小政府,其中以司礼监的权力最大,其职责是代皇帝批阅奏章、传达皇帝谕旨等。也就是说,它既可以行使"司法权",又可以同时行使部分"立法权";既可以做到权力的相对独立,又必须全部听命于李太后所代表的皇权。从其代表人物冯保的生平来看,他与李太后似乎更近一些,因为同在内廷;但他与张居正之间关系也十分密切。与其说他发挥了"司法"的制衡监督作用,不如说他发挥了对"立法"和"行政"之间矛盾的调和作用。

万历初期出现的这种"三权分立"格局是中国历史上极为罕见的现象。"立法"和"行政"之间有矛盾有依存,"司法"和"立法"几乎是一个鼻孔出气,毫无制衡的迹象。"司法"对"行政"既有制衡和监督,又因其代表人物之间存在的亲密关系而发生质的变化。

**拐点一**:正是这种"似是而非"的三权特征,决定了万历元年到十二年这个时期明朝的大好局面,吏治清明,政通人和,国家财富积累几乎翻了一番,戚继光大破倭寇,李成梁荡平蒙古。明人史玄在《旧京遗事》中记载北京当时的情况:"道路无警守,狗不夜吠,中秋月明之夜,长安街上歌声婉转曼妙。"

历史的轨迹在这个时候,因为三个人的齐心合力,拐了一个非常绚烂的弧度。按说这样美好的景致可以延续更长久的时间，可之后又发生了什么样的变革了呢？历史总是会给我们带来诸多的出其不意，这些出其不意的拐点，就算我们这些现代的旁观者看来，也似乎是难以梳理出逻辑的。

## 万历皇帝颇有战略家风采

最近读《明史》，联系到以前读过的黄仁宇先生所著的《万历十五年》，不免对大明万历皇帝产生了浓厚的兴趣。这个皇帝留给后人最深刻印象的是他的罢朝怠政近30年。正是由于这个印象，历来史学界对他颇有微词，有"明亡始于万历"的说法。其实，只要稍识《明史》的读者几乎都知道，在明一代，唯万历在位的48年里，大明王朝进入了有史以来的全盛时期，政治环境宽松，经济极度繁荣，文化举世难匹，对内对外三次大规模的战争均获得了胜利。特别是在抗日援朝战役中，万历皇帝的表现尤为出色，无论是地缘政治观念、军事决策思想还是争取道义的支持，均能凸显其战略家风采。

朝鲜半岛北部与中国相邻，东北端与俄罗斯有陆地边界，南部隔军事分界线与韩国接壤，东面为东海（包括东朝鲜湾），西南面为黄海（包括西朝鲜湾）。朝鲜同中国的关系通常被比喻成"唇齿关系"，从地缘环境看，朝鲜是中国的战略壁垒，中国是朝鲜最重要的监护国。古代政治家们考虑更多的是如何保护朝鲜作为中国藩属国的利益不受侵犯，肯定不会是地缘政治的因素，因为那个时候还没有地缘政治的概念。比如，中国与日本在唐朝初年发生在朝鲜半岛上的一次战争，据《资治通鉴》的简略记载，是役，唐朝与高丽联军不足万人击败日本与百济的 7 万大军，创造了以少胜多的惊人战例。唐朝皇帝出兵朝鲜的目的就一定不是地缘政治的缘故。

但是，万历皇帝在 1592 年发起的援朝抗日战争，除了保护藩属之外，却有着更高层次的思考。他在致日本的国书中说："朕恭承天命，君临万邦……将使薄海内外日月照临之地，罔不乐生而后心始慊也……夫朝鲜，我天朝二百年恪守职贡之国也。告急于朕，朕是以赫然震怒，出偏师以救之……封尔平秀吉（丰臣秀吉——笔者注）为日本国王，锡以金印，加以冠服……自封以后，尔其恪奉三约，永肩一心，以忠诚报天朝，以信义睦诸国……于沿海六十六岛之民久事征调，离弃本业，当加意抚绥，使其父母妻子得相完聚。是尔之所以仰体朕意，而上答天心者也。"从这封国书里，至少可以读出三层意思，一是朝鲜是大明藩属，不容侵犯；二是日本也应该成为大明的藩属，天朝早已威加海内；三是东亚应该和平，沿海各岛国人民才能安居乐业。

**拐点一：**另外，他在后来的平倭诏书中也谆谆教诲群臣："朝鲜失，则国门开。"我们有理由相信，万历皇帝的确具有了地缘政治的思想萌芽。

从万历二十年开始出兵朝鲜，一直到万历二十六年战争结束，前后历时七年，明朝"儿举海内之全力"，用兵数十万，费银近八百万两，历经战与和的反复，最终异常艰苦地赢得了战争的胜利。明朝参战前，日本已占领了朝鲜北部大多数战略要地，地利优势明显。明朝若要进攻日本，就必须要进行惨烈的攻坚战，而这一点，恰恰是日本优势火器的长处。明朝军队的最高统帅兵部尚书石星曾力主议和，其担忧的正是日本军队强大的战斗力。但是，万历皇帝对这场战争是抱有坚定的决心和必胜的信心，他站在战略高度通观全局，对丰臣秀吉政府的狼子野心有着全面的认识，必须要打这一仗，而且非打赢不可。

**拐点二：**用现在的眼光分析来看，万历皇帝"圣心独断"和协调指挥的这次战争，从根本上粉碎了日本政府的"十年三步走的计划"

（第一步，三年之内灭亡朝鲜；第二步，五年之内灭亡明朝，迁都北京；第三步，进军安南等国，灭亡印度，称霸世界。）使日本元气大伤，三百年间无力觊觎中国大陆。

战争胜利后，万历皇帝正法日本俘虏 61 人，并发布平倭诏书，义正词严地指责日本丰臣秀吉政府"窃夺权力、依仗武力侵我藩国"的卑劣行径，不加以惩罚不足以扬我国威。他在诏书中谆谆教诲群臣："朝鲜失，则国门开"，"我天朝非好战之邦，乃不得已而动用战争之器"。因为洞察到了敌人的狡猾，于是他"独断于心"，从各地征集勇猛的战士，不吝惜金钱爵位的赏赐，下定决心让海洋重新恢复平静。

**拐点三**：万历皇帝的诏书，文笔浩荡，道义为先，居高临下，振奋人心。正如明人所言，"倭夷已遁，属国全复，我之义声已著于天下矣"。

另外，万历皇帝还要求朝鲜国王"练兵自保"，勤于王事等。赵炎认为，一个封建皇帝能够从地缘政治的高度打赢一场战争，有用兵必胜的决心和协调指挥的信心，能够尽可能争取到道义上的广泛支持，说他具有战略家风采，应该不为过。

## 在梦境里垮塌的大明制陆权

虽说现在的国防军事已经把制海权、制空权等作为战略主宰，但是，在冷兵器时代，夺取制陆权是每个王朝生存的保证。制陆权依靠的是陆军。在坦克和机枪出现之前，陆军诸兵种中的骑兵由于其无与伦比的突击力、机动性及较强的防护性，主宰着陆战的胜负，虽然不乏步兵及车兵等战胜骑兵之战例，但撼动不了骑兵"陆战之王"的地

位。也就是说，谁拥有强大的骑兵，谁就能够夺取制陆权。

在大明万历四十一年（1613年）九月的一个早晨，万历皇帝做了一个奇怪的梦，他梦见一个异族女子，骑一匹烈马，由远而近地飞驰而来。那匹马荡起一片飞尘，仿佛一团团的祥云在四周飘动。他还没有来得及看清骑手的相貌，她已经出现在他的面前，手持一柄长戈，向他刺来。他大叫一声，发现自己正躺在龙榻上，额头冒出许多虚汗。万历皇帝赶紧叫来博学的大臣帮助解梦。许多人都把目光投向了遥远的辽东，因为有一个剽悍的民族正在辽东崛起，它的名字叫"女真"。

**拐点一**：在以后的若干年里，这个骑马的异族女子始终没有离开过万历皇帝的视野，那狂乱的马蹄仿佛踩踏着他的神经，令他疼痛难忍，令他感觉窒息。让万历皇帝稍感安慰的是大明王朝的陆军的确很强大，前有戚继光消灭倭寇，后有李成梁平定西南，但是，一想到这个异族女子手中长矛的破空之声和狂乱的马蹄声，万历皇帝怎么也坐不住了。

大明强大的陆军难道真的对付不了女真的骑兵？他要求证，要通过战争来求证。李成梁的儿子李如松决黄河水平息哱拜之乱似乎说明不了什么，堂堂天朝雄兵对付弹丸小邦的日本竟然用了七年时间，似乎也无足以骄傲的战绩；平息杨应龙之乱更是长达十一年。万历皇帝的信心明显感觉不足了，他又一次回味起这个令他惶恐的梦。

历史是有过教训的，还记得大宋王朝的江山是怎么丢的吗？万历皇帝的老师张居正曾经为他做过分析。宋亡于元，主要是汉奸石敬瑭把幽云十六州奉送给辽国，宋军丧失了一大养马基地（以后丢失西北更加重了这一恶果），自然无法训练出可与游牧民族匹敌的骑兵，这样不仅无法夺回幽云十六州，而且华北平原无险可守，完全暴露在游牧民族铁骑之下，也就是说宋朝开国起就处于被动挨打的局面，失去了制陆权。明朝初年，太祖皇帝训练的骑兵还是具备相当战斗力的，把纵横欧亚大陆的蒙古骑兵打得落花流水。"蒙古铁骑"见到汉族骑兵就跑，患上了"恐明症"。

**拐点二：**想到老师的教诲，万历皇帝似乎又看见了一丝光明，他要训练骑兵，对付梦中的异族女骑手，加强大明军队的制陆权。

万历皇帝在有生之年没能看到自己的骑兵进入那个令人恐怖的梦，那个梦中的异族女子依然手持长矛耀武扬威，胯下烈马腾起四蹄，直逼山海关前。虽然后来的袁崇焕、孙承宗、熊庭弼等将领都曾经与这个梦中的女真骑兵做过顽强的战斗，运用过不少行之有效的战略战术，比如，袁崇焕运用"以辽土养辽人，以辽人守辽土"的战略激发东北汉人保卫家乡保卫国土的积极性，以"守为正着，战为奇着，和为旁着""凭坚城，用大炮"等战术固守城池，并运用"步步为营"的堡垒战术曾收复辽东，但是，最能安慰九泉之下的万历皇帝的是袁崇焕训练的关宁骑兵。这个队伍的战斗力已经足以抗击女真骑兵，万历皇帝噩梦里的异族女子已经开始退却了，身后出现了一种声音："撼泰山易，撼关宁骑兵难。"

大明军队的制陆权，在明末出现的唯一希望就是"关宁骑兵"，步兵方面几乎都是败绩。民族英雄秦良玉的川军英勇作战，把步兵战力发挥到了极致，仍然败于满清骑兵；和川军一起作战的浙军，是戚家军余支，同样发扬了戚家军英勇作战的传统并且合理组合使用火器，却不是满清骑兵的对手。只有关宁骑兵，在北京保卫战中，背城一战打得满清骑兵落荒而逃。遗憾的是，崇祯自毁长城，杀了袁崇焕，关宁军人心涣散，没人再去训练骑兵，大明王朝的制陆权再次失去。等到汉奸吴三桂打开山海关时，万历皇帝的梦瞬间成了整个国家的梦，更多的异族人骑烈马、持长矛践踏着中原大地，成千上万的老百姓流的不再是"虚汗"，而是鲜血。

# 看明代官员退休后都干些啥

官员退休制度，由来已久，周朝时就开始实行了。据《礼记》上说，周朝是"大夫七十而致事"。唐宋两代沿用了这个制度："诸职官年及七十，精力衰耗，例行致仕。"所不同的是，宋代武官的退休年龄延长到了80岁。按照"人自七十古来稀"的说法，这种制度与终身制并无区别。明代的规定与现在接近了不少，文官退休年龄为60岁，武官有些出入，官位越小退得越早，团营级别的干部45岁就退了。

当然，制度是皇帝定的，具体执行起来，有弹性是难免的。如果皇帝认为你不能退，你就是七老八十了，也得继续干活。比如唐初的许多重臣都干了一辈子，明代的张居正请退三次，皇帝也不批准。假如你是个刺头，经常有事没事找皇帝的茬，他自然看你不顺眼，即便未到年龄，也要勒令你退休。比如韩愈就老跟唐宪宗对着干，不到50岁，就让他回家种地。韩愈自然不会真的去地里干活，他在《复志赋》序中说："退休于居，作《复志赋》。"原来有正事可干。

现在的官员退休制度执行得比较坚决，到了年龄必须退，没得商量；另外，平均寿命也大为延长了，许多官员退休的时候，夕阳正红，精力旺盛，退休生活自然过得丰富多彩。有的种花养草，练字写书，以愉悦性情；有的遛狗钓鱼，旅游踏青，打发时光；有的发挥余热，到处给人当顾问；还有的在家弄孙为乐，怡然自得，尽享天伦。

那么，明朝的官员退休后，都干些啥呢？据赵炎统计，基本上是啥都干，比现在的退休官员干得还要多，还要杂。大家都要做的事情，是参加官方宴会和祭祀等公益活动，这是跑不掉的，因为明朝的退休官员在礼仪上依然受到尊重，仍享有原有职级的礼遇。至于个人的事情，那就因人而异了，只要不违法，你想干啥干啥，能干啥干啥，没有人管你。

继续跋扈。宰相李善长因病退休时，57岁，朱元璋给他的退休金和魏国公徐达一样多，又是土地，又是佃户，还有仪仗队，要多威风有多威风。据《明史》记载，这个仁兄在退休期间，一刻也没闲着，他指使胡惟庸与刘基（刘伯温）战天斗地，不断利用关系安插自己的亲属、死党做官，还替儿子李祺娶了临安公主做老婆，与朱元璋做了亲家。他自己也不甘落后，连续娶了多房小妾，计划在温柔乡里安度晚年。可惜的是，他推荐的接班人胡惟庸利令智昏到了家，令他最终自己也受到牵连，全家七十余口被诛杀。

做农民。吏部尚书吴琳退休后，只能自己动手种地糊口。吏部是管人事的，尚书就是部长级高官，够显赫吧，随便抬一下手，捞钱很容易，可是吴琳却穷得要命。据《明实录》里说，朱元璋不相信吴琳清贫，就派人去打探。这个人跑了一大圈冤枉路，居然找不到吴琳的家，便在路边询问一个正在插秧的老农，这才知道，这个老农正是吴琳自己。

装疯卖傻。朱元璋时代还有个监察御史（正七品的芝麻官）叫袁凯的，因为无意中卷入皇帝父子之间的分歧，受到朱元璋的责骂，想辞职，又找不到合适的理由，只好装疯。《明实录》里说他装疯的手段很高明，被木钻钻手也不喊疼，还吃狗屎（面粉和上酱料调和而成），于是获准退休。这位仁兄退休后的日子估计无事可做了。在赵炎看来，他只能继续装疯，否则性命难保。

传宗接代和骂人。隆庆年间的内阁首辅高拱，有过两次光荣退休的经历。第一次退休是在与徐阶发生内讧的情况下，不得已提出的，借口是"年过半百,膝下无子",需要回家全力以赴生孩子,不然就晚了。在"不孝有三、无后为大"的封建社会里,这个理由不算不充分,皇帝只好批准。虽然这位仁兄在家没待多久,估计小老婆一定娶了不少。第二次退休是在小万历即位不久,朝廷不给退休金,回去种地,自己养活自己。此时的高拱已经60岁,生孩子肯定不行了,于是,他就写书骂人,具体就是骂张居正。

**拐点一：**史载,高拱临终前还写了《病榻遗言》四卷,记述张居正勾结冯保阴夺首辅之位的经过,大骂其阴险刻毒。张居正死后,《病榻遗言》刊刻发行,在北京广为流传,催化了万历对张居正的清算。

捍卫土地权。徐阶这个人比较有名,在历史上以善于隐忍著称,大奸臣严嵩就是他扳倒的。徐阶退休后,主要做了四件事。一是大规模请客吃饭,村社绅耆、乡亲父老、宗族姻旧、邻里故友,统统请来,与"徐阁老"打成一片,反正钱有的是。二是与海瑞斗争,海瑞任应天（南京一带,泛指江南）巡抚,主要工作就是"打土豪,分田地",徐阶是当时最大的地主（除了皇帝之外）,据说他家占的地有上万亩,自然就成为海瑞的靶子。三是逃亡,海瑞赢得了胜利,徐阶就只能亡命江湖,不跑路,难道等着杀头啊？幸好他的学生张居正出面斡旋,给他争取了几亩地养家,让他重回故居养老。四是编书,《岳庙集》就是他退休后编的,质量不错。

不把自己当外人。海瑞退休后的状况比吴琳好一些,起码不用自己下地干活。他的退休还有个说法叫革职闲居,就是不要你干活了,工资照发,相当于给退休金。朝廷为何对海瑞这么好？人的名,树的影,海瑞太有名了,朝廷需要这个典型。与一般退休官员不同的是,海瑞除了侍奉老母之外,其他的时间仍然在"做官",他从不认为自己已经退居二线了,每天外出视察民情,监督当地官员的工作,十六年如一日,还提出了若干意见和建议。对这个只认死理的人,地方官当然不会理他，但也不敢得罪他。

搞科研。著名科学家徐光启是主动退休的。万历四十一年，他刚好50岁，以"不少官员阻止他学习科学知识"为由辞职不干了。

**拐点二**：退休五年间（后来辽东有战事，朝廷找他回去了），徐光启在天津购置土地，种植水稻、花卉、药材等，从事过大量的农事试验。其余时间则多是往来于京津之间，并写成"粪壅规则"（施肥方法）。他后来的农学巨著《农政全书》的编写提纲也是在这段时间里写成的。

讨要退休金。陕西某地还有一个举人，姓名不详，隆庆初在吏部谋了一个差事，混了20多年终于当上县令，到年龄退休了，可是，退休金却领不到。此时已经是万历仁兄不上朝多年了，陕西地方官严重不足，管钱粮的小吏想发，就是找不到人盖章。无奈之下，该离任的县太爷只好四处借粮度日，后来还托人寻找工作，教几个孩子读书，总算没有被饿死。

当上了官大小也算是国家公务人员，为朝廷尽了半世忠心，末了自己的人生历史轨迹却在退休后拐了这么大一个弯儿，险些断掉了自己的口粮，在今天看来是难以置信的事情。可站在当时历史的拐点上，事实就是如此。这不禁让我们感叹，一个人走不走仕途也要看年景，假如生不逢时，即便是谋了一官半职又有什么好处呢？

## 两个黄色陷阱改变大明朝历史走向

万历之后，几个女子和小人曾经喧嚣一时。他们工于心计，结党营私，把持朝政，虐杀忠良，成为压垮大明王朝的最后几根稻草，却

是不争的事实。

有一个女人就扮演了"稻草"的角色,她的名字叫郑贵妃,是万历皇帝的小老婆。

郑贵妃哄男人有一套,具体经验不详,史书上只给了她一个"勤"字考语。万历被她哄了数十年,万千宠爱集于她一身。据万历自己说,"朕只因郑氏勤劳,朕每至一宫,她必相随。朝夕间她独小心侍奉,委的勤劳。"郑贵妃之所以勤劳,是有原因的,为了儿子朱常洵能够做太子。但是,朱常洵不是长子,老大朱常洛还活着,这是一个不可逾越的政治瓶颈。为此,郑贵妃怂恿万历和大臣们斗法30余年,亦不可得。不是万历不够勇敢,是大臣们过于较真,死活不答应。

随着宫内、宫外不断发生的激烈斗争,朱常洛的太子地位反而越来越得以巩固。万历四十八年,苦熬了38年的朱常洛总算登上了皇位,成了君临天下的帝王。郑贵妃急了。俗话说,兔子急了还咬人呢,女人急了会怎样?要人命。

朱常洛碰到这个女人,实在是三生无幸。郑贵妃的枕边风,曾夺走了他数十年的父爱,生于皇家,却好像活在冰窖中,没有受过良好的教育,也没有潇洒地享受过生活,每时每刻都畏畏缩缩、战战兢兢,生怕走错一步路,说错一句话。如今顺利接班了,这个女人依然阴魂不散,还设计出一个致命的陷阱,具体地说,是送给朱常洛八个美女,正宗的黄色陷阱。朱常洛毫不犹豫地一头扎了进去,委屈了几十年,终于可以放纵一把了。不到一个月,八个美女轻轻松松地要了朱常洛的命,所谓"一月天子"就是这么炼成的。以后的事情,熟悉《明史》的人都知道了,木匠皇帝朱由校接班,太监魏忠贤乱政六年,明王朝岌岌可危。

**拐点一**:如果朱常洛不是那么快就死掉,历史又该往何处去?先看看朱常洛是不是好皇帝。据史料记载,朱常洛是个善于为他爹擦屁股的人，进行了一系列革除万历弊政的改革。用内帑给边关将士发工资，取消了矿税。拨乱反正，平反了许多冤狱。重振纲纪，提拔官吏，补足缺额，使国家机器能够正常运转等。朱常洛不必再活五百年，只要再活十年，照他这样搞下去，明王朝必将出现新气象，最关键的是可以避开魏忠贤的乱政。历史本来是可以如此走下去的，是黄色陷阱改变了它的走向，奈何！

无独有偶，明末还出现过另外一个黄色陷阱，设计者是小人得志的魏忠贤，给崇祯皇帝朱由检量身定制的，送四个美女，外加迷魂香。美女嘛，皇帝不会缺，迷魂香就金贵了。据说，这种迷魂香，可以使人在短时间内性欲大增。在魏忠贤看来，是人，他都有弱点，英雄难过美人关，不信你崇祯不上套。

说实在的，魏忠贤设计黄色陷阱的目的和郑贵妃不一样，魏忠贤并不想要崇祯的命，他要的是傀儡，他希望崇祯沉迷于女色，好比他哥哥朱由校沉迷于木匠活一样，做个甩手大爷，国家大事还由咱老魏来办。可惜崇祯识破了机关，美女照收，陷阱不跳。许多天过去了，他愣是不去碰这几个美女。美女无恙，魏忠贤有恙了。他小看了崇祯，低估了崇祯。至此，历史进入了正常的轨道：崇祯勤政，"党争"激烈，17年，明亡。

如果我们换换思维，让魏忠贤的黄色陷阱成功，结果又会如何？大概会有两个结果。

**拐点二**：第一个结果，崇祯沉迷女色，魏忠贤继续乱政，继续联合其他三个小党派打压东林党人，"党争"愈演愈烈，边关持续告急，孙承宗仍然得不到起复，明王朝的大厦会更快地垮掉，不太可能又延续了17年，可能是7年，又可能是7个月。需要说明的是，在魏忠贤的大力支持下，代替明朝的一定是大清。因为魏忠贤不会去整顿驿站，李自成也不会下岗。

**拐点三**：第二种结果，崇祯既灭了魏忠贤，还沉迷于女色，朝廷

大事完全放手让别人去干，东林党一党独大，"党争"熄灭。如此，则袁崇焕不会枉死，孙承宗不会殉国，辽东可保太平，满清铁骑只好去继续从事抢劫的勾当，想入关，恐怕不会那么容易。如此，则洪承畴也不会去关外，有他在西北领导剿匪大计，李自成、张献忠等人只有逃命的份，估计多半成不了气候。攘外安内，同时进行，且都能卓有成效，明王朝还可以半死不活地走下去。将来是个什么样子，我不知道，但一定不是当时那个样子。

明亡于万历，有此一说；明亡于"党争"，诚哉斯言；明亡于两个黄色陷阱，也说得通。滚滚长江东逝水，历史的脚步谁也挡不住。当我们揭开这些历史事件的真相时，真的会惊奇地发现，原来历史是那样的丰富多彩，是完全可以改变走向的，或者向左，或者向右，它存在着许多种可能，存在于我们的推理中。

# 第十二章　更替原因

　　王朝几番更替，有人说是气数已尽，有人说是能人无力回天，但是追述原因终归还是在于几个关键人物的决策力。其间不乏刚烈巾帼之风的女子，也有为情舍义的枭雄，当然也有着那么几个为非作歹、偷鸡不成蚀把米的东西。但就是他们构成了历史拐弯儿的必然趋势。王朝更替轮回的原因必然是多元化的，每个人的心中都有着自己的侧重点，儿女情长也好，气壮山河也罢，历史为我们展现了一个别样的恢弘画面，以至活在当下的我们终于可以站在一个中立的角度探寻古人的过失与英明，从而以史为鉴，更加从容地把握自己的人生和未来。

## 敢与魏忠贤单挑的明末小牛女

明末大太监魏忠贤，不男不女的一个坏人，却创造过许多传奇，实属厉害角色。若非有个小牛女从中作梗，与他卯劲儿对着干，由老魏来改写历史，也不是没可能。

一个太监，还能搞定皇帝他奶妈，是为一奇；没读过什么书，把一个读书人云集的东林党杀得七零八落，是为二奇；生不了孩子，可干儿子比谁都多，个个非富即贵，是为三奇；连皇帝都没资格享受的生前祭祀，他享受到了，且"生祠"遍天下，是为四奇；从一个平头百姓到大明帝国的实际统治者，人称"九千岁"，是为五奇；依仗女人搏出位，又被女人搞得倒血霉，所谓"成也女人，败也女人"，是为六奇。金庸小说里有个人物叫吴六奇，赵炎以为，魏忠贤应该改名叫有六奇。

当魏忠贤牛得快没边了的时候，有个足以玩死他的人出场了；当全国的太监们为了一个共同事业而努力打拼的时候，太监事业的终结者出场了。

**拐点一**：这一年是天启元年（1620年），这个很牛的终结者刚刚15岁，乳臭未干，含苞待放。用了这个词，就知道是个女孩子了。她的名字叫张嫣，字祖娥，小名宝珠，父亲叫张国纪。

张嫣进宫，是给木匠皇帝朱由校当老婆的，职业学名叫懿安皇后，还有个名字叫六宫之主，战斗力超强。

朱由校有很深的恋母情结，母亲王才人死得早，就把感情给了奶妈客氏，封为奉圣夫人，住在宫里。据说两人之间还有些暧昧，只是据说，没有证据。朱由校也很喜欢张嫣，她不但年纪小，还漂亮，有文化。皇帝的情感天平虽然没有发生倾斜，但客氏和魏忠贤的日子明显不好过了。一物降一物，天道有轮回，好戏开场了。

第一步：精神打压。别看张嫣年纪尚幼，有道是初生牛犊不怕虎，还怕牛乎？她打心眼里瞧不起魏忠贤和客氏，时不时要把他们叫来训斥一番，完全不把他们当外人。客氏挨了骂，找皇帝告状，得到的只是安慰；魏忠贤挨了骂，心里有气，还拿她没办法。直觉告诉他们，眼前的这个小牛女，将毁掉他们苦心经营的一切。

第二步：借助外力。张嫣有自己的偶像，分别是太祖皇帝的马皇后和成祖皇帝的徐皇后，她要像她们那样，辅佐丈夫开创一代霸业。可是，丈夫实在太不成器，除了做木匠活，其他一概甩手不管，任由死太监瞎折腾，这怎么行？于是，张嫣想了一个劝谏的法子，从一本书开始。一天，朱由校来到了皇后寝宫，发现张嫣正在看书，于是发问："你在看什么书？"张嫣说："赵高传。"朱由校沉吟不语，民间的张大妈李大爷，他可能不知道，赵高这个人，他却是知道的。

第三步：釜底抽薪。天启六年，朱由校连儿子还没生，却生病了，多半是木匠活给累的。这下子乐坏了魏忠贤，大明江山继承人未定，太监们的光荣事业大有奔头。他找客氏商议，决定搞狸猫换太子的把戏，随便找个孕妇进宫，说是皇帝给搞大的。为保万无一失，他还托人告诉张嫣，说生下来直接当你的儿子，接着做皇帝，你还当太后。张嫣岂能上当？她直截了当拒绝说："从之，必死。不从，亦死。不如不从，死后可以见祖宗在天之灵！"由此看来，张嫣的断然拒绝，彻底打乱了魏忠贤的全盘计划。

第四步：倚天长剑。张嫣是个很有心眼的女子，而且还特别有耐心，她与病中的丈夫进行了长时间的交流，终于解决了皇位继承权的问题。所谓"宝刀屠龙，谁敢不从？倚天不出，谁与争锋"。如果说魏忠贤就是那把屠龙刀的话，那么，张嫣此时却掌握了能够与之争锋的倚天剑：小叔子朱由检，就是那位后来在煤山上吊的崇祯皇帝。在

张嫣的帮助和鼓励下，朱由检本着对社稷人民负责的态度顺利出场。

**拐点二：** 以后发生的事情，地球人都知道，朱由检对魏忠贤党羽发动了大清洗，杀了数百人，皇帝奶妈客氏也被处死。

小牛女张嫣凭一己之力单挑魏忠贤，最终赢得了胜利，也为自己赢得了17年的安宁生活和全国人民的尊敬。朱由检非常感谢这位嫂子，"阉党"一平息，就给嫂子上尊号为懿安皇后，住慈庆宫，得空，"必衣冠朝谒，礼敬如母后。"（见《明史》）民间对这位小牛女国母也奉若神明。1664年，闯王李自成攻下了北京城，发现张嫣自缢还未身亡，赶紧派人相救，予以保护，但张嫣还是于第二晚自尽殉国，终年39岁。清军入关后，顺治感念张嫣的崇高声望，为她举行了隆重的葬礼，与朱由校合葬于德陵。

在古代的历史中，女人大多扮演着祸水的角色，可那些历史撰写者面对这样的烈女贤后，也是绝对愿意多费点墨水进行记载的。丈夫不成器，一个小女子天不怕地不怕地跟那么多敌对势力斗争，可见其气魄非同一般。尽管她生不逢时，没有达到心中楷模的目标，但至少还是将明朝历史的轨迹从偏离的拐弯处拐回来了17年，获得了众人的爱戴与尊敬。即便是死也死得如此光明磊落，以至于对手都为之动容，深表敬佩。由此看来这位小牛女国母，真的也可谓是一代奇女子，如一颗善良的明星，不管挂在哪里都将闪烁着永恒的光辉。

## 陈圆圆对历史进程的影响

"江南八艳"里的陈圆圆之所以比其他的任何一个姐妹都具知名度，有一种说法是因为吴三桂为了她冲冠一怒把大清的军队放进了山海关，大明江山从此易了主人。那么，陈圆圆到底有没有这样的历史价值呢？我看未必。

现在人们常说，一个成功的男人背后一定有一个默默付出的女人。反过来大概也成立。陈圆圆大放异彩的背后，男人可真不少。有段历史是这样记载的："崇祯时外戚周奎欲给皇帝寻求美女，以解上忧，遂派遣田妃的哥哥田畹下江南选美。后来田畹将名妓陈圆圆、杨宛、顾秦等献给崇祯皇帝。其时战乱频仍，崇祯无心逸乐。陈圆圆又回到田府，田畹占为私有。一日吴三桂在田府遇见陈圆圆，一见倾心，后吴三桂纳圆圆为妾。李自成攻破北京，手下刘宗敏掳走陈圆圆，吴三桂'冲冠一怒为红颜'，遂引清军入关，在一片石攻破李自成，陈圆圆复归吴三桂。后吴三桂为滇王，圆圆随往，以女道士卒于云南。"就这样短短的文字里，我们可以发现陈圆圆背后的许多男人，崇祯皇帝、国舅爷田畹、吴三桂、刘宗敏，还有李自成。民间传说陈圆圆和李自成还生了个女儿。这样的一个女人，如果不能青史留名，那就怪了。

陈圆圆艳压群芳靠的是什么？除了美貌还有演艺。时人说陈圆圆"容辞闲雅，额秀颐丰"，有名士大家风度，每一登场演出昆曲，明艳出众，独冠当时，"观者为之魂断"。但是把陈圆圆往政治上靠，说她左右了历史进程，恐怕是过了。说到底，陈圆圆与吴三桂的故事就是一段历史的小插曲、一朵历史的小浪花。没有这个故事，清兵照样会入关，大明王朝照样会倾覆，这是历史的必然，是大势所趋。陈圆圆怎么都想不到自己能左右历史。要知道，武则天刚入宫的时候，也没有想到自己日后会做女皇。

**拐点一：** 陈圆圆其实有过左右历史进程的机会的，可惜崇祯皇帝没有让她发挥。假如陈圆圆同时周旋于若干男人之间，充分发挥她的美貌与魅力，或许真的有可能挽救千疮百孔的大明王朝也说不定。

做崇祯皇帝的贤内助，与国舅爷交好，则朝廷稳定；与吴三桂交好，则边关稳定；与李自成、刘宗敏交好，则可瓦解农民起义队伍；

再去勾搭勾搭满族豪强，阻敌于山海关之外，陈圆圆也可做一回民族英雄的。可惜呀，崇祯皇帝没想到这一层，他从来就不相信女人会有这样的力量。

拐点二：还有一个机会，陈圆圆自己大概没有想到，李自成和刘宗敏大概也没有想到。如果刘宗敏入京俘获了陈圆圆不是急着占有她的身体，而是训练她做大顺国的女间谍，再派人护送去山海关，游说吴三桂投降，结果恐怕又是另一番光景。

大顺国初创，需要时间南下完成统一大业，有吴三桂抵御清兵，大顺就没后顾之忧。李自成大军到处，小小南明王朝根本不堪一击。陈圆圆做了女间谍，不左右历史也难。历史总是这样，大清入关似乎是历史必然，但如果大清入不了关呢？崇祯死不死都无关紧要，大明王朝是注定要亡的。李自成做了皇帝，如果励精图治，加上老百姓的支持，加上陈圆圆对吴三桂的色情干预，大顺国或许不会那么短命，历史恐怕真的会被改写的。

陈圆圆是老老实实地把自己当女人的，反正是个男人，只要你有本事，我就跟你。可惜当时的男人们就知道陈圆圆的美貌了，没有看见陈圆圆美貌背后的力量，没有给与陈圆圆发挥力量的平台。

## 再说崇祯与陈圆圆之间的好恶

大明崇祯皇帝在位十七年说过的话，若是按照"言为心声"的标准来总结，恐怕只有三句十二个字：太监无耻，文臣无耻，妓女无耻。前两句好理解，后一句就会让人纳闷：崇祯与妓女没什么纠葛啊。实际上有，典型的就是江南名妓陈圆圆。姚雪垠先生在《论圆圆曲》一文里说，外戚周奎想讨好崇祯，派田妃的哥哥田畹下江南为崇祯找美女，发现名妓陈圆圆色艺俱佳，于是献给崇祯。没想到崇祯早闻陈圆圆之名，说她是"易新衣者"，不喜。典故出自《晋书·王敦传》，内云："石崇以奢系于物，厕上常有十余婢侍列，皆有容色，置甲煎粉沉香汁。有如厕者，皆易新衣而出。"

应该说，崇祯不是一个糊涂的人。他瞧不起太监情有可原，瞧不起文臣也说得过去，毕竟明朝的太监和读书人喜欢拉帮结伙搞内讧，且太监里坏人不少，读书人里软蛋太多。只是，因为身份地位瞧不起妓女，就有些一概而论了。

**拐点一**：明末的妓女阶层，从整体来看，比太监懂得忠君爱国，比读书人更讲气节。

明朝太监确实坏人不少。正统年间王振乱政，挟英宗亲征瓦剌，致遭土木堡之败；成化年间汪直专权，使民间"只知有太监，不知有天子"；武宗时，宦官刘瑾等"八虎"专横跋扈，民间都说朝廷有两个皇帝，"坐皇帝"（武宗）"立皇帝"（刘瑾）；熹宗时宦官魏忠贤炙手可热，权倾朝野，"自内阁六部，四方总督巡抚，遍置死党"。崇祯虽然瞧不起太监，一即位就解决了阉党，但是，在使用太监的问题上，他也毫不含糊，给予太监行使监军和提督京营的权力。大批太监被派往地方重镇，凌驾于地方督抚之上，反而加剧了太监与文人朋党之间的矛盾。

明代的文人无耻者也多于以前任何一个朝代。造成这种局面的，不是文人自己，而是朱家皇帝们。由于朱元璋对读书人的改造和打压，动不动就扒裤子打大臣屁股，任意侮辱读书人人格，再加上他儿子朱棣史无前例灭了方孝孺十族，读书人生命难保，自尊扫地，又何谈气节？既杀文人又辱文人，只能逼文人去讲假话和作秀，直接导致了崇祯时期文人朋党之争的失控。学者十年砍柴曾撰文说："方孝孺的灭族，实则向天下读书人昭示一个道理，不要忠于道统和原则，而是要忠于最终的胜利者。"可谓一针见血。在异族入侵、国破家亡的大是大非面前，钱谦益之流可以公然抛弃自己信奉了一生的"仁义礼智信"，理学的道德教条对他们再也没有任何说服力，而功利之心和实用主义却大行其道。单从明末去考察，赵炎以为，那些以道德名节为标榜的读书人，的确无法与妓女相提并论。

明末的妓女们非常看重气节。就在明王朝天崩地解、斯文扫地，读书人纷纷剥下自己的伪善嘴脸、望风进退之际，反而是这些为传统社会所不齿的妓女显示出她们超常的大人格。当民族矛盾处于紧要关头，当所有那些自诩为中流砥柱的读书人公然出卖自己的道德人格之时，正是柳如是、李香君、陈圆圆们为中国文化史留下了一个昙花一现的美梦，给原本就短暂的南明历史带来了片刻的宁静、温馨与安详。当读书人依然毫无觉悟地赞美她们是"巾帼不让须眉"和"女中丈夫"时，一个对男权社会的绝妙讽刺就这样诞生了。

事实上，被崇祯称为"易新衣者"的南明妓女，她们和所有传统社会中的女人一样，自古就被排斥在政治生活之外，不受或少受复杂的政治利害的干扰。在歌舞升平的年代里，她们无需去考虑政治气节问题，但遇到国破家亡的非常时期，这个问题就会突然摆到面前，为她们提供了一个重新塑造自己人格形象的机会，既然已经做不成贞烈女，现在只有以做忠臣来弥补自己的人格"缺陷"，政治气节的荣光就成为她们慷慨赴义的精神源泉。况且，国破家亡之际，落到征服者手中，女人命运的悲惨；她们也是深知的。

**拐点二**：由此可见，时代道德对她们的影响至深，在气节的背后无疑也有着根深蒂固的"贞节"的情结。崇祯说她们是"易新衣者"，显然不恰当。回眸看看，历史多多少少因为这些特殊身份的女人拐了弯儿。站在历史的拐点上，不知她们内心是否也有过安然，又付出了怎样的努力和牺牲，用弱肉之躯顶住了多少压力和重负，也许我们现在真的不得而知了。

# 满人学三国：反间计使得呱呱叫

读金庸先生的《鹿鼎记》，看到韦小宝施反间计帮助罗刹公主"篡党夺权"的回目，忍不住就想笑。韦小宝是个不学无术的小无赖，自己的名字也认不全，肚子里的"学问"都是从说书的那儿听来的，却在莫斯科摇着羽毛扇做了一回狗头军师。金庸先生评价说："韦小宝所知只是一些皮毛，就扬威于异域，助人谋朝篡位、安邦定国，可见，《三国演义》等小说、评书、戏剧之功，确殊不可没。"

且不说韦小宝如何如何，毕竟这个小无赖是虚构出来的，单说满洲的那些开国将帅，行军打仗就片刻也离不开《三国演义》。常说"少不看水浒，老不看三国"，满洲人却不管这个教条，无论老少，都喜欢拜《三国演义》为老师，种种谋略，莫不出于此书。就拿反间计来说，《三国演义》中最著名的例子是周瑜通过蒋干巧施反间计，令曹操杀了两个水军都督。满人对此计非常喜爱，学得有滋有味，而且颇有心得，前后多次运用，均取得不俗的效果。

计杀袁崇焕。

关于袁崇焕之冤案，《明史》上记载说："满人设反间计，造谣说和袁崇焕之间有约定，并捉了两个明朝的太监，让他们知悉这个谣言后，偷偷放他们回去告诉崇祯皇帝。崇祯于是深信不疑，召回袁崇焕，下了大狱。"不过，《明史》是清朝人编撰的，难免有为当局涂脂抹粉之嫌，有些不可信。笔者宁愿相信民间文人写的野史《明季北略》的记载。

大概的情况是这样的，据说满人皇太极喜欢读《三国演义》，乃设反间之计。第一步,借打猎之机,俘虏了许多汉人,以便让他们与明朝互通消息。不巧的是,其中居然真的有两个明朝的间谍,是崇祯皇帝派来监视袁崇焕的,皇太极高兴极了。第二步,造了两个谣言。一个是关于"己巳之变"的,说皇太极的兵马之所以能够顺利打到北京城下,是因为有袁崇焕做向导;另一个就是"书约犯边",伪造袁崇焕的亲笔信。第三步,做戏。故意让两个间谍听到谣言的内容,还煞有介事地说:"知道了,多谢袁爷。"审案子的人演戏更为逼真,假装惊讶说:"原来你二人是间谍,推出去斩了。"私底下却故意叫人偷偷放了间谍。崇祯听到第一个谣言,虽然很震惊,却并未全信。待听到第二个谣言的时候,再也坐不住了,马上下诏,令袁崇焕回京,逮捕归案。这个记载虽说是民间野史,却有头有尾,故事情节叙述得十分生动,可信度还是比较高的。

**拐点一**:袁崇焕死,大明王朝自毁长城,历史在此定格。

架空史可法。

顺治二年三月(1645年),以多尔衮为首的满洲将领率大军南下,意图一举消灭南明弘光政权。可是,多尔衮面对的是一个劲敌——南明兵部尚书史可法,他督率江北四镇数十万人马,手底下还有刘泽清、刘良佐、高杰、黄得功等悍将,与驻守湖广的左良玉互为犄角,遥相呼应,显然是个烫手的山芋,小觑不得。

多尔衮此时又想起了反间计。据全祖望写的《梅花岭记》介绍,多尔衮此前已经使用过反间计,加深了史可法与马士英、阮大铖之间的矛盾。史可法受到排挤后,自请回江北专门搞防务,固守扬州。多尔衮的计策是,先派细作潜入左良玉的军中,散布马士英排挤史可法的信息,激起了左良玉对马士英的仇恨,引发了一次致命的兵变,彻底瓦解了扬州史可法的外援。然后派人分赴江北四镇,鼓噪说:"你们有'策立'大功,却得不到朝廷的封赏,都怪史可法没有向朝廷奏明。"

此计果然有效，《方望溪先生全集》里说，四月十七，清军前锋进抵扬州城郊的时候，扬州几乎成了孤城，史可法原先所节制的将领绝大多数倒戈投降，变成清朝征服南明的劲旅。十八，多铎率主力兵临扬州城下，先派明降将李遇春等劝降，遭史可法拒绝。二十四，清军准备就绪开始攻城，不到一天扬州即告失守。

**拐点二**：扬州沦陷，南明屏障失，最后一线希望破灭。

孤立吴三桂。

康熙十二年（1673年）满清朝廷下令撤藩，平西王吴三桂闻讯后，联合平南王世子尚之信、靖南王耿精忠及广西将军孙延龄、陕西提督王辅臣等以反清复明为号召起兵反清，挥军入桂、川、湘、闽、粤诸省，战乱波及赣、陕、甘等省，史称三藩之乱。

吴三桂这个人在历史上大大有名，大诗人吴伟业曾写诗讥讽："尝闻倾国与倾城，翻使周郎受重名。妻子岂应关大计？英雄无奈是多情。"说吴三桂为了美女陈圆圆而做了清兵的走狗，到头来却把责任推给一个女人，确是不该。清廷总结吴三桂的特点："爱江山甚于爱美人，残暴与贪婪，反复无常，言而无信，仕明叛明，联闯破闯，降清反清……人生之善与恶，无一不在他身上迸发。"这些特点为后来实施反间计提供了巨大的成功率。

康熙十七年（1678年），吴三桂在湖南衡州称帝，国号大周，建元昭武。清廷的反间计也紧锣密鼓地开始了。据无名氏所撰的《吴三桂纪略》里说，康熙发布讨吴诏书，其中最关键的一条就是临阵倒戈反吴的人都是忠义之士，朝廷非但不追求，还有额外的封赏。这一条很厉害，对于瓦解吴三桂的军心效果显著。另外，带兵的将领则重点离间除吴三桂之外的其他叛乱势力。如奏请朝廷加孙延龄为抚蛮将军，任国安都统；游说尚之信脱离吴三桂，袭封平南亲王，镇守广东等。

清廷的反间计，使吴三桂的军力得到了很大的削弱，前线战事越来越吃紧，吴三桂又急又气之下，于同年秋天在长沙病死，其孙吴世璠继位，退据云南。康熙二十年（1681年）昆明被围，吴世璠自杀，余众出降。吴三桂的子孙后代被彻底杀光，包括襁褓中的婴儿。

**拐点三**：灭三藩，康熙从守成之君变开创之君也。

肢解郑家军。

清廷在台湾有一个著名的卧底，名叫傅为霖，是康熙皇帝授意福建总督姚启圣安插在台湾的内应，在历次反间计中均扮演了重要的角色，可惜后来事败被杀。

正是这个傅为霖制造了郑氏集团的多次内讧。第一次，郑成功一死，傅为霖先暗中提议让郑成功之五弟郑袭继位，然后再去厦门鼓动将士推郑成功之长子郑经继位，双方兵戎相见，内部陷于混乱。第二次，郑经出兵大陆参与三藩之乱失败后，损失惨重，被迫退回台湾。在开总结会的时候，傅为霖乘机挑拨名将刘国轩和冯锡范之间的关系得以成功，导致后来二将各自为战，冯锡范被迫投降。第三次，是在郑经死后，傅为霖故伎重演，说服郑经次子郑克塽和权臣冯锡范等人，杀害了继承人郑克臧，形成"文武解体，主幼国疑"的混乱局面。康熙二十一年（1682年）十二月，不知道是什么地方出了差错，刘国轩居然识破了傅为霖的卧底身份，立马砍了他的头。

清廷对台湾，除了使用反间计之外，还采用了军事进攻和招降纳叛两手抓的政策。比如，康熙二年（1663年）十月，满清朝廷就展开过大规模的招降活动。在高官厚禄的引诱下，郑军人心浮动，自承天府南北总督周全斌、前提督黄廷、水师统帅忠靖伯陈辉以下数十员镇将、总兵、都督相继率部降清，郑军损失兵力十余万人、战船900余艘，宿将精锐十去七八。

**拐点四**：康熙二十二年八月十五，郑克塽投降，台湾重归中华版图。

历史就这样拐了弯儿，在一个英明的皇帝袍袖下，整个清朝版图日趋强大完整起来。简简单单的一个计谋，从三国时期用到清朝，至今在某些领域也是屡试不爽。但最关键的问题还不在于此，历史之所以向着清朝发展，主要原因还在于领导者的英明决策。纵观历史的拐点，总是有那么几个了不起的人物起到了最关键的作用，这不禁让我们感叹历史的神奇，不知道是拐点酝酿了英雄，还是英雄成就了拐点。

## 道光帝圆梦的三个偶然

　　有清一代，旧史家通常认为只有康熙、雍正算是不错的好皇帝。实际上，如果按照中国封建社会的传统道德标准来衡量，道光也不失为有德之君，他不贪暴、不淫逸，常以"俭德"自律，为政勤谨。中国历史上第一次轰轰烈烈的禁烟运动就是道光皇帝推动和促成的。本文所探讨的，不是道光的政绩，而是他从一个非皇室长子的身份如何一步步走上权力中心并最终登上帝位的。经过一番史料分析得出结论，这其中既有偶然因素，也有必然因素，而偶然因素是占主导地位的。

　　道光的父亲是嘉庆皇帝，他有五个儿子，道光是第二子。虽然大清朝出现过多次非长子而继承皇位的先例，比如，雍正非长子，乾隆非长子等，但是，皇储立长依然是朝野的主流意见，也就是说，身为皇长子，如果不出意外，继承帝位的机会要大得多。

　　**拐点一**：所谓世事无常，偏偏道光的大哥没有做皇帝的命，出生不久就一命呜呼了，于是，皇次子道光顺理成章地成了皇长子。这是第一个偶然，为道光攫取帝位取得了法理的依据。

　　第二个偶然是10岁初围得鹿，获乃祖乾隆嘉许，这个偶然非常重要。

清廷是个极为讲究祖宗成例的政权，就是因为乾隆皇帝幼时（12岁）围猎获得康熙的青睐，其父才继承大统的。这个成例，乾隆清楚，嘉庆清楚，朝野上下都清楚。道光虽然年幼，但他的老师万乘风可不是傻子，不会不和道光说。乾隆对幼孙的"神武智勇"十分欣赏，喜悦之情溢于言表，除了写诗褒奖外，还在诗中隐隐透露出对道光继承大统的厚望："家法永遵锦奕叶，承天恩贶慎仪刑。"既得祖父如此赞誉和恩眷，作为道光父亲的嘉庆，自然要对这个实际居长子地位的儿子另眼相看，给予他更多的关顾。至此，道光继承大统的步伐又向前迈了一大步。

　　世间的事情往往都是这样，倒霉的时候喝凉水都塞牙，运气好的时候挡也挡不住。嘉庆十八年九月十五，又发生了一个偶然事件——天理教徒起义，帮了道光的大忙。本来，道光是和父亲一起秋狝木兰，没在京城，因为天气的原因，他提前回去了，这才有机会发挥。道光临乱不惊，和天理教徒殊死搏斗，举枪射死了一个重要头目，阻止了起义人员的进军速度，为内务府调兵镇压争取了宝贵的时间。嘉庆皇帝接到报告后"垂泪览之"，用"有胆有识""忠孝兼备"之词盛赞了道光，以上谕的形式通告全国，还破例封道光为"智亲王"，连为其立过汗马功劳的所用之枪亦被嘉庆冠以"威烈"之名。

　　**拐点二**：这个被嘉庆称为"汉唐宋明未有之事"的偶然事件的发生，使道光的皇位继承权一下子板上钉钉了。

　　虽说三个偶然帮助道光获得了继承权，但道光本人在偶然事件里的的谨慎表演也十分高明。只要还没有登上帝位，觊觎皇位者便大有人在，道光岂能不知？他在乾隆面前表现出"少有大志，勇敢坚强"，以欢乾隆之心；成年以后，在嘉庆面前，则表现出"孝顺、谦逊而无野心"，为自己争取到父亲的"不自满假""有大能谦，不矜不伐，圣人之功，超迈前古"的考语，从而确立了自己在王公大臣们心目中的完美形象。嘉庆二十三年（1818年）七月，嘉庆皇帝一病不起，乃颁诏于避暑山庄，道光终于实现了自己多年的皇帝梦。

# 第十三章　闲扯杂说

历史不是老古板,他也有自己幽默时尚的一面。翻阅古籍,你就会发现很多古人的思想是相当超前的,而他们对于社会各阶层的管理制度,以及为官任职的层级分类也是相当的奇特。你会发现恐怖袭击历来有之,你会发现包办婚姻与加强王权统治、天下太平都有着千丝万缕的关联。有些我们会一笑了之,有些我们却看得目瞪口呆,这就是历史拐点的妙用,它让我们看清了那些改变历史时代的关键问题,也让我们对当今的生活反复思考。也许这一切史料只不过是浩瀚天空中几个零散的繁星,可就是从这些貌似闲扯杂说的言辞中我们却经常能够发现当今时代的影子,以及对于古人对于未来的遐想和感悟。

# 西夏200年为何无独立史书

从春秋战国开始,中国历朝历代都有修史的成例,朝廷设置专门机构和史官队伍,修撰前朝历史,记录本朝之事。《史记》里就有齐宣王与史官斗法的掌故,史官如实记录齐宣王的荒唐故事,齐宣王不干了,要惩罚史官,可是这个史官很有骨气,反过来吓唬齐宣王,很有些革命烈士夏明翰的气势:杀了我一个,还有后来人。齐宣王固然昏庸,却也知道修史是件大事,倒没怎么为难这个胆子不小还有些可爱的史官。

奇怪的是,党项人李元昊在公元1038年建立的西夏王朝,与北宋、辽国以及后来的蒙古鼎力抗衡近两百年之久,在政治、经济、军事、文化领域均取得了辉煌的成果,末了,却没有属于自己的独立史书,只在蒙元所修的《宋史》中有一册"夏国传"的分卷,令人不解。是西夏王朝不重视修史,还是后来的各朝代史官们忘却了这个曾经在中国大西北叱咤风云200年的政权?

仔细分析一下国人修史的特点、蒙古人进攻西夏的历史和西夏王朝的文化建设状况,或许能解释这个疑问。

国人修史,重在传承、借鉴,传承的是历史文化,借鉴的是兴衰教训,以满足本朝统治的需要,一般依据前朝史官的记载,民间笔记、野史、传闻等,综合剪裁糅合而成文献。历朝历代史官,多由当局指派,吃粮修史,主要的任务还是着眼于统治的需要,粉饰、遮丑、夸大其辞，无所不用其极。至于历史文化的传承，倒在其次，只有那些有正义感、责任感的史官，才会着眼于"传承"二字。解缙主编的《永乐大典》、纪晓岚主编的《四库全书》，近现代不少学者都曾撰文指责其纯属胡闹之举。

西夏亡国于蒙古人之手，蒙元丞相脱脱主持修史工作，分别编撰了《辽史》《金史》和《宋史》，唯独没修"西夏史"，只搞了个"夏国传"，原因何在？赵炎以为，这是蒙古人在记仇。其中既有民族情结，也有历史缘故。

有专家考证说，党项人是鲜卑族的后裔，与蒙古族、女真族、契丹族均有或远或近的血缘关系，笔者不同意这个考证。党项人的祖先应该是初唐的拓跋赤，是大月氏人和汉人的混血儿。李元昊在上宋仁宗的表章中说："臣祖宗本出帝胄，当东晋之末运，创后魏之初基。"可见党项人与中国北方其他的少数民族毫无血缘联系。西夏强盛的时候，占领了河套地区和现在的蒙古、新疆的部分地区，使得蒙古各游牧部落备受欺凌。那个时候，蒙古人还处于最原始的部落社会，连弱小的女真人也不如。

等到蒙古铁骑可以纵横天下的时候，所到之处，敌人无不望风披靡，女真人完全缴械，宋朝人彻底臣服，东起日本海西至多瑙河，几无敌手，偏偏打到西夏国都兴庆府（今银川市）的时候，遇到了党项人的顽强抵抗。成吉思汗先后发起六次猛烈的进攻，付出了极其惨重的代价，均无功而返。

**拐点一**：1226年初秋，新一轮的打击又开始了。这一仗更加惨烈，连成吉思汗自己也被一支呼啸而来的羽箭射死。一直到第二年的初春，铁血残阳中的西夏城楼上才竖起了蒙古人的大纛。

对这个可怕的强劲对手，蒙古人心中有着难以忘却的惨痛记忆和挥之不去的仇恨,"长生天"都不会原谅西夏国杀死一代天骄的"罪孽",何谈为它修史?就让西夏王朝成为一个历史的背影,模模糊糊地留存在世人的记忆中吧。

**拐点二**:即便蒙古人抛开民族情结和历史因素,想为西夏修史,恐怕也不怎么容易。因为西夏王朝自己不修史,所存史料极为有限。

西夏王朝文化建设的特点是着眼于目前,多次整修莫高窟,是为弘扬佛教文化,造就西夏文字,是为翻译儒家文化之需等,从无为前朝修史的计划。其实,西夏国也有前朝历史。比如,唐中和元年(881年)拓拔思恭占据夏州(今陕北地区的横山县),封夏国公。按照封建体制,这是具备社稷功能的国家。再比如,五代十国时期拓跋氏建立的北魏政权等。这些历史都应该由西夏王朝进行修撰,以传承党项人的历史文化。但是,李元昊没有这么做,估计他根本就没有想到过。

西夏设立的两个文化机构——蕃字院(蕃学)和汉字院(太学),也不注重记录当时的历史,它的主要职能是把儒家文化用"蕃字"转译出来。《宋史·夏国传》记载:"元昊自制蕃书,命野利仁荣演绎之,成十二卷,字体方整,类八分书,书颇繁复,教国人记事用蕃书。"最后完成的十二卷蕃书,全部是儒家典籍,却不是史书。可见这仅有的两个文化机构,并非为修史而立,成员也不是史官,而是造字工匠和翻译官。

读蒙古人所修的"夏国传",笔者最深刻的体会就是"模糊"二字,所选资料大多是宋朝遗留的与西夏国的来往文书、时人笔记,并推测时间、事件经过而成,更多的是"想当然"和"大概"。倒是西夏亡国过程十分清晰,这是因为蒙古人亲历其事,一手导致了这个王朝的覆灭。

**拐点三**：后来的明清两朝就更不会为西夏修史了。明王朝是汉家正统，朱家皇帝们眼中只有大宋朝，连统治了中华百年的元朝都懒得记录，开口闭口就是"鞑子"如何如何，怎么会想到为区区 200 年的西夏修史？清王朝入主中原，主修的是《明史》，《四库全书》只是选择性的文献收录，却不是撰写。西夏王朝至此只能成为永远的历史背影，在漫漫黄沙中定格了。

# 史上哪十位皇帝坚持了一夫一妻制

在中国古代，只要谈起皇帝的婚姻，总会与"三宫六院七十二嫔妃"这句话联系到一起。诚然，在皇权之上的时代，皇帝多娶几个大老婆、小老婆，私生活上糜烂一些，都是很正常的。但是，我们说，万事皆不可一概而论，历史就是这样，总会时不时发生一些不正常的事情。据史料记载统计发现，至少有十位皇帝坚持了一夫一妻制，且是在官修正史中除了"一妻"以外再没有其他女人的，确实难能可贵！

齐高帝萧道成，字绍伯，小名斗将，汉族，南朝齐建立者，在位 4 年。他与高昭皇后刘智容一起生活了 33 年，没有沾染过其他任何女人，堪称一夫一妻制之典范。据史载，刘智容 17 岁时，裴方明要娶她做儿媳妇，刘家已经许诺，但智容感到不合适，便反悔。后嫁给 13 岁的萧道成，并生下儿子萧赜（齐武帝）、萧嶷。宋泰裕元年（472年），刘氏死，享年 50 岁。478 年萧道成称帝后，追封她为昭皇后之后，才又娶了几位妃子。

北周孝闵帝宇文觉，公元557年正月，在其堂兄宇文护的扶持下，逼迫西魏恭帝拓跋廓把皇位禅让出来，正式即位称天王，国号周，史称北周，是为北周的开始。宇文觉立元氏为王后，夫妻二人情感甚笃。史载，宇文觉自从有了元氏，对其他女子瞧也不瞧一眼。这位元氏在历史上大大的有名，她是西魏文帝元宝矩第五女，名字很奇怪，叫胡摩，封晋安公主，史称孝闵皇后。可惜后来宇文觉被宇文护废除并暗杀掉了，元氏出家做了尼姑。武帝宇文邕上台后，胡摩还俗居住在崇义宫。隋朝建立，胡摩离开皇宫。隋大业十二年，胡摩逝世。

隋文帝杨坚的正牌妻子是独孤皇后，也是位一夫一妻制的倡导者，她与丈夫结婚时就逼丈夫表态"誓无异生之子"。杨坚当了皇帝之后，有一次"花"心大起，临幸了一个复姓尉迟的宫女，独孤氏立即采取断然措施，将尉迟氏处决，保住了丈夫与她一夫一妻的局面。但她一去世，隋文帝就又册立了好几个妻子。看来杨坚这个人需要老婆拿鞭子在后面监督，才能坚持一夫一妻制。

唐高祖李渊未称帝之前，和定州总管神武公窦毅与北周武帝的姐姐襄阳长公主所生的女儿窦氏，即后来的太穆顺圣皇后，两人如胶似漆。可能是因为窦氏的高贵出身、过人的才气和一头美丽的长发（史载："后生，发垂过颈，三岁与身等。读《女诫》《列女》等传，一过辄不忘。"），使得李渊对其既敬重又痴迷，无心顾及其他女人了，数年间先后生下了李建成、李世民、李元霸、李元吉、平阳公主等子女。可惜窦氏45岁就去世了，李渊也就忘记了一夫一妻制。

后晋高祖石敬瑭是历史上著名的大汉奸、"儿皇帝"，曾割让燕云十六州以及岁输布帛30万给契丹，将北方百姓置于契丹铁蹄之下，民心尽失，人品和气节实在是不咋地。但是，在对待婚姻的问题上，他倒是一个善始善终的男人，一辈子就娶了一个老婆，即后唐明宗的女儿永宁公主，史称李皇后。

**拐点一**：赵炎很是为老石同志感到惋惜，如果他是凭借自己的力量得到帝位，加上他能够礼贤下士，也不好色，即使功德超不过前人，也能成为一个仁慈勤俭之主。假设终究代替不了现实，石敬瑭最终成为一个卖国求荣的反面典型。

后汉高祖刘知远，在开运四年（947年）二月称帝于太原。为收军民之心，他先宣布用石敬瑭原来的年号，不用石重贵的开运年号。六月进入洛阳后，他觉得自己姓刘，是汉朝王族的后代，才正式改了国号为汉，历史上称为后汉。

**拐点二**：先称帝后改国号和年号的，在历史上极为少见，只能说明刘知远为称帝费尽了心机。

不管刘知远怎样，他的唯一的妻子李皇后，为人比他要强许多。李皇后也是太原人，特别善良，在刘知远当兵地位很低的时候被他强娶成亲，她也没有再反抗，和刘知远平静地过起了日子。后来刘知远地位高了之后，她被封为魏国夫人，还为刘知远生了一个儿子，即后汉隐帝刘承祐。刘知远死后，他儿子即位，李皇后成了李太后。后来郭威谋反称帝，居然认李太后为母亲，尊为"昭圣皇太后"，可见这位女人的品德之好。几年后，李太后平静地去世了。

南吴的让帝杨溥，公元927年即皇帝位。此人虽名为皇帝，实际上还不如一个囚徒，军政大权皆操之在徐温、徐知诰父子手中。之所以让他即国王位、帝位，只是徐氏父子为篡位称帝之准备而已。举个例来说，他常常挨打，被其手下的大臣说揍就揍。这种囚徒似的皇帝根本不敢娶几个老婆，他只有一个老婆，历史上没有留下姓名，倒是为他生了三个儿子。

辽太祖耶律阿保机和老婆述律氏的坚贞爱情也是可圈可点的。耶律阿保机作为契丹族一代英杰，一手缔造了辽王朝，活了55岁，却连个红颜知己也没有，一心一意就在述律氏身边守着，可谓极品好男人！

元朝的宁宗皇帝懿璘质班，名字很古怪，死时只有7岁。他老婆叫答里也特迷失，名字更是古怪，与他同年也是7岁。这一对小夫妻就是想破坏一夫一妻制，恐怕也做不到，小小年纪有一个老婆可能都形同虚设，根本不可能"配备"更多的妻子。

明朝的孝宗皇帝朱佑樘，活了36年仅仅娶了张皇后一个老婆，夫妻感情甚笃，也从未立过任何嫔妃，大概可称为中国历史上唯一一个用实际行动实践男女平等的皇帝。晚明学者黄景昉记录此事说："时张后爱最笃，同上起居，如民间伉俪然。"

## 古代地方官如何救济乞讨儿童

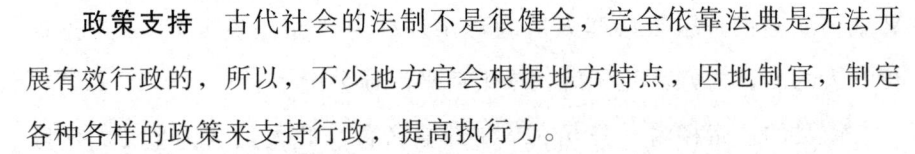

**政策支持** 古代社会的法制不是很健全，完全依靠法典是无法开展有效行政的，所以，不少地方官会根据地方特点，因地制宜，制定各种各样的政策来支持行政，提高执行力。

**拐点一**：最早在南北朝时期，各地政府就开始制定政策修建六疾馆和孤独园，其中六疾馆救济的难民类别就包括乞讨儿童。唐代武宗时期，救济乞讨儿童工作开始由宗教团体主办改为各地方官主办。

宋承袭唐旧制，并扩大了官办救济机构的规模，"慈幼事业"尤为突出。其专门设施有慈幼局、慈幼庄、婴儿局等。大奸臣蔡京为相时,曾在全国普遍设立"安济坊",以救济贫病老人,当然,乞讨、流浪儿童也大量得到救济,它取意于苏轼早年在杭州以私人捐款设置的义诊"安乐坊",由各地方官具体执行。

自宋代设立慈幼局、婴儿局后,历代都有全婴堂、育婴堂的历史记载。明清以后,地方官履新按临,都要仔细过问善堂设立位置,并核对在籍名单和拨补实数。

因为有了政策的支持,地方官可以自行截留一部分税款,用于乞讨儿童的救济。如历史上非常有名的范仲淹的"义田"、刘宰的"粥局"、朱熹的社仓等救济事业,都是在相关政策的支持下出现的。

**舆论导向** 古代资讯业虽然落后,但是,各地方官依然有自己的办法,他们利用各种渠道进行宣传,以道德为主要突破口积极开展舆论导向,呼吁全社会关注民生疾苦。如孔子和孟子在做官时倡导仁爱和仁术,墨子主张"兼爱",提倡"天下之人皆相爱,强不执弱,众不劫寡,富不侮贫,贵不敖贱,诈不欺愚","多财,财以分贫也","有力者疾以助人,有财者勉以分人,有道者劝以教人。若此,则饥者得食,寒者得衣,乱者得治"。这样的舆论导向,对今天之打拐和救济乞讨儿童同样具有强烈的现实意义。

宋代的欧阳守道和文天祥通过写文章造舆论,高度肯定了庐陵、吉水等县在救济和安置流浪、乞讨儿童以及助学济困与振兴庐陵文化中的积极贡献。清代雍正皇帝曾亲书《育婴堂碑文》,要求将京城广渠门内的育婴堂规制加以完善,号召士庶"捐资为善",并向全国推广,严饬地方官吏切实做好弃婴养育工作,毋使坠入沟壑,并且规定了养育80名弃婴及其相应的常平补贴数额。这种舆论导向的作用是极为巨大的,以至于"盐道衙门、牙厘局、督销局纷纷拨款",许多乞讨儿童得到了救助。

**身体力行** 常说"榜样的力量是无穷的"，古代地方官也深谙其中的道理，他们往往拿出自己的薪水，带头从事救济乞讨儿童的善举，以劝诫下属和士绅阶层积极参与其中。

南北朝时，北魏有"良吏"路邕任太守，每天从家中自出粟谷，去赈济贫苦百姓乞讨儿童；另一良吏闫庆胤任东泰州敷城太守，正遇荒年，庆胤把自家千余石粟米"赈恤贫穷"，使多家困难家庭得救。

最值得表彰的是隋朝"循吏"公孙景茂。隋文帝时，他任道州刺史，动用自家薪俸和家产购买大量鸡猪牛犊，"散惠孤弱不自存者"，大批乞讨儿童在他家中就食。

另一位隋朝著名循吏辛公义，史载他出任四川岷州刺史时，当地多灾多病，而百姓又特怕染病，"一人有疾，即合家避之"，以致"父子夫妻，不相看养"，流浪、乞讨儿童到处都是。辛公义决定用自己模范行为感召百姓，当暑月疫情严重时，他让部下将境内所有疾病患者都用麻板抬到自己家来，大部分都是儿童，病人达到数百，厅堂和走廊都住满了。他自己亲设一榻与病人住在一起，终日连夕与病人相对询问。这一期间所得的薪俸全部用来买药给病患儿童医治，还亲自料理病人饮食起居。结果病人全部痊愈，也从此改变了地方的陋习。

**社会集资** 古代人口问题历来受到当局的高度重视，虽然尚未形成"儿童是社会的未来"这样的观念，但是，不少具有先知色彩的地方官在儿童问题上下足了功夫。他们认为，使乞讨儿童得到救济和安置，让他们健康成长，上可为朝廷补充徭役和兵员，下可为地方保证耕种田丁，是谓"为官一任，造福一方"，达到"田者让畔，道不拾遗"的大治状态。

为此，解决资金问题让许多地方官最为头痛。完全靠朝廷拨款，肯定不行，自己的薪水除了养家糊口之外，所剩无几，也属于杯水车薪。必须动员全社会的力量，对流浪、乞讨儿童进行救助。

据史料记载，西汉宣帝时的黄霸在任扬州刺史时，常常号召乡亭小吏畜养鸡猪，到时候施舍给那些乞讨儿童。他在任泉州太守时，也不时"养视鳏寡，赡助乞童"。

陶澍是清朝道光年间的两江总督，他主持的"丰备义仓"最为知名。除了政府出资之外，他还号召民间凑集资金购买余粮，以救贫济困。道光十五年（1835年）年初，他和林则徐在苏州城里修筑了10间大小仓库，从无锡买粮存放。从1835年至1860年20多年间，这座义仓有效地起着荒年赈灾的作用，救济了大量乞讨儿童和失业贫民。

清朝晚年，丰备义仓由官民合办转手为当地士绅联办，社会集资规模越来越大，还筹建"协济粥厂"，后来又兼管失业机户和流浪、乞讨儿童的救济。光绪二十二年（1896年），还创办一所安置贫困家庭孤苦儿童的"儒孤学堂"。最后又扩建一所解决流亡人口和贫民子弟就业的"贫民习艺所"，相当于现在的技工学校。

**拐点二**：古代地方官救济乞讨儿童，为他们提供了一定的生活帮助和感情慰藉，对于矫治社会过度的两极分化、缓解阶级矛盾、整合社会资源、促进社会的稳定发展起到了一定的作用。但是，由于生产力所限，对乞讨儿童的救济总体上处于低层次水平，其救济的范围很有限，不可能从根本上解决民不聊生的问题。加之，由于政治腐败，无论是官办救济，还是社会集资，都缺乏有效的监督管理，贪污腐化之事不胜枚举，因此，不能评价过高。

# 古代干部食堂趣闻多

干部食堂,顾名思义,就是官员吃饭的地方,又称机关食堂。干部们吃完饭,嘴巴一擦,走人,能发生什么有趣的事?有的,古代干部食堂就有,而且发生的事情简直妙趣横生。

**拐点一**:李世民的独家发明。虽然早在秦汉时期,特别是西汉,朝廷出于对亲近大臣"有烹饪之养",也搞过"廪食太官"之类的恩惠(《汉书·贡禹传》),毕竟没有在大范围普及。根据唐人崔元翰的《判曹食堂壁记》记载,唐太宗"克定天下,方勤于治",决定延长每天朝会的时间,为了不让参与的官员饿肚子,又以"聊备薄菲"为配套措施,由朝廷提供一顿免费的"工作早餐",食堂就设在金銮殿的廊庑下。因行之有效,备受欢迎。

不久,唐太宗又把自己的独家发明推广到京师其他官署和各级地方政府,成为定制。晚唐蔡词立在《虔州孔目院食堂记》里称:"京百司至于天下郡府,有曹署者,则有公厨。"可见,唐朝300年间,干部食堂办得还是有声有色的。以后的各个朝代也均沿袭了这一制度。

名称多,各衙门均有自己的叫法。古代的干部食堂,标准的名称叫"公厨",但也有其他不同的称呼。

天子请客,俗称"天厨"。王梵志诗云:"仕人作官职,人中第一好。行即食天厨,坐时请月料。"说明凡一定品级以上的地方官员进京汇报工作,都可去"天厨"用餐。不在出席朝会范围内的其他在京官吏，都在本部门公厨享用工作餐，称"百司官厨"。

其中档次最高的是宰相办公的政事堂厨，简称"堂厨"。《唐会要》里说，高宗时，宰相们曾以"政事堂供馔珍羹"为题开会讨论削减伙食标准，有人反对说："这顿丰盛的公餐，是皇上对中枢机务特别重视的表示。如果我们不称职，就该自请辞职以让贤能，不必以减削标准邀求虚名。"于是罢议。

各级地方政府及中央各有关部门的派驻机构，亦各有本署公厨，如"县食堂""判曹食堂""孔目院食堂""节度使院食堂"等名目。另外，所有上述公厨在为官员们提供工作餐的同时，还要另办专供吏员即一般科员或办事员吃饭的食堂，称"吏厨"或"佐史厨""府史厨"等。

**拐点二**：功能多，有联谊会的特点。有唐一代的典章制度，几经更易，何以食堂制度能坚持始终？根据柳宗元的说法，主要是它的功能比较特殊。综其要点有三。一是让平时各坐各的厅廨、各办各的公事之大大小小的官员，借助会餐食堂，获得一个和睦融洽的氛围，"礼仪笑语，讲义往复"，谁在吃饭时还能保证正儿八经的模样？人际关系的改善，自然有利于共同治事职能的发挥，齐心协力把工作做好。二是在此基础上，增进各相关部门科室的联络，促进信息互通。坐机关者都有这样的经验，一件公事的办理妥善与否，往往涉及同其他部门的配合（唐代官场术语叫"联事者"），倘若全靠具文行移交换意见，势必因公文旅行而降低行政效率。有了食堂，"凡联事者，因于会食，遂以议政，比其同异，齐其疾徐"（《崔记》），协调认识提高功效的好处无须赘言。三是创造了一个集思广益的群言堂形式，如《蔡记》所言，"事有疑，狱有冤，化未洽，弊未去，有善未彰，有恶未除，皆得以议之"，实际上就是将"联事者"的效应扩大到对本单位所有工作的关心，提高整体意识。

总之,"(食)堂之作,不专在饮食,亦有政教之大端焉"。(《判曹食堂壁记》)

**拐点三**:成语"哄堂大笑"的由来。在《因话录》卷五中,有一长篇专述御史台食堂会餐的情景,略谓每次吃完饭后,都要由一个知杂事的御史(简称"杂端")站起来,点名列举某同事有何过错、某同事有何失误、违犯了机关内部纪律的哪一条。其时气氛严肃,"皆绝言笑",但有时批评者即"杂端"说着说着,自己忍不住笑了起来,结果满座皆笑,"谓之烘堂"——哄堂大笑这句成语,就是出此典故。

看来,这些官员把干部食堂当成开展批评与自我批评的场所了,彼此间的芥蒂或意见,多半能在这种公众性见证的氛围中化解,这就是刘宽夫在《邠州节度使院新建食堂记》里所云"无面从退言之诮,无躬厚薄责之嫌"的效果。

每人分餐而食,吃不完可以"兜着走"。据《唐六典》卷四所载,凡常参官员的"朝食",都依品级高低订有标准,如四至五品的标准是菜肴七盘、细米二升、面二升三合、酒一升半、羊肉三分,其他若干;六至九品的标准是菜肴五盘、白米二升、面一升一合、油三勺等。大家根据自己的品级各据一几、席地而坐,由侍役举案(托盘)分配菜肴。在赵炎看来,有些像成语"举案齐眉"里的意思。

由于实行分餐制,个人吃不完或者不想吃完的食品,可以自行带走。《因话录》卷三记,贞元初年,洛阳物价翔贵,一般人家舍不得吃好东西。河南府兵曹庚倬因有一顿午餐可享,每次都省下一份打包带回去,给守寡在家的姐姐品尝。起初,同事们多笑他寒酸,"后知之,咸嘉叹"。

管理中的弯弯绕,简直五花八门。由于干部食堂的资金,除了皇帝搞的"天厨"之外,"百司官厨"和地方各干部食堂都有自己的

"小金库"来负担，所以，其中的油水是可想而知的。也就是说，谁能掌握和管理干部食堂，谁就拥有了一条发财的门路。

首先是拿"小金库"里的钱去放贷生利息。所谓"月权其赢，羞膳以充"，实际上，一顿午餐根本吃不了这笔钱，剩下的钱，就由大家分，俗称"伙食尾子"。柳宗元《唐故秘书少监陈公（京）行状》中，有一段关于分配伙食尾子的故事，发生在陈京兼管集贤院食堂工作时，"始，御府有食本钱，月权其赢以为膳；有余，则学士与校理官颁分之。学士常受三倍，由公而杀其二"。可知，依品级高低决定数额，应是分配伙食尾子的惯例。那么，谁负责分配，谁就能得到更多的实惠，在实际操作中难免存在不均匀的做法。

其次，管理者多吃多占现象严重。《旧唐书·窦轨传》里说，管理者"尝遣奴就官厨取浆（饮料），既而悔之"，此为有权势者把食堂当做自家食品柜的实例。李翱撰卢士琼墓志铭中记载，按旧例，河南府掾曹一级的官员（相当于科长）都可支取一份伙食补贴打到本司吏员食堂的账上，让跟随上班听候使唤的家僮一人在吏员食堂的厨房里搭伙吃饭，而分管食堂的司录参军则享有特权，让自己的三四个家僮在官员食堂的厨房里搭伙吃饭，不只损害了大家的利益，而且仗着主人是厨房的顶头上司，"侵扰厨吏，弊日益长"。

出于"肥水不流外人田"的考虑，一般机关首长均把干部食堂承包权交给自己亲近的人，这种人在历史上叫"长随"。清人所著《长随论》中，设有一节《司管厨事论》，专门传授管理干部食堂的诀窍，有兴趣的读者不妨找来看看。

为了一顿饭，就餐者往往风雨无阻。或许是家里穷，或许是干部食堂伙食确实好，古代不少官员很在乎这顿饭的。

清朝崇彝在《道咸以来朝野杂记》中有一段回忆，颇为有趣。光绪时，他在京师都察院供职。照惯例，"每夏季改早衙"，食堂里的午餐供应也改成早餐。院中有位吏科给事中陈应禧，"每日必到署，虽阴雨，持伞涉水，无不到者，其实为早餐也"。七月初的一天，崇彝值夜班，早晨起来，"大雨如绳，司中无人"，暗忖这位陈御史大约也不会来了，岂知茶役走来说："开饭否？后堂陈老爷待之已久，专候老爷同餐！"

**拐点四**：干部食堂制度在明朝走过一段弯路，曾经被最"抠门"的朱元璋取消过。明人余继登《典故纪闻》卷五中，有一段"洪武间，朝参官皆赐食"的记载，又称"至（洪武）二十八年十月，以供给为难，始罢之"。国家财政紧张到了这种地步，连官员的一顿工作餐也管不起了，朱元璋实在不容易啊。好在朱棣上台后，又恢复了干部食堂制度。

清朝的干部食堂最豪华，特别是在嘴巴馋、求口福之乾隆皇帝当道的年代，上行下效，那些生财有道、"效益"极高的单位，干部食堂可与五星级餐厅相媲美。据《水窗春呓》介绍，当时各地河务机构的食堂，"其肴馔则客至自辰至夜半不罢不止，小碗可至百数十者。厨中煤炉数十具，一人专司一肴，目不旁及"。小碗就有100多，那么，大碗则更多，满汉全席恐怕就是这个时候形成的。

# 古代公务员为何不怕皇帝怕上司

读历史的时候，最让我感觉过瘾的情节，就是当官的公开与皇帝叫板，最让我感觉郁闷的，就是那些在上司面前唯唯诺诺的家伙。

殷商的比干与纣王顶嘴，心被剜出来了，照样不屈服；唐朝的魏征敢在李世民面前拍桌子；宋朝的文彦博、蔡确等人敢公然向神宗皇帝"扔砖头"；而明朝的杨廷和与嘉靖皇帝的斗法更是精彩之极。在古代，不光是上述几位重量级人物，就是一般公务员，大多也不把皇帝老大放在眼里，好像得了传染病似的，一个比一个牛。比如，海瑞只是六品小官，就敢骂皇帝好色贪玩，不务正业。这种现象，在元和清朝时期，简直想都不敢想。

宋徽宗时期，有个芝麻官叫陈麟，在门下省当差。当时高俅建议徽宗杀山西某渎职知府，大臣纷纷反对："祖宗以来，未尝杀过士人，这么做不是违背祖宗吗？"宋徽宗刚想说："那就不杀吧。"这个时候，陈麟突然跳出来说："倒不如杀了他。"徽宗一愣："什么意思嘛，给朕玩弯弯绕，你倒是痛快点。""常言说得好，士可杀，不可辱！"陈麟回答得很精彩很经典。一句话把徽宗噎得够呛："朕快意事一件也不得做。"陈麟再顶一句："这样的快意事，不做也罢。"碰到这样的公务员，皇帝只能自认倒霉。

古代公务员虽然不怕皇帝，却普遍害怕顶头上司。《宋史》中说，丁谓在真宗时很牛，领导着中央政府的监察、财政等部门，曾伙同王钦若大营道观，屡上祥异，把皇帝唬得一愣一愣的。但是，丁谓最怕寇准，因为寇准是他的顶头上司。著名的"溜须"典故就发生在丁谓的身上。明代的王守仁也牛得可以，他从骨子里瞧不起武宗皇帝朱厚照，却不能不把江彬、张永等人当盘菜。宁王朱宸濠在江西造反，王守仁孤身平叛，可谓大智大勇，但江彬屡次派人前来找碴，王守仁都得小心应付。张永到杭州，王守仁也必须去杭州，百般交涉，争取同盟。得罪了皇帝，关系不大，大不了官不做了；得罪了江彬、张永等人，则后患无穷，弄不好就要掉脑袋。

宋明时期的政坛，有一个非常普遍的现象：不管多大的衙门，属吏在上司面前，都是一副乖孙样儿，一旦有机会接近皇帝，乖孙立马就变成刺头儿，引经据典，侃侃而谈，不把皇帝的鼻子气歪，决不罢休。熟悉《明史》的读者应该记得嘉靖初年的"大礼仪事件"，文学家杨慎率领200多位公务员向嘉靖叫板，这些公务员平时在朝堂上对顶头上司却又是另一副嘴脸。

古代公务员能混个一官半职，其实相当不容易。在科举制度没有出现之前，公务员清一色是世袭制，老子有功于朝廷，儿子跟着做官，这就叫"老子英雄儿好汉"，世家贵族子弟，生下来就是做官的命，所以，陈胜吴广不干了："王侯将相，宁有种乎？"到了汉朝，做官的门路略微多了些，除了世袭和朝廷例行举办的公务员考试，还可以得到地方的举荐，比如"举孝廉"等。赵匡胤建立宋朝以后，科举成为公务员跻身仕途的主要出身，明清也一直沿用了这个制度。无论是世袭制、举荐制，还是科举制，搞出来的公务员端的都是皇家的饭碗，拿人钱财与人消灾，打工的为老板服务，听老板的话，这是天经地义的道理，为何还是有那么多公务员要与皇帝顶着干，却普遍害怕顶头上司呢？

有道是阎王好见小鬼难搪，可以面见皇帝的官员毕竟不多，和皇帝在一起的时间毕竟短暂，相反，公务员每天都要见顶头上司的面，要在顶头上司的领导下开展工作，不把顶头上司侍候好了，慢说升迁无门，小鞋你就穿不完，衙门里的脏活、累活，你不干谁干？卖力不讨好、得罪人的工作，你不做谁做？这就好比夫妻过日子，老丈人住在外面，过年过节才见上一面，你不把老婆侍候好了，这个日子没发过。

在皇帝跟前顶着干的公务员，大多都是正直的读书人，他们认死理、重气节，"饿死事小，失节事大"。得罪了皇帝，大不了丢了饭碗，再倒霉一些，也就是打屁股而已，明朝是这样，宋朝连屁股也不打。丢了饭碗，我回家卖红薯，照样不会饿死；屁股挨了打，过几天就会痊愈，起码在气节上，我赢了，保不准被史官记上一笔，从此青史留名；就算不能青史留名，将来在子孙面前吹吹牛，也很有面子：想当年，老子如何如何。可是，与顶头上司叫板，吃了眼前亏，肉体很可能被折磨，精神上的压力也够呛，而且绝对无回报，实在划不来。

  古代的公务员，无论是不是言官，都喜爱做言官的工作，原因之一，就是皇帝不杀言官。所以，历朝历代的言官都十分的牛气。言官就是靠嘴皮子混饭吃的家伙，宰相刘罗锅有一个外号，叫"刘三本"，即每天上朝有事没事都要上三本奏章，表现不错，只是动不动就说一句"奴才如何如何"，实在大煞风景。宋明时代言官论事，口中说"微臣如何如何"，达到的效果却丝毫不"微"，许多时候会把皇帝气得七窍冒烟。

  古代公务员不怕皇帝怕上司，说的是现象，道的是气节和政治良心。皇帝是国家的领袖，如果公务员都与皇帝顶牛，且不论皇帝施政对与错，那就不好了，国家岂不乱套了？皇帝也是人，也需要得到群臣的尊重。如果事事都做得不顺心，那么，他做皇帝还有意思吗？也难怪明朝后期的几个皇帝不怎么爱上朝。同样的道理，如果公务员都抱着怕上司的心理去行政，假如上司制定的规章制度是错误的，下属也照章执行，到头来吃亏的那就是老百姓了。

  最后我们来谈一谈历史的拐点问题，对于古代公务员，怕与不怕之间，还有一个辩证的问题：倘若公务员真的重气节、讲良心，心中装的是国家和老百姓的利益，那么，他什么也不会怕；相反对于那些真正有所怕的公务员，其实多为无气节、失去良心的人。而历史的拐点总是围绕着这两拨人进行着，总是在不知不觉中就发生了变革，而这些变革往往是人们在当时是并不能预见的。

第十三章 闲扯杂说

# 包办买卖婚姻源于古代社会病

提起婚姻包办、买卖等宗法制度，争取妇女解放、提倡自由恋爱的现代人总会对其大加挞伐。然而，权利意义上的批判不能代替学术研究。且不论宋、元、明、清理学昌盛、妇女地位极其低下的时代，即使唐代以前妇女比较"嚣张"的时代，青年男女的婚姻也是包办的，可见，这种制度与妇女的实际社会地位没有太大关系。据赵炎分析，古人选择包办婚姻存在着许多不得已的历史条件，即社会本身病症太多，需要包办婚姻来治疗。

弥补行政资源与行政能量的不足。

我们知道，古代中国的一个县令，几乎要做现在的县属部委办局所有的工作，行政、司法、监察、民政、土地、税收，都是县令分内该管之事。当社会经济愈来愈发达，特别是唐朝以后，土地、税收等制度发生了巨大变化，以政府授田为主逐渐变成土地私有并可买卖，社会流动性提高，经济总量增大，制度法规必然需要进一步趋于细密，县令一个人已经不可能分门别类管辖太多的事了，这就出现了极为明显的行政资源与行政能量不足的问题。比如，《孔雀东南飞》里，焦仲卿本是行政机构的公务员，却无力左右自己的婚姻。

**拐点一**：维护基本生产单位——家庭的稳定，是历代王朝统治的核心。当行政资源与行政能量只能进行粗糙管理的时候，就要通过管人来达到深入统治的目的。于是，包办婚姻应运而生。统治者发现，通过婚姻包办的形式有效限制妇女权利，可以发挥保护家庭完整与稳定的作用，起码减少了家庭重构与财产分割重组的几率，同时维系以父亲为中心家庭血缘传递的纯正。家庭财产一向是以血缘亲疏远近排列继承顺序的，限制妇女行为的最大意义并不仅着眼于防止婚前、婚外性行为上，而是对可能产生的后果的预防，阻断非父缘子女名正言顺地分割本家财产。这就是家庭稳定的大前提，包办婚姻的"药用价值"由此可见。于是，父权、夫权逐渐走向了极致。

**拐点二**：调和人口常量保持与人口平均寿命短之间的矛盾。

人口问题，是历朝历代政治精英们都非常关心的大问题。土地耕种需要人，劳役、兵役需要人，从西汉到明末近2000年的时间里，统治者都在努力地做着保持人口常量的工作。历史上曾经出现过各种各样的人口普查制度，就是明证。

但是，明末以前中国人的平均寿命不过30岁左右，基本上是两代共存。要想保持人口常量，就必须解决平均寿命短的问题。采取婚姻包办的制度，可以通过早育多育，实现人口的再生产，从而实现人口常量的保持。熟悉历史的读者可能会知道，在这近2000年时间里，男子初婚年龄一般在16岁到18岁，女子初婚年龄一般在14岁到16岁，甚至还有更早的，而全国登记在册的人口均维持在六千万上下。在赵炎看来，这不能不说是包办、买卖婚姻带来的历史奇迹。

缓和情感自由与经济依赖等文化传统上的矛盾。

婚姻离不开情感，男女之间的爱情纯属天性使然，不必启发教育就可以爱得死去活来，然而，谈婚论嫁组建家庭并肩负起传宗接代的责任，就不那样简单了。让这些在经济上完全依赖家庭供给的十四五岁的孩子自由恋爱，自行结婚组建家庭，显然缺乏必要的外在条件。比如，让《红楼梦》里的贾宝玉和林黛玉完全脱离贾府单独生活，他们该如何解决生存问题？

其实，这一文化传统中的矛盾，在古代的育婴方式与教育过程中，密码早已得到传递。等到儿女谈婚论嫁时，家长的权利界限与权利维护不是什么理论问题或认识问题，而是思维惯性的问题。一方面，父母不愿意放弃在儿女身上实现自己的夙愿与推行自己的价值模式；另一方面，儿女通常愿意拒绝父母的意见，而不愿意放弃父母的财政支持。所以，作为儿女如果不愿让父母包办自己的婚姻，就要立志拒绝父母的经济支持，不能只是索取而不屈服。当然，这显然不可能。

维持婚姻的"门当户对"原则。

包办婚姻遵循的原则就是门当户对，想来，除此之外也不可能再有其他的形式，这种病症是深入古代人骨髓的。既然由父亲出面主持联姻之事，那么门第、名望、财产与道德、人品与相貌介绍等显见的因素在起作用，唯独缺少结合当事人的情感因素。

古代上层社会联姻，其目的已经超出了一般的劳力人口转移的需要，而赋予其他诸如政治的经济的情感的用意。家庭的社会实际地位基本决定了它的社交圈子，无论通过媒人还是借助亲朋，联姻在同一文化背景中进行。如果从经济眼光上看，社会上层的婚姻是等价交换的，财礼（彩礼）与嫁妆是等值的，甚至嫁妆大于彩礼。下层社会的婚姻一般是买卖性质，不言而喻，两家议婚时，必然要对劳力转让的经济补偿问题进行谈判，男方的聘礼实质上支付的是出嫁女十五六年的抚养费。在家庭父权夫权模式下，女子婚姻实际上是选择归属，把人生的绝大部分生命过程交付另外一个家庭，从此基本断绝了血缘意义的亲人关系。

时代发展到了今天，婚姻年龄普遍推迟，自由恋爱结婚已成主流。完全意义上的婚姻包办与买卖已是明日黄花。但是，包办的遗俗并没有完全褪尽，当代不发达地区仍大量残存类似遗风，形形色色的包办变种形式仍然作为婚姻媒介的主要形式为人们广泛使用。尤其是社会地位与经济条件都相当不错的家庭，似乎更热衷参与儿女的择偶与婚事的全过程。干涉子女婚事的家长和依赖父母财产支持的儿女大有人在，往往造成两代人之间关系紧张乃至反目成仇，此类例子不在少数。

毋庸赘言，包办、买卖婚姻必须批判抛弃，但是，在赵炎看来，若想使其消亡殆尽，必须铲除相关的伴生条件，尤其要在观念上彻底更新。了解历史，就要了解历史问题的症结，把目光盯在索要彩礼的恶俗上肯定不行，而不愿放弃男性家族观念、夫权观念和限制女子与娘家往来自由等权力，同样也是不可取的。

## 死于暗杀的古代帝王们

据赵炎对史料的收集，在我国可知的历史上，曾经发生过多次暗杀事件，对当局和社会造成了巨大的破坏，甚至有不少帝王也是在暗杀中丢了性命的。

春秋时期晋国的国君晋景公大概是死于暗杀的第一人。熟悉《赵氏孤儿》的读者对这位晋景公一定不陌生，就是他信佞臣、听谗言，无辜杀了赵盾的后代赵朔、赵同、赵括全族，制造了一幕流传至今的人间悲剧。史料记载，晋景公曾梦见一个披发垂地、以手击胸、暴跳于地、身长高大、形状非常恐怖的厉鬼，一边喝骂："无道昏君！我子孙何罪？你不仁不义，无辜枉杀，我已诉冤于上帝，请准来取你的

命。"一边向晋景公掐过来。景公大惧，往内宫奔逃。大鬼毁坏大门和正门而入。景公害怕，躲入室内，大鬼又破户追入内室。景公恐惶不已而惊醒，原来只是噩梦一场。

**拐点一：**现在看来，这个梦应该是个真实的历史事件，晋景公遭遇的厉鬼并非梦中人，而是一个暗杀者，很有可能就是赵家的遗孤。联系到后来晋景公在如厕时莫名其妙地掉进厕所而死，除了受到惊吓的原因之外，凶手很可能是同一个人。

最著名兄妹乱伦故事的主人公之一的齐襄公，也是死于明显的暗杀事件。据说，齐襄公和文姜在归程途中，当时天色已暗，林木萧萧，忽然瞥见公子姜彭生满身血污前来索命。姜彭生化作一头大猪，立在车前，口作人语，申言齐襄公死期已到。齐襄公疲累不堪，惊吓过度、精神崩溃，当天夜里就死在叛军手下，连起码的防卫、挣扎与反抗都没有。这个恐怖事件是真实的，但表述上不可信。姜彭生是被齐襄公杀死的，怎么突然变成了大猪？如果是真的，那么文姜怎么没有受到惊吓？显然是叛军在故弄玄虚有意安排的一次精神恐怖战。

三国时期魏王曹操的死因多有不详，现在看来，也不排除孙权搞暗杀的可能性。综合《三国志》和《三国演义》来分析，孙权杀死关羽后，明知关羽和曹操之间交情匪浅，故意以转移仇恨为借口，把关羽的首级送给曹操，这种行为显然具有现代恐怖袭击的特征。曹操为此患了中风之症，历久不愈，最终不治身亡。

暗杀一般发生在被害人毫无防备之时，或者是夜深人静月黑风高之时，唐朝的李湛就是这样被害的。李湛是唐穆宗李恒的大儿子，初封鄂王，徙封景王，长庆二年被立为太子，公元825年即位。李湛贪图安逸，好女色，宠信宦官而荒于国政，还迷信道士，小小年纪就企图长生不老，曾派宦官往湖南、江南等地采药。宝历二年（826年）

十二月，宦官刘克明等人发动了暗杀。当时，李湛夜猎还宫，入室更衣时殿上烛光忽然熄灭。刘克明立即动手，杀死了毫无防备的李湛。李湛死时18岁，仅当了两年皇帝。

五代十国时期的大名人朱温是死在自己儿子策划的暗杀里，实在是稀里糊涂。朱温非常好色，元配张氏死后，他性欲难禁，看上了自己的两个儿媳妇，尤其喜欢次子朱友文的妻子。两个媳妇实在受不了公公的淫乱，她们煽动朱温的大儿子朱友珪发动暗杀，企图杀死这个大淫虫。

**拐点二：**乾化二年（912年）六月，病重中的朱温拟立次子朱友文为太子。朱友珪得知消息后，立即利用自己掌握的宫廷卫队趁夜色掩护发动暗杀，入宫杀了朱温，用破席裹起埋于宫殿的地下。

**拐点三：**唐太宗李世民发动的"玄武门之变"，也类似一次有计划、有组织的典型的暗杀。武德九年（626年）六月，李世民在宫城玄武门发动了酝酿已久的兵变，将太子李建成、齐王李元吉及其他皇子皇孙全杀了，迫使父亲李渊立李世民为太子。两个月后，李渊禅位李世民，从此过着所谓的太上皇生活，实际与软禁无异。贞观九年（635年）五月李渊死了。李渊的死，当时就有人怀疑是让李世民谋杀掉的，但史学界对此一直有争议。

与南宋相对峙的金国皇帝、闵宗完颜亶，是太祖完颜阿骨打的嫡孙，17岁时当了皇帝。从小与他一块长大的庶出哥哥完颜亮（海陵王）起了谋逆之心，在皇统九年（1149年）十二月秘密潜入宫中搞了一次成功的暗杀，与侍臣一道将完颜亶挥刀砍死了。完颜亶死时31岁，葬于思陵。

现在的恐怖分子习惯用炸弹和生化武器进行恐怖袭击，古人没有炸弹，但会用生化武器，唐朝的皇帝李显就是死于生化武器。李显登基后，对韦皇后信任有加，如当年李治视武则天一般，允许她同参朝政，还将老岳父封王。但韦皇后不满足，想学婆婆武则天，过把女皇帝瘾，这麻烦就来了，做出了比武氏更狠的事情。景龙六年，韦后淫乱后宫的事情被揭露，担心李显追究，遂与安乐公主一起，把生化武器——毒药包进馅饼里，毒死李显，临朝摄政。

**拐点四**：李显一死，为李隆基上位创造了条件。

明朝嘉靖皇帝朱厚熜是个特例，他的命比较好，竟然躲过了一次暗杀。嘉靖皇帝梦想长生不老，曾强迫宫女半夜在后花园采露水供其炼药。宫女们不胜其苦，密谋发动暗杀杀死朱厚熜。有一天趁朱厚熜正在休息，宫女张金英、杨金莲带领数十名姐妹在乾清宫用一根丝麻绳企图勒死嘉靖皇帝，由于手忙脚乱将绳子打了死结，袭击没有成功。最终所有参与此事的宫女全部被凌迟处死，间接牵连此案而丧命的有100多人。

# 后记：岔路与根的五个断想

人在旅途，会遭遇岔路；经营企业，会遇到危机；历史发展，同样不会循规蹈矩、尽如人意。这就面临如何选择正确方向继续前行的问题，我把这个问题称为拐点。如何正确面对拐点、分析拐点、利用拐点，化不利为有利，是当事者的根，也是历史走向及文化发展的根。岔路与根的缠绵纠结，大抵可以做如下概括。

一

历史说到底是人写就的，人，创造了历史，也决定着历史。通过改变人的意志和行为来调整人的情绪状态，就可以改变历史。比如，商纣王好酒贪色，性情暴躁，以致亡国于周。好酒算是商纣王的拐点，可惜他未找到属于他的根来改变、调整自己，是个遗憾。之后周王朝共传30代37王，存791年，应拜商纣所赐。

我们不妨这样想一想，如果商纣是个琴棋书画爱好者，或者还会太极气功（当时没有），总之做到动静有所相宜，情操得以陶冶，从而使心境变得平和，专心于江山社稷，小小的西周姬氏可能有东向的机会吗？恬淡、平和的人，会带来恬淡、平和的环境，人如此，历史亦然。

二

国人的历史热，如今是一种很"酷"的时尚，专家学者爱写，平

头百姓爱读,这种"热"的背后,隐藏了人们怎样的心理需求呢?赵炎以为是"身份认同"之心理在驱使,或称寻根。

对国人而言,历史是祖先的故事,可以强化"炎黄子孙"的身份认同,并体现对中华民族"根"的眷恋。在外国人眼中,中国历史文化既代表了中国人的独特之处,又体现了我们和西方历史文化的差异。当全球化的大潮使得各个民族的界限逐渐模糊时,历史就成为一条纽带,把每个国人紧紧地联系在一起,使我们拥有一份归属感和安全感。

在这个心理需求中,历史上的每一个拐点所产生的或恶劣或华美的后果,都有着独特的美感与惊人的感染力,为我们所津津乐道。刘邦是个市井无赖,朱元璋曾是癞头和尚,但这二人在国人心目中的历史地位无人可比,原因何在?正是因为他们在民族面临岔路时选择了正确的路,为我们找到了根。

## 三

不知别人怎样,反正我读历史,常常能读出哲理来。许多历史事件、历史人物都蕴含着深刻的道理,小而化之,亦可具体体现到每个人的身上。成败得失、待人接物、修身养性,解读出人生的普遍见解,贯通了生活的智慧,具非常醒世的价值。每一个历史的拐点,仿佛荒漠夜中亮起的几星烛光,能给漫行者以醍醐灌顶般的导引。

## 四

能够把握历史拐点的人,都是伟人,不是等闲之辈。历史不好写,所谓"一将功成万骨枯",要以血与火为底色,堆积如山的白骨为架构,权谋机变来涂彩,是历史人综合素养的表现。

我说陈圆圆对历史进程的影响,其中涉及了包括崇祯皇帝在内的许多人物,却没有一个能与伟人划等号。陈圆圆可以是一个利用的棋子，但无人用她，她也不自用。同为女性，崇祯皇帝之嫂张嫣，却能积极与魏忠贤斗法，最终终结了明代太监乱政的历史，值得圈点。明末历史总带着家国之叹、故园之憾、怜物之鸣、愧世之思，就是因为无人能利用"岔路法则"来背书存根。

## 五

一个繁华的时代，民众衣食无忧之后，还需要什么？赵炎以为，不外乎需要一种更持久、更长期的精神寄托，或称"心灵的港湾"。物质生活水平提高了，人们必然会去追求心理上的满足。为此，人们求助于某种可以一生作为立身之本的思想体系。比如，历史上的诸子百家、儒释道等都形成了比较完整的思想体系。如今历史重新受到推崇，可能与此有关。

读历史，离不开文化的淘汰和提炼，每个人都带着自己的需要来阅读与吸收，好比妇人选衣，"不贵精而贵洁，不贵丽而贵雅，不贵与家相称，而贵与貌相宜。"选择到适合自己的那一款，心中才会美滋滋的。但愿我的小书中200余个拐点，会有某一个拐点适合读者的选择，尽管它还不成体系。在你伏案而随意翻动的时候，突然有一种放闲的感觉，会心默默一笑，那么，我笔下的这扇小窗，就算没白开。